U0909400

中国文字学会　主办

中国文字学报

第八辑

中国文字学会《中国文字学报》编辑部　编

2017年·北京

图书在版编目(CIP)数据

中国文字学报.第8辑/中国文字学会《中国文字学报》编辑部编.—北京:商务印书馆,2017
ISBN 978-7-100-15675-2

Ⅰ.①中… Ⅱ.①中… Ⅲ.①汉字—文字学—丛刊
Ⅳ.①H12-55

中国版本图书馆CIP数据核字(2017)第315987号

ZHŌNGGUÓ WÉNZÌ XUÉBÀO
中国文字学报
第八辑
中国文字学会《中国文字学报》编辑部 编

商 务 印 书 馆 出 版
(北京王府井大街36号 邮政编码100710)
商 务 印 书 馆 发 行
北 京 冠 中 印 刷 厂 印 刷
ISBN 978-7-100-15675-2

2017年12月第1版 开本787×1092 1/16
2017年12月北京第1次印刷 印张14½

定价:48.00元

主　编	黄德宽				
副主编	张涌泉	吴振武	王铁琨		
顾　问	裘锡圭	李学勤	王　宁	曹先擢	傅永和
编　委	陈双新	陈伟武	程　荣	党怀兴	邓福禄
	冯胜君	何华珍	黄德宽	黄天树	李国英
	林志强	刘　钊	刘志基	沈　培	王　敏
	王贵元	王铁琨	吴振武	徐在国	杨宝忠
	喻遂生	张涌泉	赵平安	郑贤章	郑振峰
编　辑	徐在国	魏　励			

目　录

论汉字身份认同对中华民族文化复兴的重大意义…………………… 黄亚平 （ 1 ）
有关汉字单位的几个概念……………………………………………… 孔祥卿 （ 8 ）
《通用规范汉字表》与《简化字总表》简繁汉字对比分析 …… 沙宗元、沈亮 （ 17 ）
西辛大墓银器铭文及其年代………………………………………… 李家浩 （ 29 ）
同铭重见字异写与金文字体研究…………………………………… 刘志基 （ 36 ）
曹公簠铭文中“姬”字隶定申论…………………………………………… 吕治 （ 52 ）
兵器铭文札记两则…………………………………………………… 吴良宝 （ 55 ）
二年东新城令铍考…………………………………………………… 徐俊刚 （ 62 ）
廿七年工师戈补考…………………………………………………… 张建宇 （ 66 ）
由青铜器铭文铸造方法谈古文字释读的几个问题………………… 管树强 （ 69 ）
楚“莫敖”官玺补释……………………………………………………… 程燕 （ 77 ）
齐燕玺印文字考释三则……………………………………………… 张振谦 （ 80 ）
古玺札记三则………………………………………………………… 孙合肥 （ 85 ）
齐国陶文的“聚”字…………………………………………………… 陆德富 （ 89 ）
新出燕陶文辑录………………………………………………………… 杨烁 （ 96 ）
释“染”…………………………………………………………………… 刘刚 （ 102 ）
说“徙”…………………………………………………………………… 刘云 （ 110 ）
说“争”“静”是“耕”的本字——兼说甲骨文“争”表现的是犁耕 …… 刘洪涛 （ 116 ）
清华六《郑文公问太伯》札记一则…………………………………… 徐在国 （ 122 ）
《清华简（陆）》笔记二则……………………………………………… 李鹏辉 （ 125 ）
楚文字鬼神祭祀类专字考释四则……………………………………… 周翔 （ 129 ）
秦简法律文献用语“柀”补释………………………………………… 刘信芳 （ 137 ）
周家台秦简“马心”考…………………………………………………… 张雷 （ 144 ）
益阳兔子山遗址九号井简牍文字补释……………………………… 蒋伟男 （ 146 ）
汉代实物文字校释六则………………………………………………… 于淼 （ 150 ）

《银雀山汉墓竹简〔壹〕·官一》考释三则…………………………… 洪德荣 （155）
利用出土文献研究上古音的“系联比较法”…………………………… 赵彤 （165）
北朝佛教石刻俗字例释………………………………………………… 梁春胜 （170）
德藏吐鲁番出土《玉篇》残页考………………………………………… 张磊 （180）
《汉语大字典》难字释义商补…………………………………………… 何茂活 （191）
谈“六书三耦”说的虚与实……………………………………………… 张宏国 （203）
城镇初中汉字教学现状与语文教师汉字教学能力调查研究
——以河北省为例…………………………………………………… 李冬鸽 （210）

［通讯］
中国文字学会第九届学术年会在贵阳举行……………………………… （221）
［附录］
征稿体例…………………………………………………………………… （224）

论汉字身份认同对中华民族文化复兴的重大意义

黄亚平

提要 语言文字是民族文化复兴的基础。汉字身份认同既符合民族文化传统，又具备充分的现实价值，因此，汉字身份认同在当下民族文化复兴中堪当重任。倡导汉字身份认同，可以跨越政见、信仰的鸿沟，可以内化族群的精神文化交流，可以服务于经济建设，也可以引领时下的符号创意活动，更好地适应新媒体的需求，由此可见，汉字身份认同对民族文化的复兴具有重大的现实意义。

关键词 汉字身份认同 民族文化复兴 汉族 汉字

一 汉字身份认同的重要性

人是文化的动物。文化是指人类群体所思、所言、所行与所为的一切，文化可以代代相传。区分不同的文化有两条标准：语言差异和地理隔离（Ember，1963）。人生来就与一定的文化相伴随，生于其中，乐在其中。为了生存，人必须在某一文化中建立自己的身份认同（identity），最大限度地满足个人的心理需求，获得物质生活的保障，得到族群和社会的认同。在确定的文化中，个人必须不断学习，并将学习的内容应用于生活实践。人之初，首先需要学习的就是本族的语言和文字，这是确保其文化身份认同的根本，也正是语言和文字在人的文化身份认同中占有极为重要位置的原因所在。[①]

汉字不是每一个人必须具备和掌握的本领，至少在文化不够发达的地区和社团中，大量文盲的存在就是明证。汉字虽不一定能人人系统掌握，但渗透文字之中的精、气、神，却是生存其中的每个人都必须领会和认同的。以汉字文化区为例，生于其

① 关于语言认同的讨论，请参黄亚平、刘晓宁《语言的认同性与文化心理》一文论述，本文以汉字为例，专论汉字的身份认同问题。

中的文盲不能识字断文，写信念书，但他们大多数还是能认识少许的汉字或者多少懂得这些字的含意，比如自己的名字，对自己有特殊含义的汉字，等等。文盲不会写福禄寿禧之类的楹联，但未必不认识倒贴在大门上的“福”字、贴在墙上的“寿”字。同理，文盲不一定知道“龙凤呈祥”的深义，但是对结婚喜宴上的“龙凤呈祥”图案却未必陌生。作者曾遇到过一个比较极端的例子，大约20年前，在兰州的华林山路口有一位以雕刻墓碑为生的石匠，他能雕刻出一手非常漂亮的汉字，甚至能用好几种字体，但自己却并不识几个字。诸如此类的例子在民间还可以找出一些来。据此看来，在汉字出现之后的“有文字社会”，即便是文盲，也未必不受汉字文化的影响，只是相对而言，文盲不能系统掌握基本汉字、自由书写而已。

文化人类学家把“语言”和“地理隔离”作为区分不同文化的标准，这对西方文化来说是有道理的。但是，若置于使用古典文字的古老文明中，或者用来衡量“表意文字”体系的文明，这一区分标准则明显是有缺陷的。在历史上，楔形文字曾被用来记录多种性质不同的语言，如苏美尔语、阿卡德语、赫梯语和波斯语；古汉字被借用来记录汉语、日语、韩语、越南语。直至现代，汉字还被用作创制少数民族文字的基础，如哈尼文、傈僳文、苗文等都是在汉字基础之上变异仿造的汉字型文字。

表意体系的文字有不同于表音文字的性质。表意文字体系具备超方言性和超语言性，表意文字体系的文字并不局限于对口语的记录。如果说表音文字体系的文字能够顺利实现“我手写我口”的目标，那么，表意文字至少有一部分是“言文分离”的，这是不争的事实。若想要建立涵盖能力更强的区分不同文化的标准，总要考虑“表意文字”体系的文化特点，因此，我们以为：除了上述“语言”和“地理隔离”两项标准之外，还应该加上第三个标准：文字。或者至少将语言和文字并列算作一个标准，而不应该把文字排除在外，或者仅仅把文字置于语言之下，而不加辨析。

汉字具备超方言、超语言的性质。对说汉语和使用汉字的人而言，尽管持不同方言者口头交流会有一点困难，入声字有无，清浊音区别与否，前后鼻音混淆，卷舌、翘舌分不清，同音字较多等等现象，可能会部分影响或使口头交流过程不那么顺畅。但是，只要他们想起自小学习的汉字，或者只要有写汉字的条件，交流者之间立刻就会找到解决的办法。我们经常在打电话介绍一个陌生人的时候，或者在签合同、立字据、给人写信的时候需要特别说明某个人是姓弓长“张”呢，还是立早“章”，是姓工程的“程”，还是耳东“陈”一类的情况。这正是用汉字来辅助语言以便克服交流困难的典型例子。在这里，汉字起到了很好的辅助交流作用，而不是阻碍了顺畅的交流。使用超方言和超语言的汉字实现顺畅交流的例子很多，而且不限于说汉语的汉族内部，甚至也不限于中华民族内部。比如说闽方言和说北方方言的人可以通过学习普通话实现顺利交流，也可以直接通过汉字来表情达意；再比如说日语的人和说汉语的人也可以通过汉字实现最基本的交流。这正是汉字超方言、超语言的例证。今天的汉语普通话越来越普及，许多少数民族改说汉话，或者具备双语交流的能力。“汉字文化圈”内的其他成员之间向来都能用汉字交流，笔者仍记得20多年前的一次经历，那次在火车上遇见了几个参观完敦煌返回北京的日本青年，我不会说日语，他们也不会说汉语，但这并不妨碍我们在笔记本上写汉字进行交流，我们用这种方式相互交流了一个多小时，虽然不能100％顺畅地交流思想，但还是能从对方会心的微笑中感受到交流的效果以及汉字文化圈中域外青年对汉字和汉文化的认同。近来流行于日本网络上的所谓“伪中国语”现象[①]，也正是因为日语长期使用汉字记录，中、日两国之间有共同的汉字基础使然。因此，在汉字文化圈内，无论从沟通不同方言使用者的角度，还是从沟通不同语言使用者的角度，汉字都是有效的交流手段之一，汉字当然具备作为文化区分标准的资格，供同一文化圈内持不同方言、不同语言的习得者学习和使用。

二　中华民族的汉字认同传统

自古以来，中华民族就是一个成分多元、文化多姿多彩的民族大家庭。多民族和谐共处，团结和睦，欣欣向荣，共同谱写了灿烂辉煌的中华文化。中华民族之所以屹立于世界民族之林，并非因为血统或地域，而是因为文化。梁启超说：“中华民族是我国境内所有民族从千百年历史演变中形成的、大融合的结果。汉、满、蒙、回、藏等融为一家，是多元混合的统一大民族。……中华民族自始本非一族，实由多民族混合而成”。[②] 章太炎说：“中国云者，以中外别地域之远近也。中华云者，以华夷别文化之高下也。即此以言，则中华之名词不仅非一地域之国名，亦且非一血统之种名，乃为一文化之族名。故《春秋》之义，无论同姓之鲁卫，异姓之齐宋，非种之楚越，中国可以退为夷狄，夷狄可以进为中国，专以礼教为标准，而无亲疏之别。其后经数千年，混杂

① 所谓“伪中国语”是指近年来日本网民利用表意的汉字在网上交流思想、表情达意的一种语言现象。这些完全不懂中文的日本网友把日语汉字的音符（片假名）去掉，只保留简练的书写形式；汉字词在日语中使用很久，说日语者基本了解这些汉字词的含意，因此可以连蒙带猜地进行交流。这一语言现象的实质是把汉字作为表情符号来对待，充分利用了“看图识字”的原理，提升了文字使用的趣味，比较贴合年轻一代自由表达的愿望。

② 梁启超：《历史上中国民族之观察》。

数千百种人，而其称中华如故。以此推知，华之所以为华，以文化言，可决知也。”[①]今天我们所说的“中华民族”，实际上也是指包含56个民族在内的各民族共存共荣的民族大家庭。不仅如此，今天的中华民族还应包括世界各地的华人，而不受地域的限制。今天的“中华民族”应成为以中华文化为核心内涵的、新时期最具普适价值的称名，这个称名理应得到世界各民族的尊重。在中华民族大家庭里，无论历史上还是现实中，汉民族事实上都是一个主体民族，我们这样说并不涉及平等看待各民族地位的问题。那么，我们又该怎样看待汉民族的民族地位和汉民族与其他民族之间的关系呢？这首先需要厘清汉民族名称的来源：“作为民族名称的‘汉’，也是由地理名称逐渐发展演变起来的。‘汉’本来是水名，引申为地名（汉中），再引申为诸侯王名（刘邦初封为汉王），再发展为王朝名，最后成为民族名。”[②]汉民族称名的约定俗成是自然而然的事情，其中并没有过于复杂的因素。“汉”之所以能成为民族的统称而代替此前的“夏、诸夏、华、诸华、殷商、大邑商、大秦”等称名，乃是因为历史上汉王朝的国运强盛而长久。有汉400年，在与周边民族广泛的文化碰撞和交流，如通西域、伐匈奴、平西羌、征朝鲜、服西南夷、收闽粤和南粤的过程中，“汉”自然而然地成了周边民族人称呼中原汉人的称名，其军队被称为“汉兵”，使者被称为“汉使”，民众被称为“汉人”，约定俗成。此后，无论中原华夏后裔怎么改朝换代，周边民族都习以为常，称其子民为“汉人”，这就是汉族名称的来历。

从这里可以看出，汉民族称名的形成过程跟华夏民族或中华民族称名形成的过程如出一辙。汉民族自身的形成和发展壮大也是一个滚雪球似的不断融合多民族进而形成更大的民族体的进程，而非单一的血统延续，明确这一点非常重要。许多汉族的姓氏中都有来自少数民族的血统，如目前汉族人口最多的几大姓中的李姓、张姓、王姓、赵姓、刘姓等，他们或者被皇帝赐予姓氏，或者由少数民族的姓氏改姓而来，或者自觉融入汉姓，或者认祖归宗，恢复到先祖的本姓，通过以上的途径，许多当初的外族，最终都成为汉族姓氏中的该姓氏成员，构成姓氏谱牒的有机组成部分。即便今后谁真想动点歪脑筋，想要切割，想要分别，恐怕也无法做到了。《魏书·孝文帝纪》记载北魏孝文帝为了自觉融入汉文化而采取了一些重大改革措施，其中之一就是不允许鲜卑人姓自己原先的姓氏，而一律改为汉姓，以及鼓励鲜卑人说汉话、学习汉字，与汉人通婚等等。北魏孝文帝的这一政策促使鲜卑族的主体从整体上融入汉族之中。

---

① 章太炎：《中华民国解》，载于《太炎文录初编》别录卷一。

② 詹鄞鑫：《华夏考》，中华书局2006年版。

从文化层面上将鲜卑同化为汉族的一员，从而形成了更高层次的民族大融合，形成了新的包括原来鲜卑人在内的范围更大的汉族，“雪球”越滚越大了。这样的例子在中国历史上屡见不鲜。因此，我们说汉民族的发展和壮大的进程实际上与中华民族的发展进程相似，“汉族”也不完全是血统和种族的概念，而在很大程度上是由文化建构出来的。

历史上，在建构中华民族的主体汉民族和汉文化的过程中，汉字发挥了中流砥柱的作用。正因为如此，汉字而不是汉语才真正具备了中华文明元符号的地位，中华文明的文化认同必然会以汉字认同作为根本。

显然，汉字虽然记录汉语，但并不仅仅局限于记录汉语。跟印欧语相对而言，汉字具有巨大的文化功能，同时具备丰富多彩的审美意象。汉字作为华夏民族文化的元符号，是中华民族赖以生存的文化家园。凭借汉字，我们得以代代传承祖先遗留给我们的灿烂辉煌的文化，跨越数千年的时间鸿沟，理解我们民族自己的历史；凭借汉字，我们能够跨越汉语方言甚至民族语言的隔阂，无障碍地沟通和交流我们的思想和情感；同样也因为有了汉字这样的元符号，我们可以吟诗作文，题字作画，填词谱曲，可以创造出无穷无尽的文学意象和艺术情境，并诗意地栖息其上，乐而忘返，不知老之将至。一句话，因为汉字的功劳，我们这个民族大家庭才能保持长盛不衰，生生不息。所以我们只能以汉字作为民族文化认同的基础。

三 汉字身份认同对民族文化复兴的意义

1. 汉字身份认同可以克服政见、信仰分歧，实现民族文化复兴

无论在历史上，还是在当今社会，汉字都是具有最大公约数的中华文明的标记性元符号，都是能代表全球华人心声的精神家园和文化祖国。汉字是我们伟大的祖先留给中华儿女的瑰宝，如何继承这一优秀的文化遗产，并在新时期发扬光大，为中华民族复兴的伟大事业添砖加瓦，这是时代赋予全体华夏儿女的重大责任和义务。中华民族的祖先创造了汉字，并使它成为全体华人的文化家园，无论你身在何处，无论你持什么立场，汉字都是我们共同的文化祖国，这是无可否认的。

跟世界上许多民族的情况相仿，华人社区存在政见分歧、信仰分歧，而实现“汉字认同”是治愈这些精神创伤的一剂良药。因为无论你姓资姓社，无论你信孔夫子、信菩萨还是信基督，无论你在中国大陆，还是在世界各地，只要汉字还在，中华民族的灵魂就不灭，我们就有共同的文化基础，就有将我们联系在一起的文化血脉，就可以阻隔永久的分裂企图和"文化切割"的危害，促进民族团结，复兴民族文化。中华民族才可能作为一个整体立于世界民族之林，受到世人和国际社会的尊重。

2.汉字汉语认同可以深化经济贸易活动，实现文化认同

经贸往来需要语言和文字先行，而语言文字自身也是文化交流的重要内容。经济活动首先需要熟练使用语言文字。言、文功底及运用是否得当，对经贸交流能起到一定的助推作用或消极作用。签订合同、法律讼诉、公务谈判等等经贸往来，都在时时考验着你的文字功底。涉外经济活动中对语言文字能力的要求也很高，要想跟一个国家或民族长期做生意，必须尽可能掌握并熟练使用他们的语言文字。"一带一路"的建设和蓬勃发展，首先需要语言文字来"铺路搭桥"。对周边国家语言、文字和文化的学习和掌握是对外经贸交往活动中最为紧迫的问题，需要花大力气加强，同时，针对"一带一路"沿线各国的汉语、汉字教学研究应该紧随其后，抓紧进行。语言和文字的研究和应用都需要自觉融入经济建设、文化强国的大潮之中，借助经济和文化交流的东风，实现深度的文化认同。①

3.汉字认同具备内化文化交流的潜力

通过语言和文字将政治、经济、贸易内凝为深度的文化交流，让其他文化体的成员因喜爱你的文化，乐意学习你的语言和文字而产生与你交流的愿望，这就等于把利益的交换、功利性的经济活动提升到精神文化的共同兴趣和爱好层面，从而为人类文明的沟通和交流做出更大的贡献。中华文明在历史上一直保持着"和而不同"的精神理念，数千年来，数不清的民族融入其中，共同建构了辉煌灿烂的中华文化，屹立于世界的东方。跨越文化差异，因共同的文化追求而形成更大范围的文化认同的例子并非少见。如东亚文化圈内的日本、韩国和越南，其本土语言文化与中国大陆都有差异，但都借用汉字记录自己的语言，汉字和古典汉语的经典对他们，尤其是对上层的贵族集团而言，并不单单是一个符号系统那么简单，而是经过他们认真选择过的崇高的文化追求。日本、韩国的上层贵族因长期学习和模仿汉字和古典汉语，因此对中国文化推崇备至，欣赏有加。俄罗斯文学作品中也曾描述过18世纪俄罗斯贵族以能使用法语为时尚，读过这些作品的人们不应该忘记那些上层人士对法语刻骨铭心的追捧！以上所举两个例子，在其文化交流起初阶段，都是由民间和民间组织自发先行的，等这种民间的文化交流达到一定程度时，才出现了成规模的政府层面的推动，这一文化传播路径，给我们很多的启发和思考。

---

① 李宇明：《强国的语言与语言强国》，《光明日报》2004年7月28日。

4.汉字认同可以引领当今的网络符号创意活动,促进媒介技术的革新

既然汉字具有超方言、超语言的文化功能,那么,在当今互联网彻底改变了信息传播方式的新媒体时代,汉字是否依然具有强大的生命力,可以继续发挥其巨大影响?答案是肯定的。相对纸张和印刷时代而言,在互联网上使用图像性质的“表意文字”将会随着技术的不断改进而变得越来越方便快捷,简单易行。当下,处理古汉字的数位技术已经相当成熟,几乎所有的古文字资料,都已经被做成 pdf 格式的图片,或者被制作成各种可以方便应用的软件,其清晰度和逼真程度远超印刷时代的印刷品。受过长期的汉字和书法艺术熏陶的中国艺术家们,在不经意间,就迈进了西方前卫艺术之门。艺术家徐冰创作出《天书》《地书》一类的作品,谷文达创作出《阴园》《阳园》《中园》一类的作品,张洹创作出《家谱》一类的作品,这些作品都把表意的汉字作为绘画艺术创作中的核心要素来处理,对语言在中国文化中的地位和作用进行了重新的反思,重构了文化传统和个人身份之间的联系。① 而在当前如火如荼的网络符号创意活动中,数量众多的中国网民,充分利用中国传统文化和汉字提供的先天便利,创作出大量“汉字式”的网络符号,极大地丰富了网络符号的天地。在中文互联网上出现了大量的“艺术汉字式”的创意图案,如“美丽的姑娘、长命百岁、狐狸、猫头鹰、唐僧、孙悟空、猪悟能、沙悟净”等,就是天才网友的杰作;而当下为广大新生代喜爱并每日都在频繁使用的 QQ 表情符,已经发展到了百万级的数量,以及无所不包的表情包,连许多中老年朋友也乐此不疲,流连忘返,时不时要秀一把网技,过一把瘾。还有所谓的“火星文、颜文字、奥运体育图标”,以及最近一段时间才开始在日本网络上流行的“伪中国语”等,也都是方兴未艾,不断翻新。而以上提到的这些网络符号,基本上都发源于象形文字的大本营“汉字文化圈”的范围之内,这背后隐藏的道理,值得我们进一步深思。

综上所述,汉字及其身份认同对中华民族文化的复兴具有重大意义。

参考文献

[1]张岱年、方克立《中国文化概论》,北京师范大学出版社,2004 年。

[2]何九盈、胡双宝、张猛《中国汉字文化大观》,北京大学出版社,1995 年。

[3]Jan Assmann〈*Religion and Cultural Memory*〉, Stanford University Press, Stanford, Calfornia,2006.

(黄亚平:中国海洋大学文学与新闻传播学院,266100,青岛)

---

① 〔美〕柯蒂斯·卡特:《艺术中的文字与图像》,《文史知识》2014 年第 11 期。

有关汉字单位的几个概念*

孔 祥 卿

提要 我们说到一个“字”时，所指是不明确的，包含几种不同层次的文字单位：字形、字种、字位。字形是人们阅读时看到的一个个具体的文字形式，字种是对没有字源和构形差异的不同字形的概括归类，字位是对没有区别音义功能的字种的概括归类。区分这些文字单位，可以更好地对历史上的各种字际关系进行分析说明，做出统一解释。

关键词 汉字单位 字形 字种 字位 字际关系

我们平时说到一个“字”时，所指是不明确的，李运富说：“大致而言，所谓‘字’至少有三种指向。一是书写角度的，指称字的外形，如说‘李字跟李字写法不同’‘启功先生的字很值钱’等；二是结构角度的，指称字的构造，如说‘睹’字跟‘覩’字是两个不同的字，‘尘’字比‘塵’字产生得晚等；三是使用角度的，指称字的职能，如说‘够’字跟‘夠’字是一个字，‘才’字跟‘材’字用法有同有异等。”①为了区别“字”的这些不同所指，需要建立不同的概念。但是目前学界在使用指称汉字的各种概念时，所指并不一致，这会带来思想的混乱，因此有必要讨论明确与汉字指称相关的各个概念，如“字形、字种、字位”等。

一 “字种”“字位”概念的分歧

字形的概念比较明确，指字的形式也就是写法。同一个字印刷体和手写体不同，不同的印刷字体如宋体、楷体、黑体、仿宋体各有差异，不同的人手写出来样子也各不相同，但不影响认同为同一个字形。字形是个共时概念，同一个字的古今形体不同，

---

* 本研究得到天津市2013年度社科基金规划项目“汉字、音节、词汇交叉界面上的问题研究”（TJZW13—003）和南开大学亚洲研究中心项目“汉字、音节、词汇的关系研究”（F9000862）资助。

① 李运富：《关于“异体字”的几个问题》，《语言文字应用》2006年2期，第74页。

这是字形的历史变化，这里所说的“同一个字”的“字”的所指显然不是字形，需要用另外一个概念来指称。这个概念叫什么呢？

经常用来指称汉字单位的概念还有“字种”和“字位”。

较早使用“字位”一词的是周一农和彭泽润，但一开始“字位”的所指认识并不清楚。

周一农：“字位是语素书写方式上区别性特征的最小单位”，“所谓字位变体是同一语素在不同的场合中表现出的不同的书写形式”，“它以字形为单位，它是作用于视觉的形式变体。”[①]既然语素书写方式是字形，如果说“字位是语素书写方式上区别性特征的最小单位”，那也就是说字位是能够区别字形的最小单位。而“字位变体是同一语素在不同的场合中表现出的不同的书写形式”，则是说同一语素在不同场合可能写成不同字形，那么字位就是能够区别语素的字形，不区别语素的不同字形是字位变体。显然周一农对“字位”的定义有前后不一的地方。

彭泽润：“字位学从记录语言的功能角度，对文字形体进行归纳分析，它使人们对不同时代和同一时代文字形体，能够区分出功能性差别和非功能性差别两种不同情况。”[②]这里的字位是从记录语言的功能角度对字形的归类，与周一农谈“字位变体”时的“字位”一致。彭泽润又说：“异体字是指记录口语的功能相同的字，是字位的变体，就是没有得到统一的形体。”“在没有规范的时候，可以把这些异体字归纳成为一个记录功能相同的字形的集体，叫做字位。”[③]这个定义有助于异体字的认识，可以指导异体字的研究和整理。异体字就是同一字位的不同字形变体，整理异体字就是给每一个字位规定一个规范字形。但是彭泽润“每个汉字由于时代不同和书写者的不同甚至同一书写者的书写时间不同，会形成理论上的无数个‘字位变体’。”[④]这时“字位”的概念又混淆不明了。语言文字既有继承性，又在不停的发展演变，所以每个汉字不同时代的写法不同，这些不同时代的写法不是出现在同时期的文本中，何谈有无记录语言的功能性差别？不限定在共时的文字系统中，字位区别就没了基础。同一个字不同的书写者写出来不会一模一样，甚至同一书写者的书写时间不同，写出来的也不会一模一样，这时的“字”又成了字形。字形是字的书写形式，或者叫写法，印刷体的字形是可以复制的，不论出现多少次都是完全一致的(当然还有不同的字体)，手

① 周一农：《论语素的变体》，《丽水师专学报》1987年第4期，第9页。

② 彭泽润：《关于现代汉语字词规范的若干问题》，《云梦学刊》1998年第1期，第98页。

③ 彭泽润：《江永女书音节文字中的异体字和同音字》，《衡阳师范学院学报》2012年第4期，第68页。

④ 彭泽润：《关于现代汉语字词规范的若干问题》，《云梦学刊》1998年第1期，第98页。

写时代则一人一个样，但是这样的个体差异不会影响到社会对同一字形的认同，这些个体字样可以看成同一字形的变体，而不是字位变体。

后来学者们使用“字位”这个概念主要是为了说明一字异体现象，即所谓字位变体。

王宁在异体字研究中提出了异构字与异写字两个概念：“异构字是指在任何情况下音与义都相同，而在构件、构件数量、构件功能等方面起码有一项存在差别的一组字。”①“异写字指职能相同的同一个字，因构件写法变异或构件位置不固定而形成差别，异写字的相互差异只是在书写方面的、在笔画这个层次上的差异，没有构形上的实质性差别。”②异构字与异写字的区分很有必要，结构层面的异构体现了汉字构形的多样性，在功能方面认同为一个文字单位，但构形层面必须别异为两个文字单位；书写层面的异写字体现的是字形的历时演变和共时变异，构形层面上需要认同为一个文字单位。

易敏则认为“异构字与异写字并非异体字概念下两个平等的下位概念，从理想的辨别状态而言，异构字才是真正的异体字，异写字并不能获得这一身份。”③这里看到了字形的概念实际也包括两个层面的意思，一是书写层面的字形，一是结构层面的字形。区分这两个层面很有价值。所谓的同形字实际是书写层面同形但是字源结构不同的字，因为字源结构不同，实际是两个不同的文字单位。易敏使用字种、字组、字样三个不同层次的概念来说明其不同，“我们从拓印的文本中提取材料后，对功能相同而形体有别的略呈散乱状态的字形根据认同、别异的原则做了进一步整理。尝试使用字种、字组、字样三个不同层次的概念，以厘清同一类聚内部的不同关系。字种指文本中全部同一记词职能的异体字的类聚，如钵、缽同属一个字种；字组包括构形属性相同而书写属性有异的若干字样，包含异构字的一个字种内部至少有两个字组；字样指能够通过同一异写字组内以书写属性相区别的个体字形。”④易敏的“字种”实际相当于周一农和彭泽润所说的“字位”。

而尉迟治平则使用“字种”和“字位”，作为两个不同的概念，“为了正确认识和处理数码汉字的异体问题，必须引入字位的概念。在写印汉字，为了分析和统计异体，

① 王宁：《汉字学概要》，北京师范大学出版社，2001年，第94页。

② 王宁：《汉字构形学讲座》，上海教育出版社，2002年，第82页。

③ 易敏：《石刻佛经文字研究与异体字整理问题》，《北京师范大学学报》（社会科学版）2006年第1期，第83页。

④ 同上书，第85页。

有所谓'字种'的概念,指的是记录同一语素的字形的集合。字种不归并。字位指的是字种代表字。字位必须在字种中甄选代表字,以便于计算机处理。"①

赵丽明也用"字位"理论来处理异体问题。"我们借用音位理论,引入了字位理论来处理一字多形的异体字问题。基本原则是:①字源相同(借源于同一个汉字);②构形手段相同;③字音相同;④没有区别意义。对于具有这样特点的异形同音同义的字,可视为同一字位的异体字,并取使用频率最高的常用字形作为字位符,即基本字。"②

李国英、周晓文从描写的角度把汉字单位分为字型、字样、字式、字种四级,又从规范的角度把汉字单位分为字种、字形两级,没有使用字位的概念。"一个汉字的文字符号如果记词功能相同,内部结构及部件的空间布局相同,笔画类型相同,只是字体书写风格(主要表现为笔画形态)不同,大小不同,定义为同一字样,排除了字体风格和大小的为抽象字样,某种特定字体、字号的字样为具体字样。具体字样也可以称作字型。……初号宋体字型、小初号仿宋体字型、一号楷体字型和小一号黑体字型,它们同属于一个字样。一组不同字样如果记词功能相同,来源于同一结构类型,只是由于书写变异造成构件及笔画的变化,定义为同一字式。同一字式的不同字样为异写关系。……一组不同字式如果构形依据相同,记词功能相同,只是构形模式不同,定义为同字种。同一字种的不同字式为异构关系。如'泪'和'淚'为同一字种的不同字式。"③李国英、周晓文的"字种"实际相当于其他学者文中的"字位"。

可见目前从记词功能的角度划分出来的文字单位有"字种"和"字位"两种指称,这两个名称是否只是同一概念的不同命名?还是各有所指,都有存在的价值呢?

二 "字种""字位"概念的重新界定

1.字位

词汇学有"词位"的概念。"'词位'显然是受了音位学理论的启发而产生的一个概念。众所周知,在音系学中,各种语音形式的音质差异所带来的结果是不一样的:有的因会引起表义上的差异而被语言使用者所关注,有的则不会引起表义上的差异

---

① 尉迟治平:《电子古籍的异体字处理研究——以电子〈广韵〉为例》,《语言研究》2007年第3期,第121页。

② 赵丽明:《女书字数统计与异体字处理》,《内江师范学院学报》2007年第3期,第22页。

③ 李国英、周晓文:《汉字字频统计方法的改进》,《北京师范大学学报》(社会科学版)2011年第6期,第50页。

而被语言使用者所漠视，具有前一种音质差异的不同语音形式被视为不同的音位，而具有后一种音质差异的不同语音形式则被视为同一音位的不同表现形式，即音位变体。与此相似，在词汇学中，也存在类似的情形：各个词的语音、词形、语法、意义差异所体现的性质、所产生的结果也是不一样的，有的属于同一词的不同表现状态，有的则属于不同的词，前者是同一词位的各个变体，后者是不同的词位。”①

如同“词位”，“字位”也是受音系学的“音位”启发而产生的。音位是语言系统内语音相互区别的最小单位，这个区别不是物理上的，而是心理上的。物理上相互区别的语音被听话人忽略，不以为区别，这样的区别没有音位价值；只有听话人能够感知到的区别才有音位价值。我们平常说到一个字的时候，有时指的是作用于视觉的字形，如：这个字错了，少写了一笔。有时指的是阅读理解的书面文字单位，如：这个“才”字错了，应该写“材”字。为了区别于字形，我们把后者称作“字位”。字位是汉语书面系统中影响阅读理解的最小单位。汉字对应的语言单位是单音语素，语素是音节与意义的结合体，因此一个字位就是一个与音义结合的字形单位。从字位角度定义的字是形音义的统一体。识字和用字的对象是字位，所谓识字，就是要明确每一个字形与音义的对应关系；所谓用字正确就是音义和字形对应的正确。写字的对象是字形，所谓会写字就是正确书写某一字位的字形。

字位指书面文字对应语言系统的最小单位。语言有音有义，汉语与意义结合的最小语音单位是音节，因此汉字字位是能够区别汉语的音节和意义的文字形式，即常说的“形音义的统一体”。音义都不同，由不同的字形来书写，如“回”“包”，当然是不同的字位；义同音不同由不同的字形来书写，如“父”“爸”，也是不同的字位；音同义不同有不同的书写形式如“书”“疏”，也是不同的字位；音同义同但有不同的书写形式，如“亼/雧/集”，则是同一字位的不同变体。

字位的书写形式叫字形。字形与字位不对等。尽管视觉上明确为两个字形，但是因为没有区别音义的作用，而被认同为一个字位，如“冰/氷”“吴/吳”，笔画笔形不同，是两个不同的字形，但是音义没有区别，被理解成一个字；视觉上差异很小的两个字形，因为有音义的区别，而被区别为两个字，如“干/于”，只有一个笔形有很小的差异，一个竖笔不带钩，一个带钩，前者读 gān/gàn，后者读 yú，音义都不同，自然是两个字位。同一个字形因为对应音义不同的两个语言单位而属于不同的字位，比如“打”除了记录动词 dǎ 之外，还记录音译外来词 dá，因此，“打”字分属两个字位，记作

① 曹炜：《现代汉语中的词位和词位变体》，《学术交流》2003 年第 12 期，第 149 页。

“打$_1$”“打$_2$”。现代通用规范字系统，“斗”分属{dǒu}和{dòu}两个语言单位，是两个字位，记为“斗$_1$”“斗$_2$”。

字位是共时概念，由于语言文字的历史继承性，多数字位是古今对应的。字形是不断演变的，比如交通工具{chē}的字形古今变化很大：車—車—車—車—車—，但是字位古今对应，没有变化。

字形与音义的对应关系也可能发生历时变化，这样同一个字形在不同时期可能归属不同字位。如：“常”本来与“裳”音义相同，与“裳”是同一字位，而现在“常”与“裳”属于两个不同字位，这是本来属于同一字位的异体字功能产生了分化，成为两个字位。《说文》“胜”与“腥”是一个字位，今“胜”与“勝”是一个字位，与“腥”分属不同字位。

共时层面的字位可以有几个不同的书写形式，即字位的变体。因为字形有继承性，共时层面字位的不同变体字形可能继承自不同的时期。字位变体有自由变体和条件变体，自由变体指几个音义完全相同可以互换的字形，又包括两种情况：一是几个变体是结构不同的异体，如“淚/泪”“亼/集”；一是几个变体是形体演变关系，如“吳/吴”“雧/集”“繼/继”“決/决”。后者是前者的变异形式。条件变体指本属于两个字位的字形有条件的通用，包括三种情况：一是没有意义关联的同音字的通借，如“信/伸”“脩/修”；一是音义相关的同源字的通用，如“辨/辩”“张/胀”；一是字位分化未定的混用，如“果/菓”“念/唸”。属于条件变体的两个字形不能随意互换，是有条件的属于一个字位。

至于说同一个字每个人写出来都不一样，即便是同一个人写出的两个字形也不会绝对一样，以及不同的印刷字体如宋体、黑体、楷体、仿宋体同一个字的写法各有不同，不同的字号大小不一样，这些都是字形整体特色的不同，而不是字形结构单位的区别特征，因此这些区别只有美学价值，没有文字学价值。我们可以感受哪个字好看不好看，喜欢不喜欢，而不会对字形上判断有差异，判定为同一字形。如同不同的人音色不同，同一个人不同年龄阶段的音色也有不同，这些都是声音整体的特色，而不是语音单位的区别特征，这些区别只有音乐上的价值，没有语音学价值。字形总是表现为个体字样，被选出来做字形代表的典型字样叫标准字样，标准字样是学习写字的范本。《印刷通用汉字字形表》《现代汉语通用字表》《通用规范汉字表》都是字形标准。

区别汉字字形的最小单位是笔画、笔画的组合方式、笔画的相对关系。笔画和笔画结构成部件，部件与部件组合成字。合体字的区别可以不看笔画，而是直接看部件。但是部件是更大的区别字形的单位，不是区别字形的最小单位。就如同汉语的音节可以通过声韵来区别，但声母、韵母不是区别汉语音节的最小单位，因此，声母、韵母与音素不是一个层级的概念。楷书是由笔画写成的，因此，是否造成字形的感知差异主要是看有无笔画、笔形上的差异，“冰/氷”笔画数不一样，“吴/吳”有一笔笔形不同，人的视觉感知到这个不同，因此判定为两个字形。

2. 字种

字种是从构形字源的角度，根据结构成分的差异划分的文字种类。不同的字形如果不造成文字结构上的差异归为同一字种；造成文字结构差异的分为不同字种。“冰/氷、吴/吳、群/羣、闊/濶、泪/淚、泪/相”每一组都是不同的字形，但是，“冰/氷”“吴/吳”只是书写造成的笔形差异，属于同一个字种；“群/羣”“闊/濶”构件相同，只是构件位置的差异，属于同一字种；“泪/淚”“泪/相”都有构件的不同，属于不同字种。相同的字形如果构件来源不同或构件功能不同也会分为不同字种。如楷书“胄”这个字形的下部构件，有“冃”和“肉”两个来源，因此，从构形来看，包括两个字种，一是“由”和“冃”组合的字，一是“由”和“月(肉)”组合的字，这两个字种分属两个字位，前者是甲胄的“胄”，称为“胄$_1$”，后者是胄裔“胄”，称为“胄$_2$”。

字种和字位是不同层面的概念。字位是从汉字记录汉语的功能角度定义的，从音义出发，字位是区别汉语音节和意义的单位；字种是从文字构造的角度定义的，从构件出发，字种是文字构形系统中的有自身独特构造的个体单位。字种和字位并不对应，一个字种可能属于不同字位，比如“斗$_1$ dǒu”，“斗$_2$ dòu”；不同的字种也可能属于同一字位，比如“泪”与“淚”、“遍”与“徧”都是有构件差异的不同字种，但是“泪/淚”“遍/徧”没有音义的区别，是一个字位。

字种是泛时概念，共时层面上一个文字系统可以别异出若干不同字种；历时来看，字种具有历史继承性。汉字字形古今发生了很大改变，如果只是书体变化造成的线条或笔画的差异，没有构形上的差异，就仍然视同为同一字种，比如“车”的字形古今变化很大，但都是一个独体结构，由一个部件“车”构成，属于同一字种：

[illegible]—[illegible]—[illegible]—車—車—车

如果有构件和构形理据的改变，则归于不同字种。比如“年”的字形古今变化如下：

[illegible]—[illegible]—[illegible]—[illegible]—年

甲骨文从“禾”从“人”，金文、小篆从“禾”“千”声，隶书、楷书是独体结构，只有一个构件，这些不同的字形，分别为三个不同的字种：秊、季、年。因此说“秊”字来自甲骨文，“季”字来自金文和小篆，“年”是隶楷后出现的。

三 对历史上各种字际关系的统一解释

汉字在历史过程中，有字形的演变，字种的增减，字位的分合、调整，这些都是不同层面的现象，需用不同的概念来分析、说明。之前没有区分“字位”和“字种”“字形”和“字样”，造成学者们在使用这些概念时所指模糊不清，导致把一些不同层面的现象混在一起讨论，也导致文字学中的很多概念如“异体字、古今字、通假字、同形字、繁简字”定义不清，所指互有交叉。从上面三个不同层级的汉字单位“字形、字种、字位”的概念出发，我们来重新定义和分区“异体字、古今字、通假字、同形字、繁简字”这些概念。

1. 异体字

异体字是用来说明字位的自由变体的共时概念。异体字指几个字形音义完全相同，是同一字位的自由变体，可以随时互换。包括有构件差异的结构异体（不同字种）和同一结构的书写异形（同一字种）。从来源看，共时的异体字可能是历史上的不同时期创造的；从发展来看，一个时期的异体字后来可能分工，分化为两个字位。

2. 通假字

通假字是用来解释分属不同字位的字形何以能在一个字位上混同使用的共时概念。甲乙两个音同（音近）意义不同的字本属于不同字位，但是使用时借用甲字位的字形代表乙字位，使得在乙字位上两个字形功能相同。现时来看，两个字位各有自己的字形，但是历史上可能一个字形早就有，另一个字形后来才出现，比如“伸”字晚出，先秦文献中伸展的{shēn}写作“信”或“申”，这就是“本无其字”的假借，后来“申”加“人”旁分化出“伸”字，“伸”与“信”“申”分属不同的字位，但历史上“信”“申”曾经用在“shēn 伸”字位上。因此，通假实际上是我们用后世的思想、概念对历史上的用字现象所做的解释。

3. 古今字

古今字是用来说明文字发展过程中的字位分化现象的历时概念。原来几个音义共用一个字形，后以原字形为基础，通过增加偏旁、改换偏旁、增减笔画或改变笔形等方式分出新的字形，原字形和分化字形分工，属于不同字位。原字形为“古字”，分化字形称“今字”。从共时层面上看使用古字与通假无异。

4. 繁简字

繁简字所指不同，包括广义和狭义两种理解。广义的繁简字，是用来说明文字发展过程中同一字种的字形简化现象的历时概念。以原字形为基础，通过减少部件、改换部件、减少笔画、改变结构等方式产生新的字形。新字形比原字形笔画简单易写，因此称简体字，原字形称繁体字。“靁”与“雷”比，“奮”与“奋”比，“車”与“车”比，前者繁而后者简。广义的繁简字属于同一字种，之间有形体演变关系。

狭义的繁简字指在不同时期（1964 年以前和 1964 年以后）、不同地域（港台和大陆）作为正体规范的繁体字系统和简体字系统的字形对应关系。见《繁简字对照表》。狭义的繁简字不一定属于同一字种，之间不一定有形体演变关系。比如，有的是结构异体关系，如“憐”和“怜”，“礎”和“础”；有的是同音替代关系，如“後”和“后”，“穀”和“谷”。

5. 同形字

同形字是用来说明同一字形分属不同字位的泛时概念。包括两类：(1)字形相同，但字源结构不同，实为不同字种，因而属于音义无关的不同字位；(2)同一字源结构，同一字种，用于两个字位。第二类也就是通常所说的假借字。狭义的同形字指第一类。狭义同形字包括历时同形字和共时同形字。历时同形字一般不会对理解造成影响，但是共时同形字应尽量避免。

四　字典、词典的字头

汉语字典、词典都列字头，根据用途的不同，字典可以以字位为单位分列字头，也可以以字形、字种为单位分列字头。比如以广泛收罗字形、鉴定字形为目标的《汉语大字典》以字形为单位分列字头，在释义中沟通不同字形之间的关系；而以规范社会用字为目的的《新华字典》大部分字头是以字位为单位，字头下用括号列出这个字位的各种变体字形，如繁体字、异体字等。但是《新华字典》并非都以字位为单位分列字头，有的字头是以字种为单位，下面分义项说明语素意义的分别，如“蠢”字头下有两个义项：①愚笨，笨拙；②虫子爬动。第一义项下有一个变体“惷”，这个变体不适用于第二义项。词典也列字头，字头下依次列出以该字开头的词语。词典的字头代表语素，因此只能以字位为单位。比如《现代汉语词典》分列“蠢[1]”“蠢[2]”两个字头，蠢[1]：〈书〉蠢动。蠢[2]（惷）：①愚蠢，②笨拙。

（孔祥卿：南开大学文学院，300071，天津）

《通用规范汉字表》与《简化字总表》简繁汉字对比分析

沙宗元　沈亮

提要　2013年国务院颁布的《通用规范汉字表》在《简化字总表》的基础上对若干简化字和繁体字进行了增删调整。本文运用统计和对比的方法，考察《通用规范汉字表》与《简化字总表》简繁汉字之间的差异情况、导致差异的变化途径，探讨《通用规范汉字表》中“一简对传繁”字组的不同类型，最后分析导致两字表简繁汉字差异的原因。

关键词　通用规范汉字表　简化字总表　简化字　繁体字　传承字

一　引言

2013年8月，国务院正式发布《通用规范汉字表》(以下简称《通用表》)。该字表经过十多年时光的打磨，收入通用规范汉字8105个，分为三级。其中一级字表为常用字集，收字3500个，主要满足基础教育和文化普及的基本用字需要；二级字表收字3000个，使用度仅次于一级字。一、二级字表合计6500字，主要满足出版印刷、辞书编纂和信息处理等一般用字需要。三级字表收字1605个，是姓氏人名、地名、科学技术术语和中小学语文教材文言文用字中未进入一、二级字表的较通用的字，主要满足信息化时代与大众生活密切相关的专门领域的用字需要。

该字表是一部集中华人民共和国成立以来汉字简化和整理工作之大成的通用及规范性的国家标准。自发布以来，学者从整体到局部及个体，对字表进行了多方面研究。

从整体来看，多位学者对字表制定的背景和过程进行了细致解读，或回顾汉字规范的历史[①]，或阐述《通用规范汉字表》制定的意义和价值[②]，还有学者对字表运用于

① 曹先擢：《汉字规范的历史回顾》，《信息时代汉字规范的新发展——〈通用规范汉字表〉文献资料集》，商务印书馆2015年，第99页。

② 王宁：《谈信息时代的汉字规范》，《信息时代汉字规范的新发展——〈通用规范汉字表〉文献资料集》，商务印书馆2015年，第102页。

基础教育[①]、辞书编纂[②]、汉语国际传播[③]、中华文化传播等进行阐释[④]。有研究者认为,《通用表》对以往汉字规范有继承也有新的发展,继承体现在字量标准、汉字简化政策、异体字整理和印刷字形规范等方面。其发展具体体现在:"推行规范汉字"落到了实处、解决了原有规范中的相互矛盾之处、使用更加先进的研制手段、更好地满足信息化时代语言生活的需要[⑤]。

局部和个体方面的研究,引起学者较多关注的是异体字和简繁汉字的相关问题。研究者着重分析异体字调整存在的问题[⑥],探讨异体字调整的原则[⑦],关注类推简化的原则与方法[⑧]等,也有研究者将《通用规范汉字表》与《现代汉语通用字表》进行对比,分析《通用规范汉字表》新增字和删减字的情况,探讨增减字的原因及意义[⑨]。

总的来看,研究的关注点较多集中于宏观和某些局部方面的问题,关于繁简字具体差异和变化情况的研究则很少关注。尤其是值得我们重视的一些具体问题,一直没有得到很好研究:比如,与以往的《简化字总表》(1986 年)(以下简称"《简化表》")相比,两个字表简繁汉字有无差异?如有,差异究竟有多大?产生差异的原因是什么?新的字表中增加了哪些繁体字和简化字?新的《通用表》对哪些字进行了调整改换?本文采用量化统计和对比分析的方法,试图对上述问题进行探讨,以期加深对于《通用表》,尤其是对于表中的简繁汉字及其对应情况的了解和认识,促进现代汉字的规范应用。

---

① 巢宗祺:《〈通用规范汉字表〉对基础教育的重要作用》,《信息时代汉字规范的新发展——〈通用规范汉字表〉文献资料集》,商务印书馆 2015 年,第 115 页。

② 江蓝生:《〈通用规范汉字表〉与辞书编纂》,《信息时代汉字规范的新发展——〈通用规范汉字表〉文献资料集》,商务印书馆 2015 年,第 111 页。

③ 陆俭明:《〈通用规范汉字表〉对汉语国际传播的重要作用》,《信息时代汉字规范的新发展——〈通用规范汉字表〉文献资料集》,商务印书馆 2015 年,第 122 页。

④ 董琨:《汉字与中华文化的继承与传播》,《信息时代汉字规范的新发展——〈通用规范汉字表〉文献资料集》,商务印书馆 2015 年,第 126 页。

⑤ 张书岩:《通用规范汉字表对以往汉字规范的继承和发展》,《信息时代汉字规范的新发展——〈通用规范汉字表〉文献资料集》,商务印书馆 2015 年,第 135 页。

⑥ 杜丽荣、邵文利:《谈谈〈通用规范汉字表〉异体字整理中存在的问题》,《学术界》2015 年第 2 期,第 116 页。

⑦ 卜师霞:《〈通用规范汉字表〉关于异体字的整理〉,《云南师范大学学报》(哲学社会科学版)2014 年第 6 期,第 6 页。

⑧ 张书岩:《再谈汉字的类推简化》,《北华大学学报》(社会科学版)2014 年第 1 期,第 4 页;苏培成:《"表外字不类推简化"不是国家的政策》,《湖南师范大学学报》2014 年第 4 期,第 118 页。

⑨ 姚姝婧:《〈通用规范汉字表〉增减字研究》,辽宁师范大学硕士学位论文,2015 年,第 6—32 页。

二　《通用表》与《简化表》繁简字差异及变化途径

(一)两字表简繁字数量差异

2013 年发布的《通用表》附件 1“收录了与 2546 个规范字相对应的 2574 个繁体字”①。据本文统计，1986 年重新发表的《简化表》中共有 2235 个简化字，对应 2261 个繁体字。两相对照，《通用表》比《简化表》分别多收录了 311 个简化字、317 个繁体字。这可以直观地看出两个字表在简繁汉字总体数量上的差异。

从简化字与繁体字的对应情况来看，《简化表》中“一简对一繁”(即一个简化字对应一个繁体字，如：飞—飛)的简化字为大多数，共有 2213 个，占全部简化字的 99.0%。“一简对两繁”(即一个简化字对应两个繁体字，如：获—獲、穫)的简化字有 20 个②。“一简对三繁”(即一个简化字对应三个繁体字)的简化字则只有 2 组：台—臺、檯、颱；蒙—矇、濛、懞。

《通用表》中“一简对一繁”仍居绝对优势，数量为 2450 个，占全部简化字的 96.2%，由于数量扩大，所占比例略有下降。值得注意的是，《简化表》第二表中 14 个简化偏旁之一的“呙”(对应的繁体为“咼”)，在《通用表》中已被调整为可独立使用的规范字。“一简对两繁”的字数有 24 个，与《简化表》相比多出 4 个，分别是：尽—盡、儘；饥—饑、飢；坝—垻、壩。“一简对三繁”的字数有 2 个，与上述《简化表》完全相同。两表对照如下：

表一　《通用表》与《简化表》简繁字数量对照表

	通用表	简化表
简化字总数	2546	2235
繁体字总数	2574	2261
一简对一繁	2450	2213
一简对两繁	24	20
一简对三繁	2	2

(二)变化途径

数量的变化只是两个字表表面上的差别，若从内部分析可一窥导致两者差异形

① 《通用规范汉字表》课题组：《通用规范汉字表》，语文出版社 2013 年，第 90 页。

② 在这 20 个“一简对二繁”的简化字中，有 2 个简化字分见于一表和三表：须[鬚](第一表)、须[須](第三表)；签[籤](第一表)、签[簽](第三表)。参见语文出版社编《语言文字规范手册》，语文出版社，1997 年，第 7—32 页。

成的深层次原因。具体来说,《通用表》与1986年版的《简化表》相比,分别通过新增、删减、合并与修改等方式,使简化字与相对应的繁体字发生了数量上的变化。

1.新增

与原来的《简化表》相比,《通用表》新增了343个繁体字与341个简体字。这些新增的简化字均以"一简对一繁"形式出现,且均为类推简化字。全部341个新增简化字分布在55个汉字偏旁中。

新增字数在10个以上的有9个偏旁,分别是:"钅、鱼、纟、马、鸟、讠、车、艹、氵",共有新增字215个,占全部新增简化字的68.4%,平均每个偏旁分布23.9个字,因此这9个偏旁可谓新增字的"大户"。

新增字数在2—9个的有25个偏旁,分别是:木、土、页、门、王(玉)、齿、贝、山、礻、石、⺮、阝左、阝右、风、火、亻、饣、日、足、女、扌、酉、虫、口、力,共有新增字105个,占全部新增简化字的24.8%,平均每个偏旁仅分布3.1个字。

其余21个偏旁每个偏旁仅有一个新增字,仅占全部新增简化字的6.8%。具体分布情况如以下表二、表三所示。

表二　各段新增字分布情况

	偏旁数	新增字数	偏旁平均分布字数	新增字数占比
新增字数10个以上的偏旁	9	215	23.9	63.0%
新增字数2—9个的偏旁	25	105	4.2	30.8%
新增字数1个的偏旁	21	21	1.0	6.2%
合计	55	341	6.2	100%

表三　各偏旁新增字分布情况

偏旁	钅	鱼	纟	马	鸟	讠	车	艹	氵	木	土	页
字数	58	39	24	23	20	14	13	13	11	8	8	8
偏旁	门	王(玉)	齿	贝	山	礻	石	⺮	阝左	阝右	风	火
字数	8	8	6	5	5	5	5	4	3	3	3	3
偏旁	亻	饣	日	足	女	扌	酉	虫	口	力	其他21个偏旁	
字数	3	3	3	2	2	2	2	2	2	2	21	

这里有一个问题:与《简化表》相对比,为什么新增简化字341个,而新增的繁体字是343个呢?这是因为《通用表》在简化字"饥"后,除了《简化表》所收的繁体字"饑"之外,又增列了一个繁体字"飢";在简化字"坝"后,除了《简化表》所收的繁体字"壩"之外,又增列了一个繁体字"垻"。因此,《通用表》所收的繁体字比《简化表》多出了343个。下面对"飢""垻"二字的用法略作说明,从中也可看出《通用表》增列此二

字的用意。

在古代字书或典籍中,“飢”有以下用法:①常用作“饿”义,《说文》:“飢,饿也。从食,几声。”唐代慧琳《一切经音义》卷二十九引《仓颉篇》曰:“飢,馁也,腹中空也。”②用作古国名和姓氏。《史记·殷本纪》:“西伯伐飢国,灭之。”③通“饑”,意思是灾荒,五谷不熟。《尔雅·释天》:“谷不熟为饑。”唐代陆德明《经典释文》:“饑,本或作飢。”可见,“飢”“饑”二字在古籍中意义和用法并不完全相同,因此《通用表》增列了繁体字“飢”,以一个简化字“饥”对应两个繁体字“飢”“饑”,这种处理方式与《现代汉语词典》(第六版)的处理保持一致[①],以避免用字的混乱。

在古代字书中,“壩”字用法有:①指我国西南地区所称的平地或平原。《玉篇·土部》:“壩,蜀人谓平川曰壩。”②指山谷或河流中拦水的堰埂。《正字通·土部》:“壩,障水堰。”在表示这个意义时,古籍常用“壪”字,如《集韵·祃韵》:“壪,堰也。”可以看出,古籍中的“壩”“壪”二字用法并不完全相同,而是有同有异,因此《通用表》增列“壩”为“坝”的繁体。

2. 删减

对比《简化表》,我们发现《通用表》实际减少了 31 个简化字及其对应的繁体字。删减的这 31 个字,大致可分为以下几种情形:

(1)重新成为异体字

《通用表》明确重新归为异体字的有 3 个字:䌷(紬)、鲺(鰦)、䜩(讌)。在 1955 年 12 月颁布的《第一批异体字整理表》中,“紬”“鰦”“讌”是作为被淘汰的异体字处理的[②]。1986 年重新发表《简化表》时,将包括以上 3 字在内的共 11 个类推简化字——“䜣、䜩、晔、詟、诃、鲺、䌷、刬、鲙、讵、雠”确认为规范字,不再作为淘汰的异体字[③]。2013 年颁布的《通用表》再次做出了调整,仍将“䌷(紬)、鲺(鰦)、䜩(讌)”3 字分别作为“绸、鳅、宴”的异体字。也就是说,“䌷、鲺、䜩”及其对应的繁体字,不再作为通用领域的规范字使用。

(2)并入同音同义的字

在删减的 31 个字之中,有 14 个简化字及其对应的繁体字属于此类,分别是:鲙(鱠)、硷(鹼)、挢(撟)、谘(諮)、诶(誒)、镤(鏷)、钘(鈃)、𫍟(譖)、粜(糶)、啯(嘓)、镉

① 《现代汉语词典》将“饥”分为“饥 1”和“饥 2”,其中“饥 1”对应繁体“飢”,“饥 2”对应的繁体是“饑”。参见中国社会科学院语言研究所词典编辑室编《现代汉语词典》(第 6 版),商务印书馆 2014 年,第 595 页。

② 语文出版社编:《语言文字规范手册》,语文出版社 1997 年,第 181 页。

③ 苏培成:《现代汉字学纲要》(第 3 版),商务印书馆 2014 年,第 144 页。

(鎓)、镨(鐠)、谉(讅)、殨(殨)。

以上这些字的共同特点是,它们在通用字范围内较为罕用,且通常都有一个音同义同而且更为常用的字,因此《通用表》将这13个字均作为异体字处理,淘汰不用。例如,"鲶"并入"鲇";"硷"并入"碱";"挢"并入"矫";"谘"并入"咨";"诶"并入"欸";"镬"同"镢";"钘"同"铘",镆铘,古代宝剑名;"歔"并入"渔";"耙"旧同"耙",现并入"耙";"喎",义为"嘴歪",作为异体并入"呙";"鎓、镨"作为异体,并入"钐"。"谉",义为"熟悉,详知",现用"审"。"殨"作为"溃"字的异体淘汰不用。清代段玉裁《说文解字注·歺部》已明确指出:"今殨烂字作溃,而殨废矣。"[1]

(3)删减少数罕用的方言土俗字、古语用字及科技旧称字

据学者考察,1988年发布的《现代汉语通用字表》的收字存在一些不足,其中一点就是"由于'字性'审订不够严格,误收了一些文言字和方言字"[2]。在《通用表》删减的31字中,有14个字属于此类情形,它们分别是:襀(襀)、掗(掗)、挧(挧)、赌(賭)、阐(闡)、阓(闠)、馎(餺)、饦(飥)、迏(达)、䴘(鷿)、鳆(鰒)、铓(鋩)、唡(啢)、钶(鈳)"。这些字可分为三类:①方言土俗字。例如:"襀",方言字,义为"用绳子、带子等拴成结";"掗",方言字,义为"强行使人接受";"挧",方言字,义为"扛起、抬起"。"赌",方言词,义为"承受"。②古语词用字。例如,"阐阓",现在一般写作"挣揣",义为"挣扎",多见于早期白话文[3];"馎饦",是古代的一种面食,最早出现在南北朝,敦煌文献里使用比较频繁。[4]。③科技旧称字。例如,"唡",英语重量单位名称ounce的旧译名,现已淘汰不用。"钶",化学元素"铌"的旧称,现已淘汰不用。

3.合并

如前所述,在《简化表》中"须"和"签"出现了两次,分别见于第一表和第三表。在第一表中,"须"对应繁体字"鬚"("胡须"义),"签"对应繁体字"籤"("书签"义)。在第三表中,"须"又对应繁体字"須"("停留"、"等待"或"必须"义),"签"又对应繁体字"簽"("签字"或"拟写意见"义)。由于一简对两繁且又分见于两处,不便于学习使用,易造成混乱,《通用表》对此进行了合并处理,即将"须"和"签"明确归为一个简化字对应两个繁体字的情况:须—須、鬚;签—簽、籤。这样一目了然,更便于使用。

---

① 〔清〕段玉裁:《说文解字注》,上海古籍出版社1988年,第163页。

② 苏培成:《二十世纪的现代汉字研究》,书海出版社2001年,第137页。

③ 说词解字辞书研究中心编《通用规范汉字字典》,华语教学出版社2014年,第56页。

④ 黑维强:《说"馎饦、饽饦儿、圪饦儿"》,《语言科学》,2009年第1期,第83页。

4. 修改

需要注意的是，《通用表》还通过微调修改的方式，对少数字的繁简关系进行了调整。调整方式有二：一是将原来的简化偏旁调整为简化字。《通用表》将《简化表》第二表中的 14 个简化偏旁之一的“呙”作为规范的正体字头。二是将个别繁体字恢复为规范字。《通用表》将“苹”的繁体字“蘋”类推简化成“苹”，表示“蕨类植物名”的专门用法。

三 《通用表》“一简共对繁传字”关系分析

对比《通用表》与《简化表》，不难看出，二者在简化内容上面存在着一些细微差异。在《通用表》“附件 1”所列的《规范字与繁体字、异体字对照表》中，除了像《简化表》那样，列出“一个简化字对应多个繁体字”的情况之外，还特别列出了“一个简化字共同对应繁体字与传承字”的情况。而这种“一简共对繁传字”的关系，在原来的《简化表》中许多都未加以交待，或者阐述得不够清晰。

据本文统计，在《通用表》中这种具有“一简共对繁传字”的关系的字共有 74 组。分析这 74 组“一简共对繁传字”的字际关系，有助于我们认识汉字简化的规律，规范地使用汉字。从字音和字义异同的角度①，我们可将这些“一简共对繁传字”分为以下五种类型：

（一）读音和意义均不相同

根据我们的统计，在这 74 组“一简对传繁”字中，有 12 组规范汉字所对应的繁体字与传承字读音与意义均不同，占总数的 16.2%。分别是：卜—卜 bǔ、蔔 bō；万—万 mò、萬 wàn；仆—仆 pū、僕 pú；斗—斗 dǒu、鬥 dòu；叶—叶 xié、葉 yè；术—术 zhú、術 shù；吁—吁 xū、籲 yù；别—别 bié、彆 biè；种—种 chōng、種 zhǒng/zhòng；累—累 lèi、纍 lěi；舍—舍 shè、捨 shě；症—症 zhèng、癥 zhēng。

例如“卜”，传承字表示“占卜”这层含义时，词性一般为动词，读音为 bǔ，而在表示具有名词性质的“萝卜”时，它继承了繁体字所具有的含义与读音，读作 bō；再如“累”，用作传承字读作 lèi 时，它一般作形容词，有“劳累、疲倦”义，对应的繁体字读作 lěi，它一般作动词使用，表示“堆积、重叠”义。又如“症”，用作传承字读 zhèng，义为“病象、病症”，繁体字“癥”读 zhēng，义为“腹内的结块”或“足疮”，显然传承字和对

① 若传承字与繁体字的读音声韵调均相同，则视为音同；若二者读音有部分音项相同，则视为音交叉相同；若二者义项上有部分相同，则视为字义交叉相同。

应的繁体字音义均有区别。需要注意的是，上述12组传承字与对应繁体字，虽然严格说来读音不同，但是有不少只是声调不一样(7组)，或者声母稍有区别(4组)，如果忽略声调的区别的话，其实它们的读音仍然是十分近似的。

(二)音同而意义不同

音同而意义不同的共有21组，占总数的28.3%，它们分别是：千—千、韆；丑—丑、醜；冬—冬、鼕；出—出、齣；后—后、後；里—里、裏；板—板、闆；制—制、製；姜—姜、薑；筑—筑、築；漓—漓、灕；蔑—蔑、衊；秋—秋、鞦；面—面、麵、才—才、纔；困—困、睏；表—表、錶；刮—刮、颳；胡—胡、鬍；致—致、緻；松—松、鬆。

此21组传繁对应字的特点是，二者仅是同音关系，意义上一般没有关联。例如，传承字“丑”用作地支名，繁体字“醜”则只表示“丑陋”“丑恶”义，现在的简化字将二者的义项合并在一起了。传承字“后”用作“君主”“帝王”或“皇后”“王后”义，繁体字“後”，则表示的是先后、前后义。传承字“刮”有“搜刮”“刮削”义，而繁体字“颳”则只有“刮风”义。

(三)音交叉相同而义不同

音交叉相同是指传承字与繁体字的读音存在交叉部分，但二者并不完全相同。此类共有18组，占总数的24.3%。分别是：朴—朴 pò/pū/pǔ/piáo、樸 pǔ；几—几 jī、幾 jī/jǐ；划—划 huá、劃 huá/huà；曲—曲 qū/qǔ、麯 qū；干—干 gān、乾 gān/qián、幹 gàn；谷—谷 gǔ/yù、穀 gǔ；余—余 yú/yù、餘 yú；卷—卷 quán/juàn、捲 quán/juǎn；咸—咸 xián、鹹 xián/jiǎn；党—党 dǎng、黨 dǎng/tǎng；借—借 jiè、藉 jiè/jì；家—家 jiā/gū、傢 jiā；据—据 jū/jù、據 jù；辟—辟 pì/bì/bò、闢 pì；芸—芸 yún/yùn、蕓 yún；台—台 yí/tái/sì、臺 tái、颱 tái、檯 tái；折—折 zhé/zhē/shé、摺 zhé；蒙—蒙 méng/měng/mēng、濛 méng、懞 méng、矇 méng/ mēng。

从语音上来看，读音存在交叉部分成为现在使用中最常见的读音，而交叉相同之外的读音，大部分已经很少使用，适用情况包括描述山川地名、姓氏人名、科技事物以及作为通假字存在。如“谷”在读音为“yù”时，用于地名“吐谷浑”，当读音为“lù”时则用于姓名“谷蠡王”，而这些今天很少使用；从语义来看，即使音存在交叉相同的情况，但相同的音对应下的语义也存在完全不同的情况，如传承字“借”与繁体字“藉”，二者读音一样，但语义分别表示“借东西”与“凭借”，这也是造成部分现有规范汉字义项存在鲜明差异的原因之一，值得注意。

(四)音同而意义有交叉关系

所谓意义有交叉关系，即传承字和繁体字的义项存在相同部分，但也存在不同部分。据本文统计，此类情况共有 13 组，占 17.6%。分别是：丰—丰、豊；伙—伙、夥；向—向、嚮；范—范、範；郁—郁、鬱；征—征、徵；帘—帘、簾；淀—淀、澱；云—云、雲；御—御、禦；回—回、迴；准—准、準；篱—篱、籬。

以上各组的传承字与对应繁体字的字音相同，但由于意义上存在交叉相同的情况，我们在理解、使用这些传承字和对应的繁体字时，需要细致地加以辨析。例如，在表示“草木茂盛”义时，传承字“丰”和繁体字“豊”皆可，但在表示“容貌丰伟”“风姿”义时，则只能使用“丰”，在“丰收”“年丰”义，则是与繁体字“豊”对应的。同样，在表示“模范”“榜样”义时，传承字“范”与繁体字“範”皆可，但在表示昆虫名或姓氏时，用传承字“范”，“模子，制作器物的模型”义，则是与繁体字“範”相对应。再如，表示“风云”之“云”义时，传承字“云”（“云”实际为“风云”之“云”的古字）与传承字“雲”皆可，但表示“云谓”之“云”，则只用传承字“云”，从来不使用繁体字“雲”。

（五）音义均有交叉关系

所谓音义均有交叉关系，是指传承字与繁体字的音义既有相同的部分，也彼此都有不同的部分。此类情况的组数有 10 个，占 13.5%，分别是：夸—夸 kuā/kuà、誇 kuā；合—合 hé/gě、閤 hé；冲—冲 chōng/chòng、衝 chōng；克—克 kè/、剋 kè/kēi；系—系 xì、係 xì、繫 xì；沈—沈 chén/shěn/tán、瀋 shěn；涂—涂 chú/tú、塗 tú/dù；旋—旋 xuán/xuàn、鏇 xuàn；了—了 liǎo/le、瞭 liào/liǎo；朱—朱 zhū/shū、硃 zhū。

此类情况较为复杂，传承字与繁体字的音义都有交叉。例如，“夸”与“誇”除了共同的读音 kuā 之外，“夸”还读 kuà。在意义上，二者都有“夸大、浮夸”义，此外“夸”有时可通“跨”，有“跨越”义，而“誇”还有“夸奖、夸赞”义。再如，“了”与“瞭”除了共同的读音 liǎo 之外，“了”还读 le，“瞭”还读 liào。在意义上，二者都有“明白”义，此外“了”有“结束”义，还可用在动词、形容词后，跟“得”或“不”连用，表示“可能”或“不可能”义，也可作助词，用在动词或形容词后，表示动作或变化已经完成，或者用于句末，表示变化或出现新情况；而“瞭”则有“瞭望”“眼珠明亮”义。又如，传承字“朱”和繁体字“硃”除了共同的读音 zhū 之外，“朱”还读 shū，朱提，古县名。在意义方面，二者都有“朱砂”“红色”义，此外“朱”还有“赤心木”义，“硃”还有“朱墨”义。

考察以上五类繁传字，可以总结出这样的规律：第一，从读音方面看，具有相同读音或读音交叉相同的繁传字组共有 62 组，占 83.7%，这说明音同或音近是繁传字的主要特征。第二，从字义方面看，繁传字之间字义不相同的共有 51 组，占 68.9%。这部分字大多有音同或音近关系，但字义一般有明显差别，容易对规范用字形成不利影响。第三，从读音和字义的交叉情况看，音同音近而字义有交叉关系的共有 23 组，占31%。这部分虽然数量不多,但繁传字之间的关系错综复杂,也是导致用字问题的重要因素。

总之,《通用表》附表中"一简共对繁传字"的关系较为复杂。繁体字与传承字之间复杂的音义交叉及对应关系,是汉字历时发展和使用过程中形成的,具有较为明显的历时性和动态性特征。现在,这部分汉字的简化方法是采用传承字来代替(或部分代替)原来繁体字的音义功能,如果仅在简化字层面使用这些汉字,一般没有问题,但是如果需要延伸到繁体字层面使用这些汉字时,容易出现用字的混乱现象,甚至误用,这是我们应该特别引起注意的地方。

四 两字表繁简字差异的原因

(一)字表性质不同

1986年版的《简化表》是对1964年版《简化表》进行修订微调后重新发表的,基本保持了原来字表的框架,仍分为三个字表,收入不重复的简化字2235个,收入与简化字对应的繁体字2261个。自该字表诞生以来,它作为中国政府官方正式公布推行的简化字的总汇,长期以来一直是我国简化字的规范标准。《简化表》作为简化字的专门性字表,"使人们对中国政府公布推行的简化字一目了然,便于随时查阅,便于实际应用"[①]。

《通用表》是国家为了适应新世纪语言生活的新情况和新形势,促进全社会语言文字规范使用而颁布推行的规范性、通用性、综合性字表,是新中国汉字整理和简化工作一个集大成式的成果。因此,它从性质上不同于仅作为专门汇集简化字与对应繁体字的《简化表》。由于不是收录简化字和繁体字的专门字表,《通用表》仅用附表的方式交代规范字与繁体字之间的关系。"附录一"详细列出了规范字与对应繁体字(包括一部分传承字),对部分义项和用法上不简化的"瞭、乾、藉、麽"等字,还加注了说明。尤其是《通用表》明确标注了与繁体字在意义和用法上不完全相同的传承字,十分值得肯定,这一做法便于人们学习掌握繁简之间的关系。

(二)《通用表》收字范围扩大

同收录7000规范汉字的《现代汉语通用字表》(1988年)相比,《通用表》新增了1143字,删减了38字[②]。其中一级字表只增加了1个,二级字表新增56个,三级字

---

① 苏培成:《现代汉字学纲要》(修订版),北京大学出版社2001年,第115页。

② 姚姝婧:《通用规范汉字表增减字研究》,辽宁师范大学硕士学位论文,2015年,第7页。

表增加了1086字，占全部新增字的95.0%，可见对于一、二级字表来说只是微调，新增字基本以三级字为主。三级新增字多集中于人名地名用字、科技术语用字、文言用字或古代名物用字等。这与我们对《通用表》新增341个简化字的分析基本是一致的。新增的341个简化字按照部首进行归类，新增字排名前五的部首分别是“钅、鱼、纟、马、鸟”。部首“钅”新增字58个，约占新增总字数17.01%；部首“鱼”新增字39个，约占新增总字数11.44%；部首“纟”新增字24个，约占新增总字数7.04%；部首“马”新增字23个，约占新增总字数6.74%；部首“鸟”新增字20，约占新增总字数5.87%。

根据《通用表》收字的原则，从“姓氏人名”、“中小学文言用字”、“地名”以及“与生活相关的文化、医学、植物、自然等科学技术用语”等方面进行分类，发现341个字中，包含“姓氏人名”的有131个；“中小学文言用字”的有111个；“地名”用字有38个，与“生活相关的文化，医学，植物，自然等科学技术用语”相关的字有125个[①]，分别占总字数的32.35%、27.41%、9.38%和30.86%。

总之，《通用表》收字范围扩大，吸收了人名地名、文言文、科技术语等专业领域的通用汉字，这是《通用表》与《简化表》繁简字差异的最重要原因。

(三)时代发展的需要

《通用表》之前已有的汉字规范是20世纪50—80年代陆续制定形成的，由于时间不一样，制定的目的也不一样，不同字表之间难免出现前后说法不一、相互矛盾之处。例如《简化表》中个别繁体字形，恰恰是《第一批异体字整理表》中被淘汰的异体字形。如“寶、鬧、牆”在《第一批异体字整理表》中被分别当作“寳、閙、墻”的异体字淘汰了，而到了《简化表》中，简化字“宝、闹、墙”对应的繁体字恰恰是“寶、鬧、牆”(即被认为是繁体正字)，这样，《简化表》与《第一批异体字整理表》就发生了矛盾。对于类似这样的问题，《通用表》均进行了一一梳理，加以纠正，使用者不会再有无所适从之虞。[②]

此外，为适应时代发展的需要，少部分罕用的旧称用字、异体字、方言字等被排除在《通用表》之外。

---

① 这里的每个汉字并不只有一种意思，因此分类有重合部分。比如“骙”，既可以是文言用字，表示“前足为白色的马”，也可以用于人名。

② 张书岩：《通用规范汉字表对以往汉字规范的继承和发展》，《信息时代汉字规范的新发展——〈通用规范汉字表〉文献资料集》，商务印书馆2015年，第137页。

五　结语

《通用表》与《简化表》是国务院正式颁布的汉字规范字表，作为指导社会用字的国家标准，它们在不同历史时期为汉字规范应用发挥重要作用。本文通过对《通用表》与《简化表》这两个字表进行梳理，细致探讨了二者在所收简化字与对应繁体字方面存在的差异以及导致差异的变化途径，着重分析了《通用表》中“一简对传繁”字之间的错综关系，并对二字表差异的原因进行分析，得出以下结论：

第一，通过比较分析得出的数据有助于全面认识两字表中简化字（规范字）与相应繁体字的具体情况。《通用表》收简化字共2546个，繁体字共2574个，其中一简对一繁的共有2450组，一简对二繁的有24组，一简对三繁的有2组。《简化表》收简化字共2235个，繁体字共2261个，其中一简对一繁的共有2213组，一简对二繁的有20组，一简对三繁的有2组。

第二，考察《通用表》与《简化表》简繁字的消长变化，可发现前者主要通过四种途径实现了变化：①新增了343个繁体字与341个简体字。②删减31个简化字及对应繁体字。③将原来重出的“须”“签”及分别对应的两个繁体字合并到一起。④修改调整了2字：“呙”单独作为正体字，“蘋”恢复为规范字。

第三，《通用表》将有“一简对传繁”关系的全部74组字全部列出，这是值得肯定的做法，对于学习和正确使用这部分汉字十分有益。就规范字、传承字与繁体字之间的音义关系来看，这74组字可分为五大类：读音和意义均不相同、音同而意义不同、音交叉相同而义不同、音同而意义有交叉关系、音义均有交叉关系。

第四，两字表简繁字差异的原因，大体上可归结为三点：第一，两字表的性质不同导致差异。第二，《通用表》收字范围扩大导致差异明显。第三，由于时代发展，有对字表简繁关系进行调整修改的现实需要。

（沙宗元、沈亮：安徽大学文学院，230039，合肥）

西辛大墓银器铭文及其年代

李 家 浩

提要 2004年山东青州西辛大墓出土的几件银器上刻有铭文，其内容记的是银器的主人及其容量。银器主人邵平，大概是汉初齐哀王相召平。据史书记载，召平死亡的时间是在吕后八年，西辛大墓的年代应在这一年，即公元前180年。

关键词 西辛大墓 银器 铭文 召平

最近出版的一期《文物》杂志上刊登的《山东青州西辛战国墓发掘简报》(以下简称《简报》)，[①]对2004年发掘的西辛大墓有关情况进行了报道。西辛大墓曾多次被盗，墓葬及其残留的器物都遭到严重破坏。在残留的器物中，我对几件银器铭文特别感兴趣，拟在此谈一点不成熟的意见，供大家参考。

西辛大墓出土的B1:11、12银盒、[②]B1:13、14银盘和B1:15银匜都刻有铭文，现根据《简报》图版照片，把铭文释写于下：

受一粡(升)分。 (B1:11、12银盒)

邵平，一粡(升)分。 (B1:13、14银盘)

邵平，二粡(升)分。 (B1:15银匜)[③]

据甲骨文、西周金文等古文字，"受"作从爪从舟从又。战国文字"受"或把爪与舟左右并列写在又旁之上，[④]银盒"受"字即此类写法，唯在并列的爪、舟与又之间加有一横，当是讹误之体。重金方壶："受一觳六射。"盱眙铜壶："受一觳五射。"[⑤]银盒

---

① 山东省文物考古研究所、青州市博物馆：《山东青州西辛战国墓发掘简报》，《文物》2014年第9期，第4—32页。

② B1:11、12两件银盒，《简报》又名为银豆，前后称呼很不一致。本文暂且采用"银盒"的称呼。

③ 山东省文物考古研究所、青州市博物馆：《山东青州西辛战国墓发掘简报》，《文物》2014年第9期，第25页图四九、五一～五四，26页图五六。

④ 滕壬生：《楚系简帛文字编》(增订本)，湖北教育出版社2008年，第397—400页。饶宗颐主编、徐在国副主编：《上博藏战国楚竹书字汇》，安徽大学出版社2012年，第212—213页。

⑤ 中国社会科学院考古研究所：《殷周金文集成》(修订增补本)，中华书局2007年，第六册，09617、09975号。李家浩：《盱眙铜壶刍议》，《古文字研究》第十二辑，中华书局1985年，第355—361页。

“受”字用法与此二壶“受”字用法相同，都是容的意思。朱德熙先生和吴振武先生曾经分别撰文论及壶铭的“受”，[①]大家可以参看。

“粈”字见于临淄出土王升量等，[②]唯银器“粈”把米旁横画上下三点连写作卅字形。这种写法的米见于齐国玺印文字。[③] 粈从米，升声，即“升”字的异体。大概是因“升”是量粮食用的量器，故字从米。《简报》把这个字释为“又卅”二字，非是。

“分”是半的意思。《公羊传》庄公四年“师丧分焉”何休注和《吕氏春秋·贵生》“六欲分得其宜也”高诱注，都说：“分，半也。”“分”“半”二字古音相近，可以通用。例如郭店楚简《老子》甲组30号“夫天多期(忌)韦(讳)，而民尔(弥)畔”，马王堆帛书甲、乙本和传本《老子》“畔”皆作“贫”。[④] “畔”从半得声，“贫”从分得声。也有可能银器的“分”就应该读为“半”。总之，银器的“分”不论是训为“半”也好还是读为“半”也好，都是指半升。

B1:13、14银盘和B1:15银匜残损严重，但B1:11、12银盒却保存完好，因“盖器扣合，目前尚未打开”，无法校量其容量。据前面所说的临淄出土王升量等，战国齐国一升容量约在204—210毫升之间，[⑤]半升容量约在102—105毫升之间。

“邵”字原文作从邑，卲声。按“邵”从邑，召声，“卲”从卩，召声，颇疑银盘、匜此字应该是“邵”字的异体。银盘、匜“邵”作从邑，卲声，犹驫羌钟“昭于天子”之“昭”作从日，卲声。[⑥] “邵平”是人名。

秦汉之际，有三个名叫“召平”的人：一、故秦东陵侯，见《史记·萧相国世家》《汉书·萧何传》等；二、陈胜部将，见《史记》的《项羽本纪》《秦楚之际月表》《汉书·陈胜项籍传》等；三、齐哀王相，见《史记》的《吕太后本纪》《齐悼惠王世家》《汉书》的《高五王传·齐悼惠王刘肥传》《萧何曹参传》等。[⑦] 在这三个名叫“召平”的人当

---

① 朱德熙：《古文字考释四篇》，《古文字研究》第八辑，中华书局1983年，第18—19页；《朱德熙古文字论集》，中华书局1995年，第153—154页。吴振武：《释“受”并论盱眙南窑铜壶和重金方壶的国别》，《古文字研究》第十四辑，中华书局1986年，第51—58页。

② 魏成敏、朱玉德：《山东临淄新发现的战国齐量》，《考古》1996年第4期，第26页。孙刚：《齐国文编》，福建人民出版社2010年，第200页。吕金成：《夕惕藏陶》，山东画报出版社2014年，上册，第3页XTCT Ⅰ01—1—1。

③ 参看吴振武《古玺姓氏考(复姓十五篇)》，中国文物研究所编《出土文献研究》第三辑，中华书局1998年，第74—75页；孙刚《齐国文编》，第259页。

④ 参看廖名春《郭店楚简老子校释》，清华大学出版社2003年，第294页。

⑤ 丘光明：《中国历代度量衡考》，科学出版社1992年，第130—139页。魏成敏、朱玉德：《山东临淄新发现的战国齐量》，《考古》1996年第4期，第26页。

⑥ 中国社会科学院考古研究所：《殷周金文集成》(修订增补本)，第一册，00158.2号。

⑦ 参看王鸣盛《十七史商榷》(黄曙辉点校)，中华书局2005年，第27页“三召平”条。

中，齐哀王相的召平最值得注意。为了便于大家了解，我把与齐相召平有关的情况，简述于下。

汉高祖六年(公元前 201 年)，刘邦封子刘肥为齐王，是为悼惠王，以曹参为相，都临淄(今山东淄博市临淄区)，“诸民能齐言者皆予齐王”。十二年(公元前 195 年)，高祖病死，子刘盈即位，是为惠帝。刘盈是吕后之子，即位之后，吕后专政。惠帝二年(公元前 193 年)七月，相国萧何卒，召曹参为相国。召平大概是此时后出任齐相的。惠帝六年(公元前 189 年)，齐悼惠王刘肥卒，子刘襄立，是为齐哀王。惠帝七年，刘盈卒，无子，吕后立后宫美人子为帝，史称少帝。少帝年幼，吕后临朝称制。吕后八年(公元前 180 年)八月，吕后病死，诸吕密谋诛杀刘氏宗族及功臣。此计划为朱虚侯刘章所知，立即通知他哥哥齐哀王刘襄，并要刘襄发兵进攻长安，他和他的弟弟东牟侯刘兴居作内应。汉朝中央规定，没有皇帝的诏书、虎符，诸侯王不得擅自发兵。所以刘襄发兵遭到召平的反对，于是召平率兵禁卫王宫。齐中尉魏勃是主张发兵的，他用计把召平围困于相府，大概召平畏于责任，遂自杀。在周勃、刘章、刘襄等人共同努力下，终于平定了吕氏集团之乱；经商议，共立高祖之子代王刘恒为帝，是为文帝。

汉初，齐国的地理位置非常重要。高祖六年，田肯曾对刘邦说：“夫齐，东有琅邪、即墨之饶，南有泰山之固，西有浊河之限，北有勃海之利，地方二千里，持戟百万，县隔千里之外，齐得十二焉。此东西秦也。非亲子弟，莫可使王齐者。”高祖称“善”。[①] 于是“高祖不但以亲庶长子为齐王，且以直系部队中军功最高之功臣曹参为之相，统重兵，驻齐国……实视齐为东方支柱，镇抚东土，仍与长安为东西横轴之两端。其立国形势，盖与西周封鲁相类矣”。[②] 从召平继曹参之后出任齐相来看，召平的地位应该跟曹参相仿，当是一位很有才能的功臣。[③] 遗憾的是，传世史书缺乏这方面的记载。

西辛大墓的地理位置及其出土器物与汉初齐王国有关。第一，西辛大墓位于临淄齐故城东南，齐悼惠王墓位于临淄齐故城以东，[④]齐哀王墓位于临淄齐故城西南，[⑤]

---

① 《汉书·高帝纪下》。

② 严耕望：《中国地方行政制度史——秦汉地方行政制度》，上海古籍出版社 2007 年，第 17 页。

③ 贾谊《新书·淮难》：“天子选功臣有识者，以为之相吏。”

④ 《史记·齐悼惠王世家》：“齐悼惠王后尚有二国，城阳及菑川。菑川地比齐。天子怜齐，为悼惠王冢园在郡，割临菑东环悼惠王冢园邑尽以予菑川，以奉悼惠王祭祀。”

⑤ 山东省淄博市博物馆：《西汉齐王墓随葬器物坑》，《考古学报》1985 年第 2 期，第 223—266 页。

西辛大墓与齐悼惠王墓南北相望，与齐哀王墓东西相望。第二，西辛大墓 B1:11、12 两件银盒与大武齐哀王墓随葬器物坑 1:72 银盒形制、大小十分相似。[①] 据此两点，颇疑西辛银器铭文的"邵平"就是齐哀王相"召平"。《汉书·高五王传·齐悼惠王刘肥传》颜师古注说"召平"之"召""读曰邵"。"邵"从"召"得声，故"召""邵"二字可以通用。[②] 前面所说故秦东陵侯"召平"，《艺文类聚》卷八七等引《史记》作"邵平"，即其例子。把银器铭文"邵平"定为齐哀王相召平，这跟 B1:11、12 两件银盒形制所反映的年代是一致的。下面将要引到的《简报》"结语"说："过去发现的银盒之类器物均出自于西汉早期的大型墓葬中，如临淄大武汉墓、广州南越王墓、江苏大云山汉墓等。"

如果西辛大墓银器铭文"邵平"确实是汉齐相召平，那么银器就应该是齐相召平之物，而出土召平银器的西辛大墓就应该是齐相召平之墓，其墓葬年代当在公元前 180 年年底。银器铭文在"邵平"之前没有注明"齐相"之类的字样，说明银器可能作于召平任齐相之前。据上文所说，召平大概是在惠帝二年七月之后出任齐相的。那么召平银器的年代当在公元前 193 年之前。

《简报》把西辛大墓的年代定在战国末年。那么我们说该墓银器铭文的"邵平"即齐王相召平和西辛大墓即齐王相召平之墓岂不是就有问题了吗？我们暂时不回答这个问题，先看看《简报》"结语"是怎样定西辛大墓年代的：

> 关于墓葬的年代，在最初的报导中我们曾将该墓葬时代暂定为战国末年或西汉初年。[③] 现从墓葬形制、布局结构分析，墓葬形制显然与以往发掘的齐国贵族墓葬形制基本一致，如墓圹呈阶梯状内收、以巨石垒砌石椁、在石椁之外二层台上分布陪葬坑等。不同之处在于，过去发掘的齐国战国大型墓葬的陪葬坑，一般都是以年轻女性陪葬为主，而西辛大墓的五座陪葬坑都属于器物坑，这又与西汉早期大型墓葬多在墓圹之外设置陪葬器物坑的情况相近，只是该墓的陪葬器物坑设置在墓圹内的椁室一侧。从出土器物来看，该墓尽管被严重盗掘，但残存的随葬品也包含了陶器、铜器、玉器、骨器、金器、银器及漆木器等各种质地的器物，种类较丰富。然而器类较单调，如陶器仅有壶一种；无论是陶器、铜器还是车

---

① 山东省淄博市博物馆：《西汉齐王墓随葬器物坑》，《考古学报》1985 年第 2 期，第 258 页图二九.5，图版拾肆.3。

② 参看高亨《古字通假会典》（董安治整理），齐鲁书社 1989 年，第 808 页【召与邵】条。

③ 原注："《山东青州西辛战国墓》，《2004 中国重要考古发现》，文物出版社 2005 年。"

马器等，器形多小而粗糙，多属于明器。器物形制与该地区战国晚期到西汉初年常见同类器基本相同。过去发现的银盒之类器物均出自于西汉早期的大型墓葬中，如临淄大武汉墓、广州南越王墓、江苏大云山汉墓等，但该墓所出银盒，从其铭文判断应属于战国时期，[①]据此可将该墓出土银器年代定为战国时期。总体来看，墓葬形制和出土随葬器物的特点符合战国晚期到西汉初年的特征。结合墓葬位置与战国田齐二王冢相毗邻，其或与二王冢有一定关系。因此我们认为该墓年代为战国末年。

据此可知，西辛大墓的墓葬形制和随葬品的器物形制，既有战国末年的因素，又有西汉初年的因素。这跟“结语”提到的临淄大武汉墓的情况颇为相似。大武汉墓的墓葬形制及随葬器物坑的器物形制，也既有战国末年的因素，又有西汉初年的因素。相对来说，西辛大墓西汉初年的因素要大于战国末年的因素，按照道理讲，把西辛大墓的年代定在西汉初年要比定在战国末年更加客观、更加合理。但是，《简报》却根据早期因素把西辛大墓的年代定在战国末年。其中很重要一个原因，恐怕是该墓所出银器铭文具有战国文字形体特点，认为银器属于战国时期，墓葬也属于战国时期。不可否认，银器铭文确实具有战国文字形体特点，但银器的年代并不一定就属于战国时期。道理很简单，汉初去战国末年不久，那时当有许多战国末年的人在世，他们书写具有战国形体特点的文字，一点也不奇怪。不仅故齐国国都临淄地区出土的汉初遗物上的文字有这样的情况，其他地区出土的汉初遗物上的文字也有这样的情况。例如曲阜九龙山 3 号墓是汉鲁孝王刘庆忌的墓，墓内出土一方“王庆忌”印，[②]“王庆忌”显然是指鲁王庆忌，但其文字却具有战国文字形体特点，以致《古玺汇编》把“王庆忌”印作为战国古玺收入。[③] 我们不能根据西辛大墓银器铭文具有战国文字形体特点就把银器以及出土银器的西辛大墓的年代定在战国晚期，正如不能根据九龙山 3 号墓“王庆忌”印文字具有战国文字形体特点就把“王庆忌”印以及出土“王庆忌”印的九龙山 3 号墓的年代定在战国晚期一样。

关于古文字的发展，我们过去看得比较简单，总认为秦始皇灭掉六国，于公元前 221 年建立秦帝国、统一文字之后，东方六国文字不复存在。现在西辛大墓邵平银器铭文的发现，说明在秦亡之后，汉初曾经偶尔出现过东方六国文字，古文字发展的实

① 原注：“李零《论西辛战国墓的裂瓣纹银豆——兼谈我国出土的类似器物》，见《文物》本期。”

② 山东省博物馆：《曲阜九龙山汉墓发掘简报》，《文物》1972 年第 5 期，第 43 页图五右。

③ 罗福颐主编：《古玺汇编》，文物出版社 1981 年，第 509 页，5587 号。

际情况比我们想象的要复杂一些。说到这里，使我想到广州象岗山南越王墓出土的车驲虎节。[①] 车驲虎节的形制和铭文形体特点都跟楚国传赁虎节十分相似，[②]所以我过去认为车驲虎节是战国时期楚国铸造的，[③]现在看来，车驲虎节的年代应该重新考虑。

我们已知西辛大墓应该是齐哀王相召平之墓，那么《简报》"结语"所说的"该墓有许多耐人寻味之处"，可以得到合理的解释。"结语"原文说：

> 该墓有许多耐人寻味之处。一是尽管墓葬被盗掘惨重，但仍出土了数量较多的随葬器物。从残存随葬器物来看，除两件玉器及银豆等少量器物特别精美外，其它器物多小而粗糙。二是多数陪葬坑并未被破坏且有一定规模，但出土器物数量有限，也较简单，表明这些陪葬坑仅具象征意义，与墓葬规模如此之大似乎并不相符。

众所周知，西汉初年，诸侯王国的相是由中央委派的，是诸侯王国中最高的行政长官，对诸侯王有匡辅、督察之责；诸侯王不法，要受到连坐。[④] 在刘氏集团与吕氏集团的斗争中，召平显然不是吕氏集团的人，他反对齐哀王刘襄发兵是他的职责。召平虽然害怕受到连坐而自杀，但事后当得到刘氏政权妥善处理，按照王国之相的地位安葬。召平的儿子犁(黎)顷侯召奴，文帝十年(公元前 170 年)"以齐相召平子侯"，[⑤]也可以说明这一点。大概是在动乱期间，再加上时间仓促，随葬品一时难以按照规定置办，只好临时找来少数召平生前用过的精美如银器、玉器和一些小而粗糙的器物以充数，以及减少陪葬坑的随葬品数量，于是就出现了《简报》"结语"所说的"该墓有许多耐人寻味之处"。

关于山东青州西辛大墓银器铭文及其年代的意见就谈到这里，谬误之处，敬请大家批评指正。

2014 年 10 月 17 日

---

① 广州市文物管理委员会、中国社会科学院考古研究所：《西汉南越王墓》，文物出版社 1991 年，上册，第 87 页图五九，下册，彩版二〇、图版四三。

② 中国社会科学院考古研究所：《殷周金文集成》(修订增补本)，第八册，12095 号。

③ 李家浩：《南越王墓车驲虎节铭文考释——战国符节铭文研究之四》，广东炎黄文化研究会、纪念容庚先生百年诞辰暨中国古文字学学术研讨会编《容庚先生百年诞辰纪念文集》，广东人民出版社 1998 年，第 662—671 页；黄德宽主编《安徽大学汉语言文字研究丛书·李家浩卷》，安徽大学出版社 2013 年，第 71—78 页。

④ 参看严耕望《中国地方行政制度史——秦汉地方行政制度》，第 100 页。

⑤ 见《史记·惠景间侯者年表》《汉书·高惠高后文功臣表》。黎，《汉书·地理志》属东郡，位于今山东郓城西。

补记

最近读到安徽大学孙合肥君的博士学位论文《战国文字形体研究》(指导教师:徐在国,2014 年,10 月),该论文第 582 页把《古玺汇编》3937 号私玺"窒孙"之后的一个字释为"受",可从。此"受"字作并列的爪、舟与又之间加一横,跟西辛大墓 B:11、12 银盒铭文"受"字写法十分相似,可以参看。

2014 年 11 月 21 日

张振谦博士也释出西辛大墓银器铭文中的"受""粈"二字。见张氏《齐鲁文字编》第二册第 528 页、第三册第 1019 页,学苑出版社 2014 年。[①]

2017 年 6 月 8 日

(李家浩:安徽大学汉字发展与应用研究中心、
出土文献与古代文明研究协同创新中心,230039,合肥)

① 《齐鲁文字编》一书,蒙张振谦博士赠送,在此表示感谢。

同铭重见字异写与金文字体研究*

刘志基

提要 抽样的量化调查表明，西周金文同铭重见字异写具有约五分之一的发生概率。这种异写现象源自部分铭文写手的重见异写习惯，其出现数量依时代与国族的不同而有差异。根据同铭重见字异写实况的复杂性，提出金文字体研究的应对之策——创建金文“同铭重见字异写”公共数据库，支持金文字体研究和同铭重见字异写内在规律的深度揭示。

关键词 金文 同铭重见字异写 非齐一性 字体研究

一

上世纪50年代，澳大利亚学者巴纳提出金文字形“非齐一性”这一概念①，实际所指为同铭重见字往往构形不同。巴纳提出这一概念的目的是辨伪，即认为凡出现“非齐一性”现象之铜器（例如毛公鼎、散氏盘等）均属伪品。虽然此种辨伪方法早已不为大多数学者所信从，但是所揭示的“非齐一性”现象却是事实，并得到后续研究的进一步证明。2002年，徐宝贵先生列举若干商周两代同铭“重出字的变形避复”现象，并就其青铜器铭文分期断代、青铜器辨伪以及书法的研究意义进行了讨论。②

金文同铭重见字异写现象具有多方面的研究意义，本文仅讨论其金文字体研究方面的认识价值。作为青铜器铭文断代分期的一种重要证据，人们对金文字体的关注已有为期不短的历史。20世纪中，郭沫若、陈梦家、唐兰、李学勤等学者都在相关研究中注意利用字体特征来判断时代，并取得重要成绩。本世纪以来，学者们更多关注金文字体研究的理论方法问题，系统提出了字体分析研究的策略。刘华夏先生提

* 本文为国家社科基金重大项目“出土古文献语料库建设研究”（项目批号：10&ZD118）成果之一。

① N. Barnard, New Approaches and Research Methods in Chin-Shih-Hsileh,《东洋文化研究所纪要》第19册，1959年。

② 徐宝贵：《商周青铜器铭文避复研究》，《考古学报》2002年第3期。

出“金文字体演变研究所采用的程序”，讨论了一些具体方法，如关键字的选择，需符合两大基本条件：“第一，前后变化较大；第二，各期铭文中较常见。”对铭文的选择，提出“关键字太少的铭文、历代摩（作者按：当为“摹”）本、字迹不够清晰的拓本或照片”不应纳入范围。并就其所确定的关键字“贝、宀、易、酉、王、首、马、叔（弔）、其、正、公、永”逐个进行了西周阶段类型分析。[①]

王帅先生则就“如何开展西周金文字形书体研究”提出了如下意见：“在梳理西周金文资料时，研究对象和范围可以划分为以下四个层次”：字形特征、高频单字、代表偏旁、书体特征；要“从字形和书体两个系统……探索金文字形书体的发展演变进程……字形演变规律考察，主要从三个角度进行：①字体结构的变化；②形体笔势的变化；③笔画形态的变化。”“书体演变规律考察，主要从四个角度进行分型分式：①字距及行距情况；②单字轮廓体势及形体大小；③字体偏旁架构情况；④笔道粗细、曲直、波磔情况。”[②]

然而，面向断代分期的金文字体研究，是一项非常复杂的工作，一旦进入实际操作，往往会遭遇意料不到的情况，如学者所言：“断代法实际应用起来，却不那么容易。……即同一㾓器而论，㾓盨铭文的字体，与十三年㾓壶的字体也不相同。所以强调花纹、形制、字体，也可能发生错误。”[③]很显然，这里提出的金文字体研究难题，属于金文字形“非齐一性”的范畴。对于这一问题，有的学者认为应该以列器的概念加以解释：“西周中期以后，列器制度盛行，如大夫五鼎四簋之类。在社会动荡不安之际，列鼎或列簋中某件被遗失，按制度严格规定要后补。……当青铜器遗失，只好补铸。器形可仿造，而铭文却每每暴露出其时代特征之不同。”[④]然而，“列器”之说至多只能解释同文器铭的“非齐一性”，而“非齐一性”亦发生于同铭之中，仅举一例：

① 刘华夏：《金文字体与铜器断代》，《考古学报》2010 年第 1 期，第 56—62 页。

② 王帅：《西周金文字形书体与铜器断代研究》，《学术探索》2015 年第 1 期，第 74 页。

③ 伍士谦：《微氏家族铜器群年代初探》，《古文字研究》第 5 辑，中华书局 1981 年，第 99 页。

④ 刘华夏：《金文字体与铜器断代》，《考古学报》2010 年第 1 期，第 67 页。

以上拓片为叔豊簋(近出0469)铭文,其中"宝"字两见,分别为第二行第二字和第四行第三字。而这两个字形很清晰地呈现了"宝"字的两个构件"缶""贝"的差异:"缶"中之"午"前有后无;"贝"之构形虽均无缺损,但却迥然不同。由于"贝"被认定为金文字体研究的关键字,不妨再就上铭中的两个"贝"做进一步讨论。

按刘华夏先生的西周金文关键字阶段分析,前一个"贝"之构形被标注为"AIg",属于西周时代较早的武、成、康、昭、穆王时代字体,而后一个"贝"之构形被标注为"AXⅡc",属于时代靠后的平、恒王时代字体。① 而这两个时段之间,隔着"恭、懿、孝、夷、历、宣、幽"七王。如果刘华夏先生的关键字断代分析是对的,这个器铭就只能判断为形成于两个时段:前半段为西周的早期,后半段为西周晚期。当然,这是不可能的。

很显然,问题的关键在于,在目前的金文字体研究中,人们还习惯于将字体判断的标准锁定为某单一字形的"关键字",但事实上,这种关键字往往并非只有一个"真身"。虽然有的学者已经意识到:"如果我们在铭文分期断代研究上能注意到铭文中重出字或重出偏旁有避复求变的现象,就会避免一些错误"②,但说到容易做到难,时至今日,如何应对金文字体研究中所遭遇的同铭重见字异写难题的可行方略并未形成。有鉴于此,本文尝试提出解决这一问题的初步设想。

二

任何有效的方案都形成于对问题的深入了解。因此首先必须立足于金文字体研究的要求,对金文同铭重见字异写现象进行力求深入的调查。

出于可行性的考虑,我们将金文材料的时间范围限定为西周,将调查的构形对象限定为以"宝"字为主。前一种限定的理由,自然是因为西周为金文的鼎盛阶段,铭文用字数量最多,因而针对这一阶段实际形成的方案一般会更具有应用价值和普遍意义;而后一种限定的原因,则是"宝"字被相关研究者认定金文字体研究中最重要的关键字,具备了字体调查关键字所应有的高频、易变、同铭重见率高等条件,故在调查对象限定为个别字的前提下,穷尽"宝"字,逐铭调查,是凸显同铭重见字异写现象的理想途径。

① 参见刘华夏:《金文字体与铜器断代》,《考古学报》2010年第1期,第58、66页。

② 徐宝贵:《商周青铜器铭文避复研究》,《考古学报》2002年第3期,第275页。

鉴于穷尽资料定量调查的要求，我们以"文字网"金文数据库收录的材料为调查对象。"文字网"金文数据库的前身为《商周金文数字化处理系统》[①]，经持续建设，目前所收材料包括《殷周金文集成》《近出金文集录》《商周青铜器铭文暨图像集成》《新收殷周青铜器铭文暨器影汇编》等迄今已出版大型金文著录，以及截止于 2016 年上半年在各种书刊上陆续新发表器铭著录，共计 16495 余件铜器铭文；铭文用字总数 170800 以上。基本上涵盖了目前已经公布的商周青铜器铭文资料。该数据库所收的金文资料，也就是 15 卷《商周金文原形类纂》[②]的材料范围。

经逐铭目验，材料范围内西周金文有 62 铭发生"宝"字重见异写。兹按异写的不同具体类型，将这 62 铭"宝"字构形情况整理如下：

（一）构件"贝"异写

对于西周金文中的"宝"字，人们已注意到其中"贝"的善变："有时即使在同一篇器铭中，单字'贝'与'宝'字中做形符的'贝'字其写法都不会一样，因此，分析'宝'字这类结构复杂、频繁出现的常用字时，更要将偏旁和单字整合起来。"[③]因而"贝"也就成为人们分析金文字体的关键字。调查表明，在"宝"的同铭重见字异写中，"贝"的变形的确是最多的，仅单纯"贝"之写法变异者，即有 33 例[④]：

1. 31 10（虘钟-集成 01・00088）

2. 5 14（伯考父鼎-集成 04・02508）

3. 7 25（㝬叔樊鼎-集成 05・02679）

4. 10 2（作宝簋-集成 06・03741）

5. 7 15（妊[illegible]母簋-集成 07・03845）

6. 6 16（季□父簋蓋-集成 07・03877）

7. 8 18（中伯簋-集成 07・03946）

8. 23 7（曾伯文簋-集成 07・04052）

9. 31 43（庸伯馭簋-集成 08・04169）

---

① 刘志基、张再兴、臧克和主持开发，广西金海湾电子音像出版社、广西教育出版社 2003 年联合出版。

② 上海人民出版社、上海书店出版社 2017 年出版。

③ 王帅：《西周金文字形书体与铜器断代研究》，《学术探索》2015 年第 1 期，第 76 页。

④ 限于篇幅，同铭重见"宝"字异写之例只给出原形，以及该字在铭文中的字序数，省略其所出文句。为保证印刷后的清晰和保真，原文字形均以拓本字形反色呈现。其后括注铭文的器名和著录出处。大型著录出处均用简称，如《殷周金文集成》简称"集成"，《近出殷周金文集录》简称"近出"，《近出殷周金文集录二编》简称"近出二"，《商周青铜器铭文暨图像集成》简称"图像"，《新收殷周青铜器铭文暨器影汇编》简称"新收"。后文同类字例仿此。

10. 57 64(大师虘簋-集成 08 · 04251)

11. 96 106(扬簋-集成 08 · 04295)

12. 116 151(颂簋-集成 08 · 04332)

13. 151 116(颂簋盖-集成 08 · 04338)

14. 145 158(蔡簋-集成 08 · 04340)

15. 6、14 27(榶侯簋盖-集成 08 · 04139)

16. 22 32(叔簋盖-集成 08 · 04130)

17. 4 11(簠-集成 09 · 04516)

18. 4 14(北子觶-集成 12 · 06507)

19. 118 150(颂壶-集成 15 · 09731)

20. 118 149(颂壶盖-集成 15 · 09732)

21. 6 18(作文考日己觥-集成 15 · 09302)

22. 7 15(交君子壶-集成 15 · 09662)

23. 5 44(醝史壶-集成 15 · 09718)

24. 10 18(甾鑐-集成 16 · 09972)

25. 250 279(史墙盘-集成 16 · 10175)

26. 3 13(真盘-集成 16 · 10091)

27. 4 7(虢季簋-近出 0443)

28. 6 25 78(一式獄簋-近出二 436)

29. 5 17(祜仲衍钟-近出二 4)

30. 49 58(龙纹盘-首阳 105 页)

31. 65 71(引簋甲-图像 05299)

32. 38 47(霸伯簋-考古 2011 年 07 期 15 页图五)

33. 69 90(伐簋-图像 05321)

(二)构件"缶"异写

"缶"作为"宝"字声符,同样也会发生重见异写,只是数量较"贝"明显减少:

34. 12 36(伯家父簋盖-集成 08 · 04156)

35. 10 25(虞司寇壶-集成 15 · 09694)

36. 10 25(虞司寇壶-集成 15 · 09695)

37. 12 15(虢季簋-近出 0443)

(三)多个构件异写

西周金文“宝”字通常由“宀、贝、玉、缶”等多构件构成,因此同铭异写者也可以将其中两个或者更多构件重见异写,以下 10 例均属这类:

38. 3 11(舟鼎-集成 04·02484)

39. 7 15(金父鼎-集成 05·02562)

40. 95 273 286(大克鼎-集成 05·02836)

41. 4 11(友父簋-集成 06·03727)

42. 24 31、46(䣄叔䣄姬簋-集成 07·04065)

43. 6 27(芮伯多父簋-集成 07·04109)

44. 5 15(䢅伯匜-集成 16·10237)

45. 10 18(潘君𣄰匜-集成 16·10271)

46. 7 19(叔丰簋-近出 0469)

47. 62 73(闻尊-古文字学论稿 10 页图二(b))

(四)构件移位

构件位置变化,属于造成异体字的常用手段,也多见于“宝”的重见异写,凡 10 例:

48. 54 102(瘐钟-集成 01·00248)

49. 8 15(杞伯敏亡鼎-集成 04·02495)

50. 4 14(兮仲簋盖-集成 07·03813)

51. 13 20(洹秦簋-集成 07·03867)

52. 35 43(𩱧簋盖-集成 08·04192)

53. 3 9(伯作宝尊彝卣-集成 10·05183)

54. 5 10(繖尊-新收 0944)

55. 17 36(𢍏觶-首阳 074 页)

56. 14 29(郑登叔盨-金文通鉴 05673)

57. 35 43(𩱧簋器-集成 08·04192)

(五)繁简异形

即用不同数量构件组合成同铭重见之“宝”字,如下 3 例:

58. 8 16(彔簋-集成 07·03863)

59. 5 14(師𡖊父簋-集成 07·03892)

60. 6 14(塱逗鬲-近出 0144)

(六)构件替换

同铭重见“宝”字所从之“宀”亦见被换成“厂”者,如下 2 例:

61. 11 19(格伯作晋姬簋-集成 07·03952)

62. 9 22(仲播簋-近出 0471)

对于以上同铭之“宝”的“宀”“厂”变异,人们或许会心存这样的疑问:这种差异是不是由于铭文残泐而造成?当然,类似的疑虑,也有可能涉及前文其他整理结果。事实上,如果真有残泐,整篇铭文拓片难免留有相关痕迹,相关单字的笔迹丢失一般也不会干干净净。而上述两组“宝”中从“厂”的字形都有着干净的笔道和未见残损的背景(见下图),目验中找不到残泐之迹。而以上 62 例整理结果,都是经同样的标准的目验而认定为同字异写的。

三

对于同铭重见字构形不同现象的成因,曾经有“书写者一时疏忽和范坏”之类的解释。虽然学者据其所揭示整理的若干“同铭重见字变形避复”字例判断这种解释“现在看来这是一种错误认识”[①],然而,仅仅基于一些举例来下这个结论未必能够令人确信无疑。因此,有必要对此做进一步讨论。

无论“书写者一时疏忽”“范坏”或前文言及的铭文残泐,都是偶然性因素,而偶然因素导致的结果一定是小概率且无规律分布的,因此有必要探究同铭重见字异写的概率状况和分布规律。

---

① 徐宝贵:《商周青铜器铭文避复研究》,《考古学报》2002 年第 3 期,第 273 页。

在我们的材料范围内，即“文字网”金文数据库收录的西周金文器铭共计 6888 件，经调查，同铭而“宝”字重见者有 558 铭。为保证调查数据的有效性，需要剔除摹本和铭拓残泐无法清晰分辨构形者，则实有 320 件重见“宝”字铭是有效的调查对象。而上述 62 件发生重见“宝”字异写的器铭就是在这个范围内经逐铭目验甄别出来的。由此可以认定，“宝”字的同铭重见异写发生概率为 19.38%，接近五分之一。

毫无疑问，五分之一不是一个可以忽略的概率，这使得同铭重见字变形出自偶然性因素的看法难以成立。然而，还有必要进一步追问：这近五分之一概率的现象是如何分布的？有没有什么规律？求解这一问题可以从许多角度入手，但在文字传输仅靠手写的前印刷时代，文字书写个体的书写习惯，无疑与是否“重见异写”发生最直接的因果联系，因此首先需要确认“重见异写”是不是源自写手个体的特定书写习惯。

基于前文“宝”字的调查，我们可以运用如下较为便捷的方法来认定“重见异写”与写手习惯是否具有规律的对应：考察将“宝”字重见异写的写手是不是也会倾向于把其他重见字重见异写。反之，未将“宝”字重见异写的写手是不是也缺乏将其他重见字异写倾向。如果答案是肯定的，则可以证明重见异写主要源自一部分写手个人的书写习惯。

“宝”字重见异写铭中去掉“宝”字后，尚存 41 铭有 386 个同铭重见字，其中 26 铭 349 个同铭重见字未见重见异写，而 15 铭 37 个同铭重见字重见异写[1]，具体详下：

朕 4[2]：5、267 160 250（大克鼎-集成 2836）

肄 2：23 43（大克鼎-集成 2836）

弔 2：2 27（㝬叔㝬姬簋-集成 4065）

簋 2：9 32（㝬叔㝬姬簋-集成 4065）

其 2：14 20（㝬叔㝬姬簋-集成 4065）

---

① 古文字是手写文字，即使同一写手在同一书写活动中以他所习惯的同一种写法书写两个以上相同的字，也难免或多或少发生字形变化。很显然，如果重见字只存在这种差异，并不能视为“异写”。我们所说的“异写”，是具有“写法”差异的同字异形。所谓“写法”，是指特定写手对于特定文字所持有的书写方式。一般来讲，每个人都有比较固定的写法，而如果写手想改变一下自己写出的字形，那他就需要通过另换一种写法来实现这种意图。改变“写法”的方式大致有：改变字形朝向、以团块与线条别异、增减构字成分、改变主笔姿态、改变笔画连接方式、改变偏旁写法、改变偏旁的方位布局、构件增减等。本文关于“异写”的判断，皆依此原则，限于篇幅，不做一一解说。

② 此数字表示该字重见数。

虘 3:27 40 59(大師虘簋-集成 4251)

乎 2:21 34(大师虘簋-集成 4251)

師 3:10、22 26(大师虘簋-集成 4251)

皇 2:108 112(颂簋-集成 4332)

賈 2:56 61(颂簋-集成 4332)

颂 6:27、81、132 46、49、95(颂簋-集成 4332)

龏 2:110 114(颂簋盖-集成 4338)

賈 2:56 61(颂簋盖-集成 4338)

姜 2:79 104(蔡簋-集成 4340)

蔡① 6:22、32、36、129 92 148(蔡簋-集成 4340)

曶 2:19 58(蔡簋-集成 4340)

既 2:4 40(蔡簋-集成 4340)

家 2:47 66(蔡簋-集成 4340)

尊 2:4 9(伯作宝尊彝卣-集成 5183)

嗣 2:53 60(颂壶盖-集成 9732)

富 2:16 35([illegible]史[illegible]壶-集成 9718)

般 2:32 148(史墙盘-集成 10175)

宇 2:85 165(史墙盘-集成 10175)

無 2:102 216(史墙盘-集成 10175)

文 4:3、95、225 208(史墙盘-集成 10175)

剌 3:98、151 253(史墙盘-集成 10175)

見 2:134 155(史墙盘-集成 10175)

辟 3:177 223 274(史墙盘-集成 10175)

馨 2:34 47(一式獄簋-近出二-436-P110-考古与文物 2006 年 06 期 59 页图二)

邁 3:14 58 75(一式獄簋-近出二-436-P110-考古与文物 2006 年 06 期 59 页图二)

[illegible] 2:1 8([illegible]尊_新收 0944)

---

① 此字何琳仪、黄德宽先生分析为从“大”从倒“毛”,隶定为“尨”,为“衰”本字(《释蔡》,《东南文化》1999 年第 5 期)。

令 2：4 23（𨊩觶-首阳吉金 074 页）

馬 2：11 30（𨊩觶-首阳吉金 074 页）

周 2：7 26（𨊩觶-首阳吉金 074 页）

尊 2：18 37（𨊩觶-首阳吉金 074 页）

𡨦 2：15 33（龙纹盘-首阳吉金 105 页）

尊 2：32 70（伐簋-图像集成 05321）

“宝”字不重见异写铭中去掉“宝”字后，尚存 155 铭存在 1130 同铭重见字，其中 121 铭 1076 个同铭重见字未见重见异写，而 33 铭 53 个同铭重见字异写，具体详下：

考 2：10 31（𤼈钟-集成 247）

文 2：9 51（𤼈钟-集成 249）

敢 2：27 49（𤼈钟-集成 250）

其 2：11 27（仲师父鼎-集成 2743）

頌 6：27、46、49、83、134 97（颂鼎-集成 2827）

康 2：14 126（颂鼎-集成 2828）

𦣞 2：62 108（九年卫鼎-集成 2831）

其 2：174 189（九年卫鼎-集成 2831）

衛 6：60、106、168 176 180 188（九年卫鼎-集成 2831）

敢 3：297 312 318（毛公鼎-集成 2841）

畫 2：432 434（毛公鼎-集成 2841）

巩 2：66 102（毛公鼎-集成 2841）

若 3：2 135 180（毛公鼎-集成 2841）

事 3：211、387 360（毛公鼎-集成 2841）

庶 2：208 293（毛公鼎-集成 2841）

㫚 8：5、108、205、252、268、354 473（毛公鼎-集成 2841）

雝 2：168 291（毛公鼎-集成 2841）

有 3：18 63 377（毛公鼎-集成 2841）

雩 4：138、206、375 384（毛公鼎-集成 2841）

族 2：374 390（毛公鼎-集成 2841）

簋 2：7 15（量侯簋-集成 3908）

俯 2：6 15（伯𡜌簋-集成 3537）

其 2：14 21（𢼈叔𢼈姬簋-集成 4066）

弔 2：2 27（㝬叔㝬姬簋-集成 4067）

其 2：14 20（㝬叔㝬姬簋-集成 4067）

智 2：17 34（卲簋-集成 4197）

盾 2：24 28（五年师旋簋-集成 4217）

盾 2：24 28（五年师旋簋-集成 4218）

旋 2：15 44（五年师旋簋-集成 4218）

𣪕 2：19 30（羖簋盖-集成 4243）

彝 2：110 114（颂簋-集成 4333）

彝 2：110 114（颂簋-集成 4334）

賈 2：56 61（颂簋-集成 4334）

彝 2：110 114（颂簋盖-集成 4336）

賈 2：56 61（颂簋盖-集成 4336）

賈 2：56 61（颂簋-集成 4339）

子 2：7 23（奢簋-集成 4088）

其 2：2 6（𣓀簋-集成 3873）

季 2：20 31（叔尃父盨-集成 4455）

其 4：32、51、126 113（裘卫盉-集成 9456）

衛 5：25 57、115 107 125（裘卫盉-集成 9456）

𢍰 2：55 64（吴方彝盖-集成 9898）

其 2：71 80（殷簋甲-近出 0487）

壶 2：6 16（彭伯壶-近出 0964）

其 2：7 17（彭伯壶-近出 0964）

㡯 2：1 32（㡯叔多父盘-金文总集 08.6786）

事 2：66 93（宰獸簋-近出 0490）

獸 4：29、46 94 120（宰獸簋-近出 0490）

考 2：29 33（晋侯僰马方壶-近出 0971）

尊 2：19 22（晋侯僰马方壶-近出 0971）

考 2：29 33（晋侯僰马方壶盖-近出 0972）

諆 2：77 94（柞伯鼎-近出二-327）

冊 2：44 89（颂壶-新收 1962）

上述调查结果可用下表数据呈现：

	宝不异写铭	宝不异写铭重见字	宝异写铭	宝异写铭重见字
总数	155	1130	41	386
重见异写数	33	53	15	37
异写率	21.29%	4.69%	36.59%	9.59%

要准确认识以上数据的意义，有必要先解释这样一个问题：未将“宝”字重见异写的写手，为什么会将其他同铭重见字异写。事实上，重见异写这种书写行为具有一定的随机性，有重见异写习惯的铭文写手并不一定将所有同铭重见字异写，而且不同写手重见异写的习惯性程度也有差别，有的将所有重见字异写，有的将一部分重见字异写。因此，未将重见“宝”字异写的写手，未必不将其他重见字异写。当然，在定量研究的大数据框架里，这种随机性并不会改变数据的总体指向，即将重见“宝”字异写的铭文写手会更倾向于将其他重见字异写，反之亦然。上述调查结果表明，“宝”字异写铭相对于“宝”字不异写铭，无论是以铭为单位的比较，还是以同铭重见字为单位的比较，重见异写概率都有大幅度的提高，前者由21.29%提升到36.59%，后者由4.69%提升到9.59%，这足以证明同铭重见字异写实际是与铭文写手的书写习惯具有直接联系的。

四

书法史证明，生活于同一或相近时空的写字人，通常有着相似的书法风格和书写习惯，上古时代相较后世，文字书写人数更少，师承关系更加紧密直接，此种情况当尤为明显。因此，在确认重见异写源自写手的书写习惯的前提下，有必要进一步观察重见异写现象是否有家族和断代上的分布特点。限于篇幅，我们仍然仅在前文调查的基础上做初步的探讨。

关于断代分布的调查，我们在前文调查的320“宝”字重见铭中剔除西周内具体分期尚不明确者，按西周早、中、晚期分段①，对“宝”字重见异写的情况进行统计，结果如下表：

① 铭文断代主要依据著录者的分期标注，近年在期刊、论文集上零星公布的铭文依据其发表时的断代和各家研究的断代综合认定。

	不异写铭	异写铭	异写率
早期	20	9	31%
中期	83	15	15.3%
晚期	137	31	18.45%

很显然，重见异写现象在不同时段上的分布有相对集中于早期的倾向：早期铭文的重见异写率达到31%，为中期铭文的同口径数据的两倍以上。晚期铭文的重见异写率虽然略高于中期，但亦大大低于西周早期。西周早期金文形体，“几乎完全沿袭商代晚期金文的作风”[①]，西周早期铭文的写手，一般被认为乃是商代遗民。因此，西周早期铭文的高概率重见异写，实际是延续了商代铭文传统的结果。这一判断，可以得到殷商铭文重见异写调查结果的支持。

殷商金文多为少数字铭。在“文字网”金文数据库所收的6089件殷商铭中，一字铭为2120，二字铭为1837，三字铭为1264，五字以下铭为5800，而同字重见铭只有80篇。在这80铭中，有27铭发生了同字异写，异写比重达33.75%；其次，在这80铭中共有76字重见，其中24字发生异写，异写比重31.58%。[②] 很显然，西周早期金文的重见异写率与殷商金文相差无几，两者在时间上是可以归为一段的。而西周中晚期的重见异写率则大大低于西周早期和殷商晚期的铭文，属于重见异写习惯有所消退的另一时间阶段。

重见异写现象在西周不同家族器铭上的分布有明显的疏密差异，这可以通过观察“重见异写”铭中的器名（器主名）集中度获得具体答案，如在前文整理的重见异写例中，颂器就有19例、微族器12例（史墙盘8例、㾓器4例）等。反之，某些国族之铭虽多有重见字，却无一异写，如郜国器：

集成07·03817、集成07·03818、集成07·04040、近出1009、新收1045、新收1046、近出0526、金文通鉴05277、山东集成668

杜国器：

集成09·04448、集成09·04449、集成09·04450、集成09·04451、集成09·04452

限于篇幅，具体整理从略。值得注意的是，在前文对“宝”字不异写铭的其他同铭

① 裘锡圭：《文字学概要》（修订版），商务印书馆2013年，第51页。

② 具体调查整理结果详见拙文《殷商文字方向不定与同辞重见字镜像式异写》（载《中国文字研究》第23辑，上海书店出版社2016年）。

重见字异写调查中，所发现的诸多重见异写铭，如颂器、㝬器、𤼈器[①]等，实际与“宝”字异写铭同族。这表明扩大同铭重见字的调查范围，有助于更全面地将有重见异写习惯的家族铭文写手系联出来。这也从另一个角度表明，对于具有一定随机性的重见异写现象，确实需要大数据调查才能得到较为符合事实的认识。

五

基于前文的初步调查分析，我们可以就金文字体研究中如何应对重见异写现象提出粗浅想法。

既然同铭重见字异写是一种具有不可忽略概率的客观存在，那么金文字体研究就必须将重见异写字排除于单一字形关键字的字体评估范围之外，而对这部分铭文用字的断代分期字体特征评估确定新的标准或原则。然而要做到这一点，必须以系统把握金文同铭重见字异写现象的实况与规律为前提。但是，这一前提条件，目前似乎还不具备。

虽然我们已经认识到重见异写源自写手的写字习惯，但由于金文写手系联的研究目前并未获得理想的成绩，这一认识对于应对字体研究中重见异写难题的作用也就有所局限。当然，对于金文写手系联而言，这种认识倒能提供有益的启发：特定的重见异写习惯本身也是一种写手的字迹特征，应该视为写手系联的一种判断标准。

尽管上述调查证明了金文重见异写依时代与国族的不同而存在数量分布差异，但由于这种分布规律的认识还有待深化，所以对具体解决相关实际问题的指导性也并不给力，其真正意义在于提示了探求重见异写具体规律的大方向。

因此，系统把握金文重见异写现象的实况和规律，尚需进一步的科研攻关来实现，而在这目标实现之前，似乎只能以最质朴的办法来对应：对每一需要进行字体分析的铭文用字，都要通过查看整篇铭文弄清楚它是否有同铭重见者；如果有，还需要做细致的字形比对，弄清楚这些重见字的多个字形写法关系如何。很显然，这绝不是一件轻松的事情。仅举一例：“兆域图铜版”同铭重见字达 47 字：“宮、尺、丘、内、丌、欧、從、中、步、至、五、垣、者、十、卌、坡、平、百、堂、六、以、方、后、閒、兩、哀、廿、卅、王、二、視、八、之、革、一、長、跿、大、命、乏、閔、四、棺、三、桓、若、椲”，其中“宮”字 37 见，“尺”字 36 见，“丘”字 27 见，重见字总用字数 406。类似“兆域图铜版”这种有着大数

---

① 𤼈器与墙盘皆微氏家族器，𤼈乃墙之子。

据调查任务的长铭并不少见，要求每一个研究者分别都去做一番彻底的调查整理工作显然是不够明智的。因此，有必要研制一种金文重见异写现象的查检工具，作为学术公器，服务于学界相关研究。

该工具的检索内容当与方便查找金文重见异写的要求相匹配，总体不外乎如下两端：一是重见字所属铭信息，包括器名、断代、家族属性、出土信息等；二是重见字信息，包括文字单位、异写类型、铭文中的用法等。这些检索内容应可任意相互关联，能够以不同内容项为查检对象整合信息系统，如查找重见字异写铭，即可将这类铭一览无余加以呈现，且呈现方式可按时代、家族加以限定，按重见异写频度[①]进行排序。如查找异写同铭重见字，即可逐字呈现某字异写所涉及所有器铭及其各种附加信息，并按任意附加信息进行限定或排序。如查找异写类型，即可以穷尽某种异写方式呈现其所有出处信息。因“异写类型”一项稍有费解，仅举一例以示其详：“其”字同铭重见，每以𠀠、其两种字形异写，故可以“𠀠-其”为其标目。查找“𠀠-其”式异写，则可尽观其商周金文全部用例，结果为：殷商、战国无，西周、春秋各有 15 铭。见于西周者如下：

殷簋甲-近出 0487；伯尚鼎-集成 05・02538；仲师父鼎-集成 05・02743；仲师父鼎-集成 05・02744；梁其鼎-集成 05・02769；九年卫鼎-集成 05・02831；𤔲叔𤔲姬簋-集成 07・04062；𤔲叔𤔲姬簋-集成 07・04063；𤔲叔𤔲姬簋-集成 07・04065；𤔲叔𤔲姬簋-集成 07・04066；𤔲叔𤔲姬簋-集成 07・04067；羌仲虎簠-集成 09・04578；裘卫盉-集成 15・09456；梁其壶-集成 15・09717；五年琱生尊乙-近出二 588

见于春秋者如下：

邵黛钟-集成 01・00225；复公仲簋盖-集成 08・04128；商丘叔簠-集成 09・04557；商丘叔簠-集成 09・04558；商丘叔簠-集成 09・04559；曾口口簠-集成 09・04614；者尚余卑盘-集成 16・10165；黄大子伯克盆-集成 16・10338；彭子仲盆-集成 16・10340；彭伯壶-近出 0964；蔡公子叔汤壶-近出 0970；伯游父壶-上博 2005 年 10 期 118 页图五；伯游父壶-上博 2005 年 10 期 119 页图六；伯游父𬭚-上博 2005 年 10 期 121 页图十；伯游父鉀-上博 2005 年 10 期 124 页图十五

① 如某铭之所有重见字均异写则频度为 100%，只有一半重见字异写频度为 50%。其他频度数据仿此类推。

概而言之，这一工具的功能，就是可以提供所有与重见异写现象相关的信息，既满足金文字体研究中信息检索之需，又推进金文重见字异写规律的揭示。当然，建设具有此种功能的工具并非易事，因此，相关建设方略与可行性也是一个需要讨论的问题。

显而易见的是，这种工具虽然也可以传统纸质印刷品的形式作为载体，以工具书的形式服务学界，但从信息查找的高效性来考量，数字化形式的载体无疑具有明显的优势。而这种优势，同样存在于编纂环节。

纸质读物的编纂任务，如果交给数据库运用其标注、类聚、关联的手段去完成，可以免除许多重复性工作，大大提高效率，使海量的工作压力得到有效化解。仅举一例。比如调查统计迄今已公布商周青铜器铭中有哪些铭中的哪些字重见是最基础编纂工作，而基于纸质载体材料去进行这种调查统计，需付出的工作量无疑是很大的。如果基于“文字网”金文数据库来操作，则只需将其所收录的16451件器铭（含171336个铭文用字）的唯一代码与铭中各唯一字合并查询其不重复项即可完成。对数据库而言，这只是一个瞬间操作即可完成的调查统计，结果是：在2931铭中出现了14686个同铭重见字。值得注意的是，这一调查结果，可将所需目验的铭文字数大大减少。

毫无疑问，数据库不是自然资源，而建设胜任此种编纂任务的数据库的工作量将大大超过此种编纂本身所需的工作量。因此，临渴掘井不如借鸡生蛋，借助于已有的具备条件的金文数据库来创建金文重见异写专题公共数据库乃是最现实的选择。如“文字网”金文数据库，积二十年建设的成绩，完全具备了作为创建这种专题公共数据库的基础数字平台的条件。

作为公共数据库平台，其资源的学界共享固然重要，其创立过程中的学界共建更能体现其“公共”的属性。数字平台具有与生俱来的开放性，所以，尽管金文重见异写专题数字检索系统的初创可以是特定机构甚至少数个人努力的结果，但它一旦投入使用向社会开放就很容易进入社会共享共建的持续完善模式。而臻于此种境界，金文字体研究中的“重见字异写”难题将得到很好的化解。

（刘志基：华东师范大学中国文字研究与应用中心，200062，上海）

曹公簠铭文中“姬”字隶定申论

吕　治

提要　通过曹公簠铭文中“□”的字形与“奿”字进行对比，认为“□”的“□”是“□”，而非“凡”。并结合传世文献中曹国之姓，断定“□”应释为“姬”。

关键词　曹公簠　姬　姓　奿

曹公簠，长方形，口外侈，四短足，盖遗失。高8.5厘米，长27.5厘米，宽21.5厘米。附兽首形两耳，口、足部饰窃曲纹，腹部饰蟠虺纹（图一）。器属春秋晚期。[①]1973年出土于河南淮阳县堌堆李庄，现藏淮阳县太昊陵文物保管所。曹公簠上铸有铭文：“曹公塍（媵）孟姬悆母�（筐），用祈眉寿无疆，子子孙孙永寿用之”（图二）。这是曹公为嫁女而作的媵器，是研究春秋时期曹国婚姻制度的重要史料。

目前，学者对曹公簠进行了深入研究，如刘雨《两周曹国铜器考》、张亚初《殷周金文集成引得》、《殷周金文集成释文》及淮阳县太昊陵文物保管所撰写的出土报告《淮阳县发现两件西周铜器》，他们对铭文中“□”的隶定有不同的观点。刘雨《两周曹国铜器考》和淮阳县太昊陵文物保管所撰写的出土报告认为“□”是“姬”字。而张亚初《殷周金文集成引得》和《殷周金文集成释文》则隶定为“奿”。下面，我们将“奿”字在青铜器铭文中出现的字形，与曹公簠中“□”对比，进而对“□”的隶定做出自己的判断。

在金文材料中，出现“奿”字的有曹伯狄簋（集成4019，春秋早期，图三），其字形为“□”，从□（母）从□（凡）。而曹公簠中“□”，从“□”从“□（母）”。二字皆从母，但是二字中另外一个字素有明显的区别。曹伯狄簋中“□”之“□”是两横，而曹公簠中“□”之“□”则为三横。如果说曹伯狄簋中“□”之“□”为“凡”是正确的话，那么曹公簠中“□”之“□”则不应该隶定为“凡”。那么，曹公簠中“□”是什么字呢？

与曹公簠一起出土的还有一件盘，即曹公盘（集成10144，春秋晚期，图四），其铭

① 淮阳县太昊陵文物保管所：《淮阳县发现两件西周铜器》，《中原文物》1981年第2期，第58页。

文与曹公簠几乎相同，“曹公賸(媵)孟姬悆母般(盘)，用祁眉寿无疆，子子孙孙永寿用之”(图五)。曹公盘是曹公为孟姬悆母作器，从铭文字形看，“□”隶定为“姬”，是毫无疑问的。那么曹公簠中“□”是否也是“姬”字呢？由上文知，曹公簠中“□”由两个字素构成，即“□”和“□(母)”。曹公盘“□”由“□(母)”和“□”构成。二字中“□”和“□”是同一字素，即“母(女)”。而另一个字素“□”和“□”，仔细审视，它们是“□”的不同写法。因此，曹公簠中“□”应为“姬”。

传世文献中，《春秋左传》记有：“曹叔振铎，文之昭也。”杨伯峻注：“叔振铎，曹之始封君，文王之子也。”①《春秋谷梁传集解》曰：“曹叔振铎，文王之子，武王封之于曹，在甸服之内。”②《史记·管蔡世家》更加明确说：“曹叔振铎者，周武王之弟也”③，并且进一步指出“武王同母兄弟十人。母曰太姒，文王正妃也。其长子曰伯邑考，次曰武王发，次曰管叔鲜，次曰周公旦，次曰蔡叔度，次曰曹叔振铎，次曰成叔武，次曰霍叔处，次曰康叔封，次曰冄季载。”④曹叔振铎是文王子，武王弟。曹国，姬姓。

曹公簠是曹公为嫁女而作的媵器，孟□悆母即为曹公之女，其女名中的“孟”为排行，《白虎通·姓名》“嫡长称伯……庶长称孟”⑤，表明此女为曹公的庶长女。“□”应为母家姓，“悆”为私名，“母”为彼时对女子的尊称。孟□悆母，这个称谓是由排行＋母家姓＋私名＋尊称组合而成。曹国是姬姓国，所以曹公簠中“□”应隶定为“姬”，而非“妀”。

综之，从出土古文字和传世文献的角度看，曹公簠中“□”应为“姬”，而非“妀”。我赞同刘雨先生和淮阳县太昊陵文物保管所将“□”隶定为“姬”的观点。

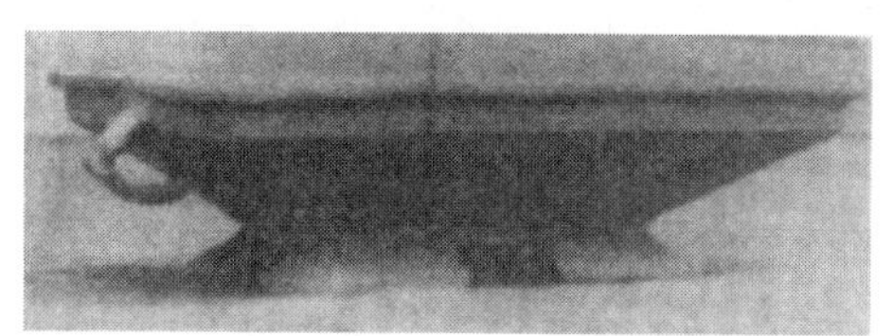

图一

图二

① 杨伯峻：《春秋左传注》，中华书局1981年版，第474页。

② 〔晋〕范宁：《春秋谷梁传》卷10，湖北官书处重刊，光绪12年冬月。

③ 〔汉〕司马迁：《史记》，中华书局1982年版，第1570页。

④ 〔汉〕司马迁：《史记》，中华书局1982年版，第1563页。

⑤ 〔清〕陈立撰，吴则虞点校：《白虎通疏证》，中华书局1994年版，第416页。

图三

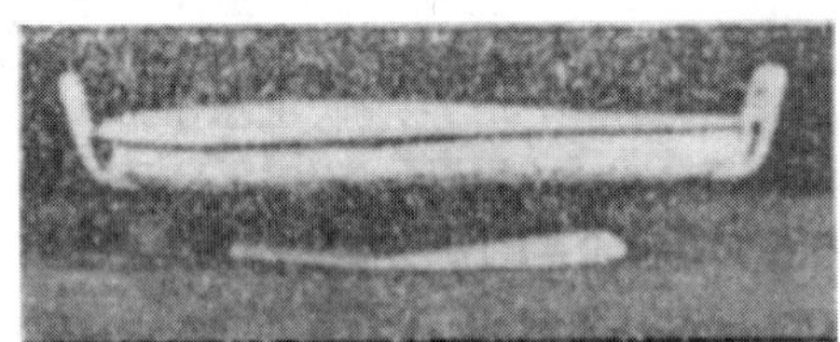

图四

图五

参考文献

[1]〔汉〕司马迁:《史记》,中华书局 1982 年

[2]〔晋〕范宁:《春秋谷梁传》,光绪十二年冬月,湖北官书处重刊

[3]〔清〕陈立,吴则虞:《白虎通疏证》,中华书局 1994 年

[4]容庚:《金文编》,中华书局影印,1985 年

[5]汪仁寿:《金石大字典》,中华书局香港分局 1975 年

[6]杨伯峻:《春秋左传注》,中华书局 1981 年

[7]张亚初:《殷周金文集成引得》,中华书局 2001 年

(吕治:河北师范大学历史文化学院,050024,石家庄)

兵器铭文札记两则*

吴良宝

提要 本文由两部分组成：一是根据新公布的封氏令戈、东新城令铍等资料，讨论赵国武灵王至悼襄王时赵国地方兵器监造制度的变化，即武灵王可能实行"令、工币"二级制，而惠文王、孝成王时实行"令、工师、冶（冶人、工）"三级制，到悼襄王初期改成了"令、工师、冶尹"制度；二是根据二十四年州令戈的形制特点，论证其为战国中期魏惠王二十四年（前346年）之器，铸造地在今河南沁阳东南的"州"，并对相关的铭文制作方式进行讨论。

关键词 三晋兵器 监造制度 年代与地望

一 战国中期赵国地方兵器监造制度的变化

战国中晚期的赵国兵器监造制度已有多位学者撰文加以讨论，成果颇多。[①] 就目前所见资料来看，赵国地方铸造兵器的监造制度还有申说的余地。

可定为赵惠文王时赵国地方铸造的兵器有二十年榆即令戈（《铭像续》1254）、二十八年晋阳令戈（《铭像》17354）。"榆即"即"榆次"，也见于赵国尖足布币（《货系》948、952）[②]等，地在今山西省晋中市北。《水经注·洞过水注》引《竹书纪年》表明，魏惠王九年（当赵成侯十四年）榆次已归属赵国，到了公元前286年（当赵惠文王十三年）魏献安邑于秦，魏国在今山西境内仅保有上党地区的泫氏、高都等少数城邑，而据《赵世家》记载，赵孝成王十八年秦国重新夺取榆次等三十七城。因此，符合戈铭纪年

---

* 本文是吉林大学哲学社会科学青年学术培育计划资助项目"战国至秦、西汉、新莽时期县级政区沿革研究"（2015FRLX06）、国家社科基金项目"战国及秦代地名全编"（14BZS010）的阶段性成果。

① 黄盛璋：《试论三晋兵器的国别和年代及其相关问题》，《考古学报》1974年第1期。李学勤为保利博物馆藏铍撰写的说明文字，《保利藏金——保利艺术博物馆精品选》第274—276页，岭南美术出版社1999年（后以《赵王迁时的两件铜铍及有关问题》为名，收入《重写学术史》，河北教育出版社2002年）。苏辉：《秦三晋纪年兵器研究》，上海古籍出版社2013年，第49—80页。

② 裘锡圭：《战国货币考（十二篇）》，《北京大学学报》（哲学社会科学版）1978年第2期，第70页。

数字以及“令、工币、冶人”三级监造制度等条件的只有赵惠文王。二十八晋阳令戈的纪年数字比较高,符合这个条件的也只有赵惠文王。①

可能铸造于惠文王时期的兵器则有十一年閔令矛、十一年方子②令戈(《铭像》17307)、十五年封氏令戈(《图录》第16页)、十六年宁寿令戟戈(《铭像》17324)等。“閔”即“藺”,文献记载表明,藺地最终归秦是在赵惠文王十七年,③此后秦、赵两国在今山西境内的疆域变化也表明,十一年藺令矛的铸造年代不得晚至孝成王时。④ “封氏”地名也见于三孔布币(《货系》2486),即《汉书·地理志》常山郡“封斯”。⑤《史记·赵世家》载,武灵王二十年(前305年)“略中山地,至于寧葭”,二十一年“取鄗、石邑、封龙、东垣”。从地理位置上看,封斯位于鄗、石邑等地以南,赵国夺取封斯的时间估计在武灵王二十一年,这件封斯令戈的铸造年代只能是赵惠文王或者孝成王的十五年(前284年、前251年)。铭文不标示工师所属的库名(《铭像》17204二年平陶令戈铭也是如此),说明其铸造时间较早,也可能当地的库只有一个而无需标名。“宁寿”即中山国旧地“灵寿”,戈铭称“工”而不称“冶”可能是受中山制度的影响,⑥其铸造最有可能是在惠文王时。

二十年榆即令戈、二十八年晋阳令戈等兵器实行的是“令、工币、冶(冶人)”三级监造制度,它的开始实施可以早到何时,从《铭像》17221三年藺令戈、17222九年藺令戈、17223九⑦年藺令戈来看,前两者实行的是“令、工币、冶”三级监造制(后者因铭文不清楚而只能确认有“令”这一级的监造者)。这三件兵器的纪年数字低于十一年藺令矛,按照上面的讨论,可归于惠文王时。果如是,赵国地方铸造兵器实行“令、工币、冶”三级监造制就不晚于惠文王三年(前296年)。三晋中最发达的魏国开始实行三

① 董珊:《读珍秦斋藏吴越三晋铭文札记》,《珍秦斋藏金·吴越三晋篇》,第299页。

② 吴荣曾:《房子戈考述》,陕西师范大学、宝鸡青铜器博物馆主办《黄盛璋先生八秩华诞纪念文集》,中国教育文化出版社2005年,第76、77页。吴良宝:《十一年方子令戈补考》,陈建明主编《湖南省博物馆馆刊》第三辑,岳麓书社2006年,第223页。

③ 汪庆正:《中国历代货币大系·1先秦货币》“总论”,上海人民出版社1988年,第19页。

④ 苏辉《秦三晋纪年兵器研究》定十一年藺令矛为魏惠王时兵器(第97、98页),“铸”字的写法是判断依据之一。今按,从“寸”形的“铸”字也见于《铭像》17353韩国兵器十年汝阳令戈等,并非魏国独有;藺地铸造有尖足布币、圆钱、方足小布、直刀币等赵国货币,独不见魏国货币。这些都说明赵惠文王十七年之前藺地绝大多数时间内属赵,目前还没有此时藺地属魏的可信证据。

⑤ 汪庆正:《中国历代货币大系·1先秦货币》“总论”,第20页。

⑥ 郭一峰、张广善:《高平县出土“宁寿令戟”考》,《文物季刊》1992年第4期;李学勤:《论一件中山国有铭铜戈》,李宗焜主编《古文字与古代史》第二辑,台北“中研院”历史语言研究所会议论文集之九,2009年12月,第214—219页。

⑦ 现藏上海博物馆。学界多怀疑“九”字之前尚有缺文,董珊目验原器后提出:“‘九’字上为铸范损坏,刻字有意避开,并非锈蚀,不缺字。‘赐’字字划在凹陷中,可以证明”,说见:《战国题铭与工官制度》,北京大学博士学位论文,2002年5月,第44页。

级监造制不晚于魏惠王二十四年(当赵肃侯四年,公元前 346 年),[①]赵国实行三级制应当不会很晚。或将实行“令、工帀”二级制的《集成》11320 六年庠令戈、11323 八年兹氏令戈定为赵惠文王时器,[②]铸造时间上也许可以再提早一些。

《集成》11329 王何立事戈铭中的“王何立事”属于以大事纪年的方式,即惠文王即位的前 299 年,[③]学界没有争议。与此类似的纪年方式也见于其他数件赵国兵器,剔除伪刻之后,可以举出《铭像》18015 王立事南行阳令铍、《集成》11669 王立事邢令铍、《图录》第 33 页王立事邯丘叚令铍等。“南行阳”即“南行唐”,学者或认为王立事南行阳令铍的铸造不得早于《赵世家》惠文王八年“城南行唐”之时,是惠文王后期之器,[④]或认为可能晚于惠文王世。[⑤] 按,该铍的时代如果放在惠文王后期,虽然照顾到了《赵世家》惠文王八年“城南行唐”的记载,但用来纪年的“王立事”一词在惠文王之世是不可能从即位之初一直沿用到后期的,这也与“物勒工名”的制度相矛盾。除非能证明惠文王即位之时赵国就已设立了南行唐县,否则只有将这件王立事南行阳令铍置于孝成王之时才适当。

到了赵悼襄王初期,这种三级制出现了变化。新公布的二年东新城令铍铭文(61 页图一)中,“冶”已变为“冶尹”,[⑥]表明地方兵器铸造实行了“令、工帀、冶尹”三级制,这也与此时中央邦库铸兵以“冶尹”替代“冶”相一致。据此,战国中晚期时代明确的赵国地方铸造兵器的制度可大致归纳如下:

王世	器物	监造制度	著录、年代	备注
赵武灵王	六年庠令戈	令、工帀	《集成》11320	前 320 年
赵惠文王	三年蔺令戈	令、某库工帀、冶	《铭像》17221	前 296 年
	二十年榆即令戈	令、某库工帀、冶人	《铭像续》1254	前 279 年
	二十八年晋阳令戈	令、某库工帀、冶	《铭像》17354	
赵孝成王	王立事南行阳令铍	令、某库工帀、冶	《铭像》18015	
赵悼襄王	二年东新城令铍	令、某库工帀、冶尹	《图录》第 25 页 前 243 年	以“冶尹”取代“冶”

---

① 湖北省文物考古研究所、荆门市博物馆、荆襄高速公路考古队编:《荆门左冢楚墓》,文物出版社 2006 年,第 65、191 页。吴良宝:《湖北荆门左冢所出铜戈考》,《湖南省博物馆馆刊》第四辑,岳麓书社 2007 年,第 241—243 页。

② 苏辉:《秦三晋纪年兵器研究》,第 59、60 页。

③ 董珊:《二年主父戈与王何立事戈考》,《文物》2004 年第 8 期,第 62 页。魏建震:《“王何立事”戈铭文及其相关问题》,《中原文物》2005 年第 6 期,第 55—56 页。

④ 苏辉:《秦三晋纪年兵器研究》,第 52、76 页。

⑤ 董珊:《战国题铭与工官制度》,北京大学博士学位论文,2002 年 5 月,第 44 页。

⑥ 徐占勇、付云抒著:《有铭青铜兵器图录》,河北美术出版社 2016 年,第 25 页。

赵国地方铸造兵器制度的演变轮廓既经绘出，无疑为低纪年数字的赵国兵器的年代判断提供了契机，也为进一步的相关研究打下了基础。

二　二十四年州令戈及相关问题

《集成》收录的11269十四年州工师戈、11298二年州令戈等兵器，其国别与年代的判定尚有分歧。原因在于三晋地区的州地不止一处（详下），而已知的州地所铸兵器铭文中的纪年数字过低，不便于断代。《铭像续》1232二十四年州令戈可以部分地弥补这个缺憾。

二十四年州令戈的援部中部起脊，有加宽的阑，阑上三穿，内部铸有铭文（61页图二），计两行13字（其中“二十”“工帀”作合文形式）：“二十四＝年，州命庆□、工帀＝[illegible]、冶固”。

“州”地见于《战国策》《史记》等传世文献。《韩世家》载，春秋晚期“宣子徙居州”，《正义》引《括地志》云：“怀州伍德县，本周司寇苏忿生之州邑也”，地在今河南沁阳市东南，战国时期曾位于韩、魏交界处。此外还有一处“州”地，《战国策・齐策五》“苏秦说齐闵王”章：“楚人救赵而伐魏，战于州西”，以往多以为沁阳之“州”地，徐少华先生最早指出楚、魏交战之“州”地“当在大梁（今开封市）以南，林乡附近地区”。① 楚、魏交战之“州”应该就是《国语・郑语》“十邑皆有寄地”之“舟”，韦昭注以为在今河南新郑一带，其位置正与策文“战于州西，出梁门，军舍林中，马饮于大河”的战争形势相合。② 新郑附近的“州”地在春秋晚期至战国早中期属于郑国，这也反证韩宣子徙居的“州”只能是沁阳之“州”地，《括地志》《正义》的注释是准确可信的。

出土文献也有“州”地名资料，比如上引州地铸造的兵器、“州产”官印③等，地名用字与传世史书一致。此外，出土于河南温县北平皋村古城址的“郍公”陶文（《古陶文汇编》6・30、6・36）之“郍”即“州”，④陶文地名与出土地点大致相合；而铸造时间在战国早中期的韩国“舟百涅”⑤锐角布币（《货系》1220）的“舟”最有可能是沁阳之

---

① 徐少华：《周代南土历史地理与文化》，武汉大学出版社1994年，第318页。

② 吴良宝：《十四年州工师戈考》，臧克和主编《中国文字研究》（第二辑，总第九辑），大象出版社2007年，第115页。

③ 转引自：施谢捷《古玺彙考》第129页，安徽大学博士学位论文，2006年5月。原文的说明文字部分介绍“著录：鉴印山房藏古玺印菁华”，但在许雄志编《鉴印山房藏古玺印菁华》（河南美术出版社2006年）一书中未能核检到该印文资料。

④ 裘锡圭：《古文字释读三则》“释郍”，四川大学历史系编《庆祝徐中舒先生九十寿辰论文集》，巴蜀书社1988年，第12、13页。

⑤ 何琳仪：《锐角布币考》，《中国钱币》1996年第2期，第3—7页。

“州”(因为此时楚、魏交战的“州”地属于魏国)。可见沁阳之“州”地有“州、郮、舟”等不同写法,其中“舟、郮”是韩国的写法,而魏国则有“州”等写法。至于“浻”方足小布(《货系》2283)的铸造地是沁阳之“州”还是新郑附近的“舟”地,仍有待确认(联系锐角布币“舟”地名来看,“浻”方足小布也许是韩币)。

二十四年州令戈具有加宽阑部、阑上下出齿、穿在阑上的形制特点,还可以与《集成》11356二十四年申阴令戈、《铭像》17097二十七年□阳工师戈、17116二十八年工师戈、17229二十四年郚令戈(荆门左冢墓出土)等战国中期三晋兵器相比照。由此可以推断,二十四年州令戈也应是这一时期的器物。符合这个纪年数字的只有魏惠王、韩昭侯两位君主,因此判断这件铜戈的国别,还需要考察州地以及邻近城邑的变迁。

沁阳之“州”与邢丘、温邻近。《韩世家》昭侯六年(前353年)“伐东周,取陵观、邢丘”;《六国年表》赵成侯五年(前370年)“魏败我怀”,魏安釐王十一年(前266年)“秦拔我廪丘”,《集解》引徐广曰“或作邢丘”,当是;[①]魏国铜器有十六年埊丘令鼎(2005年雅昌网),为魏昭王十六年(前280年)之器。[②]《秦本纪》昭襄王十九年(前288年)“宋王在魏,死温”。由此可以看出,战国中期时邢丘、温、怀等地多数情况下是魏国领土,与之临近的州地属魏的可能性无疑比较大。考虑到目前所见出土文献中的沁阳、新郑之“州”地只有前者写作“州”,故二十四年州令戈的国别可能是魏国,铸造年代是前346年。如果这个推测属实,无疑为考察州地在战国时期的归属变化提供了一个明确的基点。

二十四年州令戈与《集成》11298二年州令戈的铸铭方式,也见于11291十年郚令戈、11343□年郚令戈等,均系用长方形印戳打印,印戳还有明显的中竖分栏线,而且二年郚令戈的“令之名则是打印后刻上,明显可辨”。[③]“郚”即“许”,在今河南许昌市东,[④]战国时期多数时间内属于魏国。这几件兵器的铸銘方式相同,郚为魏地,州地多数情况下也是魏地,这就为低纪年数州令戈的国别判断提供了思路。

使用印戳打印兵器铭文的例子,在战国时期并不鲜见,比如中山国在铜戈陶范的

---

① 陈伟:《晋南阳小考》,中国地理学会历史地理专业委员会《历史地理》编委会编《历史地理》第十八辑,上海人民出版社2002年。

② 吴良宝:《九年承匡令鼎考》,中国古文字研究会、复旦大学出土文献与古文字研究中心编《古文字研究》第二十九辑,中华书局2012年,第430—433页。

③ 黄盛璋:《试论三晋兵器的国别和年代及其相关问题》,《考古学报》1974年第1期,第35页。

④ 周波:《战国文字中的“许”县和“许”氏》,中国古文字研究会、中华书局编辑部编《古文字研究》第二十八辑,中华书局2010年,第353、354页。

胡部贴铭文范[①]，《铭像》17261 相邦吕不韦戈与 17283 十二年丞相启颠戈的"寺工""诏事"印戳文字，时代已在战国晚期。黄盛璋先生在考证二年㫖令戈时认为："用印戳打印说明此地兵器成批生产，令的名字空着不刻，推测此种印戳准备长期使用，监造者即使有变，仍不影响使用，这是兵器大量生产所造成的结果。"三晋地区最早使用这种制铭方式的无疑是战国中期的魏国，但当时的各国使用得并不普遍。此外，韩国还有一种制铭方法，见于新郑"郑韩故城"出土、现藏河南博物院的桓惠王時期的制铭石模（61 页图三），[②]把需要变更的纪年数字、人名都制成"活字"坑，比起刻制铭文，成倍地增加了效率。它们与二十四年州令戈、二年㫖令戈的铭文制作方式有异曲同工之妙。

引书简称

《货系》——《中国历代货币大系·1 先秦货币》

《图录》——《有铭青铜兵器图录》

《铭像》——《商周青铜器铭文暨图像集成》

《铭像续》——《商周青铜器铭文暨图像集成续编》

《集成》——《殷周金文集成》

① 河北省文物研究所：《战国中山国灵寿城——1975—1993 年考古发掘报告》，文物出版社 2005 年，第 24、25 页，图一四·2。

② 河南博物院编：《中原古代文明之光》，科学出版社 2011 年，第 189 页。此条资料承吉林大学古籍所崎川隆教授告知，谨致谢忱。

图一 （选自《图录》第 25 页）

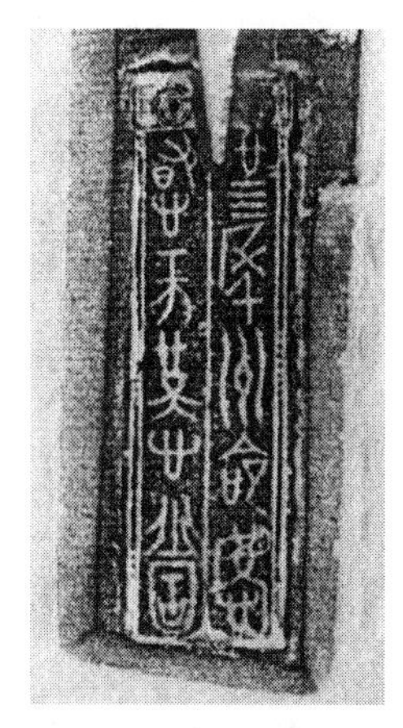

图二 （《铭像续》1232 号）

图三 （选自《中原古代文明之光》第 189 页）

二年东新城令铍考*

徐俊刚

提要 本文对《有铭青铜兵器图录》收录的一件赵国“二年东新城令”铜铍的铸造地地望、年代等相关问题进行了考订。“东新城”应即《水经·河水注》中记载的赵邑新城，地在平邑(今河南南乐县东北)附近，“二年”应该是赵悼襄王之二年。

关键词 东新城 二年 地望 年代

《有铭青铜兵器图录》“剑铍”部分的第2号公布了一件刻铭铜铍(图一)，陈剑、施谢捷先生所作释文如下：[①]

二年东新城倫(令)长黝左

库工帀(师)□□冶肴(尹)朦报斋

从其实行“令、工师、冶尹”三级监造制度，以及铭文末有“报斋”来看，这是典型的战国晚期赵国兵器，依据目前已知的材料，这类兵器的年代应该不会早于赵惠文王时期。[②]

地名“东新城”为赵国出土材料中首次出现。战国时，楚、韩、赵皆有新城。韩之新城在今河南伊川县西南，是韩、楚两国边境上的重镇，曾一度为楚夺取。[③] 楚之新

* 本文得到“出土文献与中国古代文明研究协同创新中心博士创新资助项目”(项目编号CTWX2015BS023)的资助。

① 徐占勇、付云抒编著：《古兵收藏系列丛书——有铭青铜兵器图录》，河北美术出版社2007年，第25页。

② 赵惠文王时期铸造的赵兵有“报斋”者，年代确凿的都属赵惠文王在位晚期，如二十八年晋阳戈(《铭像》17354)、二十九年相邦戈(《集成》11391)等，另有一件王立事南行唐铍(《集成》11674)年代尚难确定，据《史记·赵世家》，赵惠文王八年(公元前291年)“城南行唐”，则此铍年代不会早于该时间。“报斋”是否可以作为判定赵惠文王晚期兵器的依据还需更多材料验证。

③ 参吴良宝：《战国文字研读三篇》，香港中文大学“承继与拓新：汉语语言文字学国际研讨会”会议论文，2012年12月；黄锡全、冯务建：《湖北鄂州新出一件有铭铜戈》，《文物》2004年第10期，第85页。后者文中提到，春秋时还有秦新城，在今陕西澄城县东北；晋新城，即曲沃，在今陕西闻喜县东北；宋新城，在今河南商丘县南。以上三新城从所在位置来看，都不会成为赵国城邑。

城目前所见有二，一个即韩之新城，一个是襄城之异文，[①]地在今河南襄城县。赵之新城见于尖足布，写作“新成、亲城、辛城”等（《货系》1073—1082）。《史记·秦本纪》记载，秦庄襄王二年（公元前248年，也即赵孝成王十八年）“攻赵榆次、新城、狼孟，拔三十七城”，《正义》引《括地志》云：“新城一名小平城，在朔州善阳县西南四十七里。”其地在今山西朔县西南。

据文献记载，战国时期赵国还有一个新城。《水经·河水注》载：

> 故渎又东北径平邑郭西。《竹书纪年》：晋烈公四年，赵城平邑。五年，田公子居思伐邯郸，围平邑。十年，齐田汾及邯郸韩举战于平邑，邯郸之师败逋，获韩举，取平邑、新城。[②]

李晓杰先生在《中国行政区划通史·先秦卷》中也引述了这段历史：

> 更元十四年，齐夺取了赵的平邑与新城。《水经·河水注》引《竹书纪年》曰：“（梁惠成王后元）十年，齐田肸及邯郸、韩举战国于平邑，邯郸之师败逋，获韩举，取平邑、新城。”据《新编年表》，梁惠成王后元（更元）十年，即公元前325年，与威宣王更元十四年及赵肃侯二十六年为同一年。田肸即田朌。[③]

《史记·赵世家》载，赵惠文王二十八年（公元前271年），“蔺相如伐齐，至平邑”，《正义》引《括地志》：“平邑故城在魏州昌乐县东北四十里也。”地在今河南南乐县东北。[④] 此新城的位置应该在平邑附近，故而与平邑一同为齐国夺取。赵孝成王十八年（公元前247年）被秦攻取的新城地处赵国西陲，而平邑附近的新城相对它而言正位处东边，由此我们认为，铍铭中的“东新城”可能就是平邑附近的“新城”，加“东”字以与另一个“新城”相区别。[⑤]

东新城何时复归赵国，史籍中没有记载，我们或可从平邑的归属中窥得一二。《史记·廉颇蔺相如传》：“赵惠文王十六年，廉颇为赵将伐齐，大破之，取阳晋。”《正

---

① 杨宽：《战国史料编年辑证》，上海人民出版社2001年，第642页。

② 〔北魏〕郦道元注，杨守敬、熊会贞疏，段熙仲点校，陈桥驿复校：《水经注疏》，江苏古籍出版社1989年，第425页。今按，这段文字存在一些异文，如“晋烈公四年”或作“二年”，“十年”或作“九年”，“田汾”或作“田肸”。尤为重要的是，“取平邑、新城”，陈桥驿先生《水经注校证》（中华书局2007年版）作“取平邑新城”，是以新城为平邑新筑之城，而非与平邑并列的地名。考究文意及参考不同校本，我们认为“平邑、新城”应是两个地名。

③ 李晓杰：《中国行政区划通史·先秦卷》，复旦大学出版社2009年，第471页。今按，李晓杰先生亦认为平邑、新城是并列的地名，但涉及的历史年代与《水经注》差异很大，不知是引文有误还是另有所本，然而赵国有一个曾被齐国占领的新城是确凿无疑的。

④ 谭其骧主编：《中国历史地图集》第一册“赵中山”图，中国地图出版社1982年，第37—38页。

⑤ 赵国城邑如有两地或多地同名者，常以其所在的相对地理方位作前缀进行区分。如赵有两个武城，一在今内蒙古清水河附近，另一在今山东省武城县，后者又称“东武城”。参见裘锡圭：《古越阁藏商周青铜兵器·序》，古越阁1993年，第23页。

义》："故城在今曹州乘氏县西北四十七里也。"阳晋在今山东郓城市西，[1]远在平邑以东。同传又载，二十八年"蔺相如将而攻齐，至平邑而罢。"黄锡全先生在讨论"平邑"方足布国别地望时认为此时平邑可能属赵，[2]这是有可能的。综合考虑，我们认为东新城归赵应该就在赵惠文王之时或以后，这也是此铜铍年代的上限。另据《赵世家》，赵王迁二年，秦攻武城，拔平阳；七年，赵王迁降秦；八年，包括赵都邯郸在内的大部分赵国领土都被秦国占领，代王嘉退守代地，可以推知铍铭纪年"二年"不会晚于赵王迁二年（公元前234年），而从是年秦已经兵至武城、平阳来看，东新城在此之前可能已经为秦所有。又因铍铭不见赵王迁时期才出现的"绶事"，[3]则其年代应在赵王迁之前。这样，除了赵惠文王，在赵王迁之前还有孝成、悼襄两代赵王，鉴于"冶尹"一职目前仅见于悼襄王时期的兵器中，因而该"二年"很可能是悼襄王之二年。[4]

总之，这件二年东新城令铍可以证明，在这一历史时期内，赵国曾夺回被齐国占领的新城并重新置县，这也补充了史籍的缺失；以往有观点认为此新城直到公元前222年秦灭齐都是齐国所有，[5]现在看来应该修正。

引书简称：

《集成》——中国社会科学院考古研究所编：《殷周金文集成》（修订增补本），中华书局2007年

《铭像》——吴镇烽编著：《商周青铜器铭文暨图像集成》，上海古籍出版社2012年

《货系》——汪庆正主编：《中国历代货币大系1·先秦货币》，上海人民出版社1988年

---

① 谭其骧主编：《中国历史地图集》第一册"齐鲁宋"图，中国地图出版社1982年，第39—40页。

② "平邑"方足布的国别有属魏、属赵二说，其地望亦有在山西代郡、河南南乐两种说法。黄锡全先生认为，南乐平邑本属赵，前411年为齐攻取，约前270年后一度属魏但时间不长，之后数年可能一度又属齐，前240年又属赵。鉴于此地为各国争夺之要地，常不太平，因而更倾向于平邑方足布为赵国代郡平邑所铸。相关论述可参黄锡全：《三晋两周小方足布的国别及有关问题初论》，《中国钱币论文集》第三辑，中国金融出版社1998年，又收入《先秦货币研究》，中华书局2001年。

③ 目前已知的赵王迁及其后的兵器，冶尹之下又有"绶事"，可做断代的标准，如二年邦司寇赵或铍（《铭像》18069、18007）、三年大将吏牧弩机（《铭像》18585）、六年相邦司空马铍（《铭像》18074）等。

④ 参见苏辉：《秦三晋纪年兵器研究》，上海古籍出版社2013年，第79页。

⑤ 李晓杰：《中国行政区划通史·先秦卷》，附录3《战国时期主要诸侯国疆域变迁表》，第589—665页。

图一　引自《有铭青铜兵器图录》

（徐俊刚：吉林大学古籍研究所、出土文献与中国
古代文明研究协同创新中心，130012，长春）

廿七年工师戈补考

张 建 宇

提要 古越阁藏廿七年工师戈为战国中期魏国兵器，其铸造时间为梁惠王二十七年。戈铭泌阳与西汉南阳郡的比阳并非一地，战国时期未置比阳县。戈铭“泌阳”在今山西文水县西南。战国中期魏国一度占有该地。

关键词 泌阳 战国中期 魏国

《商周青铜器铭文暨图像集成》17097 号有铭铜戈原为古越阁藏品。铭文刻于内部，共两行 9 字(其中合文 1)，原发表者给出的释文及说明是：

> 廿七年，泌(?)阳工师[illegible]，冶象。
>
> 泌阳，地名。汉置沘阳县，旧地在今河南省泌阳县。明初改曰泌阳，先秦典籍虽无泌阳地名，但沘水又作泌水，‘比’、‘必’古音相同，故戈铭之泌阳即汉之沘阳，汉置县仍因战国旧名。从地望看，为三晋地名。①

裘锡圭先生最早根据“冶”字从斤的写法，将其定为魏国兵器。并疑地名为“汤阴”，后放弃此说。② “阳”上一字，张桂光等先生未进行摹写，仅作释文为“泌”。③ 何琳仪先生将“泌”字摹作[illegible]，当摹作[illegible]。从该戈的形制特点及纪年数字来看，当为梁惠王二十七年(前 343 年)所造。

戈铭“泌阳”地望，研究者多以为即西汉南阳郡之“比阳”县，④此说似可商榷。《水经注·潕水》引盛弘之言：“叶东界有故城，始犨县东，至瀙水，达比阳界，南北联联数百里，号为方城，一谓之长城。”如果认为此件魏国兵器上的“泌阳”即《汉书·地理志》中的“比阳”，那么就必须承认在此年之前，魏国的疆域已经达到了楚方城东南端

---

① 王振华：《古越阁藏商周青铜兵器》，古越阁 1993 年，第 136 页。

② 裘锡圭：《〈商周青铜兵器/古越阁藏〉序》，《裘锡圭学术文集》第六卷，复旦大学出版社 2012 年，第 100 页。

③ 张桂光主编：《商周金文摹释总集》，中华书局 2010 年，第 2014 页。

④ 王振华：《古越阁藏商周青铜兵器》，第 136 页；何琳仪：《战国古文字典·战国文字声系》，中华书局，第 1102 页；后晓荣：《秦代政区地理》，社会科学文献出版社 2009 年，第 270 页。

一带。有关战国中期魏国南疆变化的史料有以下几条：

> (楚)悼王二年，三晋来伐楚，至乘丘而还。(《史记·楚世家》)
>
> (楚悼王)十一年，三晋伐楚，败我大梁、榆关。(《史记·楚世家》)
>
> (魏武侯)十六年，伐楚，取鲁阳。(《史记·魏世家》)
>
> (楚威王十一年)魏闻楚丧，伐楚，取我陉山。(《史记·楚世家》)

可以看出，魏国疆域的南界在惠王二十七年是无论如何也达不到"比阳"的。顺带一提，《战国策》中所谓"魏杀吕辽而卫兵，亡其比阳而梁危"中的"比阳"，乃是鲍本之误，研究《战国策》的学者早已指出"比阳"当为"北阳"。[1]

既然戈铭"泌阳"非南阳郡之"比阳"，就要另寻其地望。泌阳很有可能在泌水之北。《水经注》记载了三条泌水：

> 溷水……而东与泌水合，水出潕阴县旱山，东北流入溷。(《水经注·溷水》)
>
> 汶水又西南，有泌水注之，水出肥成县东白原，西南流迳肥成县故城南。(《水经注·汶水》)
>
> 文水迳大陵县故城西而南流，有泌水注之。县西南山下，武氏穿井给养，井至幽深，后一朝水溢平地，东南注文水。(《水经注·文水》)

潕阴即舞阴，汉属南阳郡。汉肥成县即今山东省肥城县，战国时在齐长城南不远处，属齐无疑。所以这两条泌水皆与本文所论无关。

从上引第三条材料可以看出该泌水源头在汉大陵县西南，东南流，入文水。《水经注图》亦如此绘制。[2] 据《括地志》"大陵城在并州文水县北十三里，汉大陵县城"[3]及《读史方舆纪要》"文水县，府西南百六十里。西至永宁州二百四十里，南至汾州府介休县八十里。春秋时晋平陵邑，汉为大陵县地，属太原郡"，可知汉时大陵县在今山西省吕梁市文水县附近。《史记·魏世家》载魏武侯"十五年，败赵北蔺"，据杨宽先生考订，败赵于北蔺之年应为魏武侯二十四年(前372年)。[4] 则此时(最晚在这一年)魏国疆土的北至应该已经到达了今山西省吕梁市一带。又《水经注·洞涡水》引《竹书纪年》云魏惠王九年(前361年)"与邯郸榆次、阳邑"。那么在此之前，魏国肯定也

---

① 诸祖耿：《战国策集注汇考》，江苏古籍出版社1985年，第929—930页；范祥雍：《战国策笺证》，上海古籍出版社2011年，第1003—1004页。

② 杨守敬等：《水经注图(外二种)》，中华书局2009年，第223页。

③ 贺次君：《括地志辑校》，中华书局1980年，第75页。

④ 杨宽：《战国史料编年辑证》，上海人民出版社2016年，第275页。

已经占有了今山西省晋中市区域。吕梁、晋中一线为赵、魏两国交界地带。所以，位于今文水县附近的泌阳县在战国中期曾为魏地是完全有可能的。

（张建宇：吉林大学古籍研究所，130012，长春）

由青铜器铭文铸造方法谈古文字释读的几个问题

管树强

提要 本文主要讨论了商周青铜器铭文的三种主要的铸造方法，以及其对古文字形体产生的影响，在古文字释读时应该受到重视。

关键词 贴泥片法 贴泥条法 模作铭法 古文字释读

有学者已经认识到铭文制作对古文字形体的影响，如陈初生先生认为铭文中个别笔画断裂之后产生了位移、个别笔画反向错位、一篇中某一个字反向等现象是由“泥条制字贴范法”[①]造成的，寇占民先生发现了西周青铜器错铸的问题[②]。还有一些学者就铭文制作的具体方式也进行过一些探讨，但仍然存在各种不同意见。笔者对青铜器铭文的制作方式也进行了详细的考证，限于篇幅仅把结论及比较重要的几点依据作简要说明并阐述其对文字释读的影响。

商周青铜器铭文大多数为阴线铭文，也有少量的阳线铭文。阳线铭文的制作方法比较明确，即直接在芯范（内范）刻画阴线后经浇铸而成。阴线铭文的制作方法主要有三大类：一种是在芯范上贴泥片进行切削的方法，第二种是直接贴泥条塑造的方法，还有一种是先刻制文字模再通过翻模的方法，称作模作铭法。

一 贴泥片法

殷商时期的匠人虽然已经掌握了用一件陶模翻制多件器物的技术，但是细部的纹饰还需要重新雕琢[③]，像铭文这样精细的部分显然还不能用翻模的办法来制作。

① 陈初生：《殷周青铜器铭文制作方法评议》，载《暨南学报》1998 年 1 月，第 1 期，第 117—120 页。

② 寇占民：《西周铜器铭文错铸札记》，载《齐齐哈尔大学学报》2008 年 5 月，第 102—105 页。

③ 岳洪彬、岳占伟：《试析殷墟铸铜中的“一模多器”现象》，载《南方文物》2014 年第 3 期，第 92 页。

贴泥片制作法为商至西周早期最常用的制作方法。其方法为：在芯范上粘贴厚薄均匀的泥片，然后用刀具[①]切割出所需要的铭文，泥片的平整保证了铸造出的铭文底部平滑美观。切割泥片时很容易切到芯范，这样就会在文字笔画或图案的边缘形成一圈凹槽，铸造后形成凸起的轮廓线，就像双钩的空心字一般[②]。这一现象在商代的铭文中较为常见，铸造之后进行了打磨加工就看不出这一痕迹。如一些爵的鋬内铸造的铭文，位置比较隐蔽不容易打磨，轮廓线凸出的现象比较明显，而同一器物的柱部铭文显然经过了打磨，比较光滑平整。商代铜器的铭文比较短，还有大量图案式的族徽，贴泥片法是比较合适的方法。

贴泥片法就像剪纸，是沿着字或图案的轮廓进行切割，如果工艺不精就容易造成字形结构（或图案）偏方，相交叉的两个笔画往往不顺畅，分岔的部件通常会有所省减。以妇好三联甗铭文（集成 00793）（图 1）为例："妇"规范的形体应为[彔]，但这几个铭文均省略了下部三个分岔部分。"女"中部应像两臂交叉之状（集成 00793.2、集成 0793.3），而其他三个均不做交叉状（集成 00793.1、集成 00793.4、集成 00793.5），贯穿的长线显得并不流畅（集成 00793—4 左），这种省简是工匠删繁就简的一种处理手法，这种讹变后的文字也并没有被后世所接纳传承。

图 1 妇好三联甗 集成 00793.1—6

---

① 商代铸铜遗址曾出土铜刻针 3 件、骨锥 8 件，报告认为"是修整用之刻划陶范纹饰，剔除铜器纹饰内的范土"，参见岳占伟：《2000—2001 年安阳孝民屯东南地殷代铸铜遗址发掘报告》，载《考古学报》2006 年第 3 期，第 376 页。西周铸铜遗址也出过一些尖细的锥形治范工具，参见叶万松、张剑：《1975—1979 年洛阳北窑西周铸铜遗址的发掘》，载《考古》1983 年第 5 期，第 440 页。

② 李峰先生误认为是一种特殊的双钩空心字，见于《西周青铜器铭文制作方法释疑》，载《考古》2015 年第 9 期，第 91 页。

张懋镕先生认为商周时期青铜器的族徽文字有简化、位置变易、勾勒与填实、装饰图案等特点[①]，其实这些特点大多与制作工艺密切相关，仅举两例：其一，车方彝（图 2，集成 09838.1、集成 09838.2），盖器同铭，盖铭为阳线，器铭为阴线。两者相较，器铭省略了车形的车厢部分，这是由于制作时阳线铭文是在芯范直接刻画而成的，相对切割泥片简单易于操作。其二，黿父乙觶两件（图 3，集成 06244、06245），一件做工精美，另一件做工粗糙，前者的龟形所占空间较小省略了四爪的形态，而做出了龟背的纹饰，后者则省略了龟背的纹饰。这些省略都是制作时随机产生的，其他的同铭器中省略的某些部件通常也是如此，至于张懋镕先生提到的“勾勒与填实”[②]大概是做器者给定的样稿中没有对填实与否做明确的要求，工匠自由发挥的缘故。

图 2　车方彝　集 09838.1—2

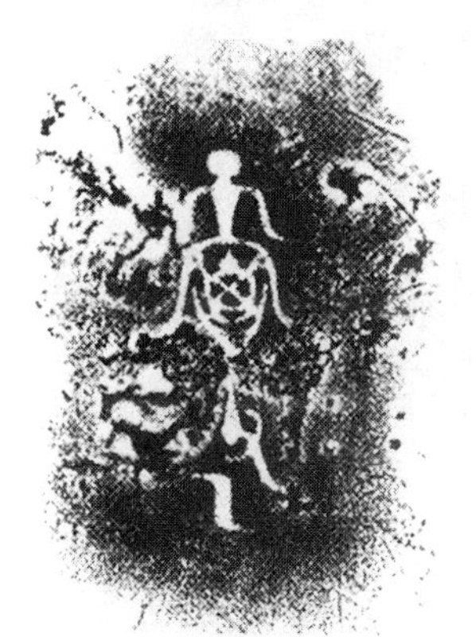

图 3　黿父乙觶 集成 006244、集成 006245

① 张懋镕：《试论商周青铜器族徽文字的结构特点》，载《古文字研究》总第 25 辑，中华书局 2004 年 10 月，第 232 页。

② 同上书，第 233 页。

二 贴泥条法

随着铭文数量的大量增加,图案化的族徽铭文逐渐消失,文字向线条化方向演变,不需要对铭文笔画的粗细做过多的雕琢,贴泥条法应运而生。具体做法推测如下:先在芯范刻画阴线界格(此步骤可以省略),然后在界格内(界格是为排列铭文整齐而设,但根据笔画的多少可以灵活处理,并不严格限于界格之内)贴泥条制作反向的铭文,这时很有可能采用到了类似"挤奶油"的方法[①]。这样铸造出来的字口有时会出现上窄下宽的现象,字的底槽是圆弧状,并且高低不平,还可见两个泥条搭接的痕迹,文字笔画大多不太光洁,两个笔画相交的地方泥条叠压会变粗,形成一个大的团点。西周中后期的𤼈钟(图 4)是这一制作方式最有说服力的标本。这件中的界格是贯穿整个钟面的,雷纹、圆形纹饰都是同样的粗细,可见这些纹饰与界格是同时在范面上刻画而成,有的学者所认为的铭文中的阳线界格是翻印出来的观点显然是不成立的。

图 4 𤼈钟 图片选自《陕西金文集成》宝鸡卷 0198[②],集成 00246

贴泥条法类似用笔直接书写,线条以圆笔为主,自由度较大。在芯范上直接塑造的文字是反向的,工匠容易出错,有时个别偏旁做反了,有时整个字都做反了,甚至通

---

① 尼克鲁(Lukas Nickel):《不完美的对称——重新思考中国古代青铜铸造技术》,载陈建立、刘煜主编《商周青铜器的陶范铸造技术研究》,文物出版社 2011 年 7 月,第 45 页。

② 张天恩:《陕西金文集成·卷二》,三秦出版社 2016 年 6 月,第 210 页。

篇都为反书的现象也时有发生，虽然反书是商周文字常见的现象，但也有一定的规律性，侯学书先生，认为“单纯表形的象形字，多可反书或倒书无别；含有表示特定意义的指事字、会意字，一般不能反正或倒正无别”①，商周的工匠却常常打破这一“规律”。贴泥片或泥条法都存在一个粘贴不牢的现象，笔画脱落现象时有发生。脱落后会进行一些补救措施，比如把脱落的笔画（泥条）重新贴上，由于工匠多不识字，补贴的时候很容易贴错位置，造成字的讹误，有时也会直接用刻画的方式补上，这样铸出来就成了阴阳相间的效果。

聂亭婷先生在硕士论文中系统整理了商周青铜器同铭异文，其中“构件缺失造成的异构字”②所举的例子多是铭文制作时泥条脱落所致。“造字方法不同造成的异构字”所举虢季氏子组鬲的“宝”字（集成 00661）中“玉”部偏向左上方，明显也是构件残缺造成的，并非作者认为的“从宀从玉，是会意字”③。“通假字”中认为杜伯盨（图 5）盖铭中的“考”（集成 04450.1）与器铭得“孝”（集成 04450.2）为通假关系④，并从音韵方面进行论证，笔者认为盖、器两铭文风格一致，当为一人所做，盖、器铭本应有四个“孝”字，只有一个“孝”用“考”来借代，显然是不合逻辑的，此处应该是工匠失误造成的。聂亭婷先生还认为两件杞伯每刃壶的“考”（集成 09687）与“寿”（集成 09688）属于“同义词换用”现象⑤，其实前者“宝”“眉”二字均减省严重，有理由相信“寿”字简化为“考”形也是一种减省而已。

图 5 杜伯盨 集成 4450.1—2

---

① 侯学书：《甲骨文字形反正或倒正无别规律试探》，载《徐州师范学报》第 3 期 2000 年 9 月，第 53 页。

② 聂亭婷：《商周同铭器铭文异文的整理与研究》，西南大学硕士学位论文，2016 年 6 月，第 21 页。

③ 同上书，第 26 页。

④ 同上书，第 59 页。

⑤ 同上书，第 66 页。

由制作工艺造成的文辞错乱的现象也比较严重，如□□宰两鼎（图6，集成02591），第二行、三行整行倒置，大多数的文字形体很不规范，可能制作者水平低下，制作过程中铭文脱落又重新粘贴所致。同样的情况还出现在郲友父匜（集成著录器名为鼄□匜，图7，集成10236）上，铭文的残泐不全是铜制锈蚀造成的，在重新粘贴泥条时文辞内容、文字方向出现了混乱。使得整篇铭文长期以来得不到正确释读，张振谦先生利用新出土的郲父友鬲铭文用作参照，借用电脑图片处理技术对其进行重新排版获得正确的释文①，是非常有见地的。

图6　□□宰两鼎　集成02591

图7　郲友父匜　集成10236

① 张振谦：《郲友父匜考释》，《中国文字研究》2009年第一辑（总第十二辑），第86—88页。

三 模作铭法

大约西周末期到春秋早期，青铜器纹饰模应用更加熟练，产生了单元纹饰模拼兑技术，纹饰可以翻制的很清清晰，于是产生了模作铭法，这一方法适用于批量制作相同的铭文。如果制作铭文模时刻画了阴界格，铸造出来的铭文也是带有阴线界格的，这种界格是后期无法去除的(图 8)。

图 8 宗妇鄁嫛鼎 集成 02683/02684

这一方法虽然可以批量制作相同的铭文，但也存在一些不足：1. 容易造成字口模糊；2. 多用于小面积、相对平整的部位，而弧面操作难度要大一些。目前所见的整版制模的铭文多有残泐，恐怕与翻模的难度有关，这也不难理解商周早期为什么要一铭一范了。

由于整版制模的不便，人们发明了单字制模法。单字面积小，翻模成功率较高，拼兑在一起就是一篇完整的铭文，这很像后代的活字印刷术。最重要的是铭文中重复出现的字只需要雕刻一个字模即可，大大提高了工作效率。有时两字形体相近也会出现“排错版”的现象。阸夫人嫘鼎(图 9)中“择其古金”之“古”本该为“吉”(这一点作释文者均加括号注明)，而这个“吉”字肯定不是工匠雕字模时误刻而成，因为文中另有两处“吉”字，且均为同一字模翻印而成。“正月初吉”表时间，铜器铭文习见；“长迈其吉”中“迈”字应搭配一个可以表示跨度的词，“吉”在这里显然不合适，如果把“择其古金”的“古”与“长迈其吉”的“吉”互换一下，就豁然贯通了。“长迈其古”与“永寿无疆”为对语，前者说时间长久，后者说空间无限，这样一来文通理顺。

图 9 阤夫人孎鼎 商周青铜器铭文暨图像集成 02425

出现了模作铭法之后贴泥条法仍然大量存在，特别是铭文只做一遍的话更没有必要雕刻字模了。随着铁器的普遍使用，刻铭法逐渐兴起(其实早在商代已经有了刻铭的出现，大概是用砥石或较硬的青铜磨锉而成)，青铜器的礼仪性质逐渐降低，也是贴泥条法逐渐消失的一个原因。

四 结语

任何一种方法制作的铭文都有优劣之分，青铜铭文经常出现笔画漫漶不清、文字方向颠倒、笔画的减增、相近字(读音与形体相近)的混用、甚至文辞内容的混乱的现象大多出现在制作粗糙的铭文中。贴泥片制作粗糙者铭文线条偏方，交叉结构多有省减，贴泥条制作粗糙者则会出现笔画绵软、字形扭曲，大小参差，章法不规整的情况。《金文编》一类的工具书多收字形规范者，我们只能通过同铭器的对读了解文字讹误的各种情况，以提高文字释读的能力。

(管树强：安徽大学汉字发展与应用研究中心、出土文献与古代文明研究协同创新中心，230039，合肥)

楚"莫敖"官玺补释*

程 燕

提要 本文对楚官玺中读作"莫"的字做了详细考释,认为此字从"艹",从"犬",疑即"莽"。在玺文中读作"莫","莫敖"乃楚官名。

关键词 楚玺 莫敖 官名

安徽蚌埠市八里桥土坑墓出土如下一楚官玺:

此玺先后著录于《楚文物图典》《古籍研究》2002.4、《南京师范大学文学院学报》2002.1、《古玺汇考》152。

第一字,何琳仪师隶作"⿱不廾",考释如下:

> 首字从"廾","不"声(长横笔右侧之斜笔明显为泐痕),即字书之"抔"。"廾"与"手"义近互换,如"⿱罒幸廾"即"择","弊"通"擎"等。《广韵》:"抔,手掬物也。"又捊异文,见《集韵》:"捊,《说文》引取也。或从包,从不。""⿱不廾(抔)嚣",应读"莫嚣"。"不"与"莫"均属唇音,作为否定词音义均通。《词诠》:"莫,否定副词,不也。"又《老子》三十二章:"通常无名朴,虽小,天下莫能臣也。"景龙本、河上公本、敦煌本、英伦本并作"天下不敢臣"。由此可见,"不"可读如"莫"应无疑问。众所周知,楚官"莫嚣"(《古玺汇编》0164),或作"莫鄗"(包山简117)、"莫嚻"(随县简1)、"莫敖"(《左传·桓公十二年》)等。既然"嚣"可以借用"鄗"、"嚻"、"敖"等字为之,那么借"抔"为"莫"也就不足为怪了。……考古文字资料中的"莫嚣"已经

* 基金项目:安徽省教育厅重点人文社科研究基地项目"战国文字构形研究"(项目号Y01002304)。

不少，然而多出土于两湖地区。蚌埠“抔嚣”玺的发现，是否暗示“抔”是“莫”的淮北古方言？这似乎也是值得注意的问题。①

施谢捷先生对此考释表示怀疑：

从印蜕及所获印面照片看，首字上半所从长横笔右侧之斜笔不能视为泐痕，与“不”字构形有较大差异，下半所从与“収（廾）”也并不相同，将它释为“从廾不声”的“𢍏”即“抔”，恐怕并不妥当。然则“□嚣”未必就是“莫嚣”之异写，俟再考。②

按，此玺首字作□，翻转后作□。上部所从的确与“不”形异。楚文字“不”字或作：

□郭店·唐虞 18　　□郭店·老甲 2

□郭店·老甲 5　　□郭店·尊德 35

□上博八·颜 12　　□清华五·命训 13

□上博七·武 6　　□上博六·孔 1

□上博七·凡甲 22　　□上博八·鹠 2

□郭店·五行 10　　□郭店·语一 75

□上博一·缁 4　　□上博一·缁 3

将玺文与上列形体进行细致对比，不难发现玺文字形明显多出一斜笔。我们怀疑“□”乃“犬”之讹。战国文字中“犬”或从“犬”之字作：

犬□包山 233　　□新蔡乙一 028　　□清华二·系年 136

狗□清华二·系年 112

猷□上博九·成甲 3　　□清华五·啻门 05

狱□上博九·史 7

犴□玺汇 2043　　□玺汇 2971

狘□集成 11314 二年皇阳令戈

类□秦风 94　　□岳麓叁 152

从上列各类形体的“犬”来看，包山简的“犬”字可以说是最标准的写法，其他各形皆有或多或少的变化：头部的叉形或写成横画，如新蔡乙一 028、上博九·史 7、秦风 94、岳麓叁 152；或写成两横，一短一长，如上博九·成甲 3、二年皇阳令戈。将犬的身体和尾巴讹成三画，尾部一笔或向左敛，如清华二·系年 112、上博九·史 7 左下；或向右上博九·史 7 左下、二年皇阳令戈；或垂直，如清华二·系年 136、玺汇 2043。

---

① 何琳仪：《楚官玺杂识》，《古籍研究》2002 年第 4 期，第 6 页。

② 施谢捷：《古玺汇考》，安徽大学博士学位论文，2006 年，第 152 页。

值得一提的是，岳麓秦简“犬”形体讹变得更是厉害，乍一看与“不”字非常相似，和本文所讨论的“”一样。所以我们怀疑玺文极有可能是“犬”的讹形。

玺文下部所从的“”，乃“艹”之讹。古文字中“艹”“廾”形常常互讹。从“艹”的字或作：

芀集成 10176 散氏盘　　莫 郭店·语三 47

葬云梦·答问 77

从“廾”的字或作：

羼集成 4190 陈肪簋盖　　弇集成 4458 鲁伯悆盨

具集成 4141 函皇父簋　　集成 2757 曾子斿鼎

彝集成 4313 师寰簋

由上可知，“艹”有时写得像两只手形，“廾”有时又写得像“艹”形，二者极其相似，难以分辨。因此玺文字形可分析为从“艹”从“犬”。“茻”“艹”二旁在古文字中互作的情况亦常见，如：

莽合集 18430　合集 29264

蒿集成 9710 曾姬無卹壶　集成 2661 德方鼎

蒐侯马六七：二八　侯马八五：一〇

综上所论，玺文字形疑即“莽”，可读作“莫”。“莽”，上古音属明纽阳部；“莫”，上古音属明纽铎部。二者声同韵部阳入对转，音近相通。传世文献载有两字通假的间接例证：《说文·肉部》：“膴读若谟。”《说文》“無”下云：“瘐或说规模字。”足见“莫”声与“無”声非常相近。而“無”声与“亡”声相通在传世文献中常见，如《书·无逸》，《汉书·杜钦传》颜注引作“亡逸”，兹不赘举，可参《古字通假会典》[①]。又《老子》二十章“荒兮其未央哉。”遂州龙兴观碑“荒”作“莽”。可证“亡”声与“莽”声亦可相通。以上皆可作为“莫”声与“莽”声音近相通的旁证。

玺文“莽嚣”还应从何琳仪师读作“莫敖”，乃楚官名。我们认为何师所提出的“莫”写作“莽”可能是受方言影响而致的意见是非常值得注意的。文中有不当之处敬请专家指正！

（程燕：安徽大学汉字发展与应用研究中心、
安徽大学出土文献与中国古代文明研究协同创新中心，230039，合肥）

① 高亨：《古字通假会典》，齐鲁书社 1989 年，第 316—319 页、第 926 页。

齐燕玺印文字考释三则*

张振谦

提要　玺印是重要的战国文字资料，本文对齐、燕玺印文字“⿱⿰酉欠心、⿸㫃衣、⿰貝支”等做了考释。认为“⿱⿰酉欠心”为“⿱飲心”字异体，“⿸㫃衣”作为姓氏可读为“殷”；认为燕玺文字“⿰頁每、⿱竹每、⿱每缶”所从的“每”旁，都是从“女”写作“妛”的，“⿰貝支”为“⿰貝殳”之讹字。

关键词　齐玺　燕玺　讹字 文字考释

一　释“⿱⿰酉欠心(⿱飲心)”

齐玺有一字字形、辞例作：

玺汇 2096 郜

此字旧释“⿰酉堯”①，误，应该隶定作“⿱⿰酉欠心”，释为“⿱飲心”。细审此字，其右边偏旁不是“尧”旁，而是“欠”旁。关键之处在于其右上侧还残存有一小点，这个小点不是泐痕，而是“欠”旁的残笔。

通过计算机修饰后，字形如下：

字形结构就较为清楚了。此字从“酉”，从“心”，从“欠”，隶定作“⿱⿰酉欠心”，在玺文中用作人名。

齐陶文中有一字，其辞例为“子裒子里人～”，字形写作：

陶录 2·543·2　　　陶录 2·543·4

* 本文是国家社科基金重大项目“先秦两汉讹字综合整理与研究”(批准号 15ZDB095)、国家社科基金一般项目“燕系文字材料的整理与研究”(批准号 13BYY105)的阶段性研究成果。

① 汤余惠:《战国文字编》第 731 页，福建人民出版社 2001 年 12 月。

陶录 2・544・1　　　　陶录 2・544・2

在陶文中也是用作人名。我们认为此字也应隶定作“㰻”。下面对其所从的“酉”和“欠”旁稍加分析。

其“酉”旁中间稍有断裂，字形好像分成了上下两个部分，类似上下重叠的两个“口”字。但是仔细看前两个字形，其上下两个“口”旁藕断丝连，还应该是一个完整的部首。

齐陶文的从“酉”的“酷”写作：

陶录 2・553・2　　　　陶录 2・553・3

陶录 2・554・2　　　　陶录 2・557・2

与上面的“㰻”字的“酉”旁很相似。所以，字左上角所从的偏旁就是“酉”字。

与玺印文字一样，由于其右上角残泐，陶文文字的“欠”旁，也很容易被当作“尧”。李守奎先生在列举了大量楚文字“尧”字字形后，得出结论：“尧”字的右下一笔“几乎都是向右斜出”[①]，字形如：上博二・容 9。而此字的“欠”旁右下一笔是“向左侧弧形弯曲”，与“尧”字写法不同。所以应当释为“欠”旁。

“㰻”字的上部“酓”旁，见于三晋玺印，其字形、辞例作：

玺汇 2100 邴～

原书释为“歓”，可从。此字严格隶定即为“酓”字，为“歓”字的省减字形。

最后，由于字形的残泐，玺印文字的“欠”旁、陶文的“酉”旁和“欠”旁都是不完整的，这意味着上述分析在字形上是缺乏依据的。但是玺、陶两字形互证，又有晋玺“酓”字字形的旁佐，我们认为上述考释是可信的。

二　释“旂”

齐玺有一字字形、辞例作：

玺汇 3753～福信鉨

原书未释，或释为“旗”[②]，或释为“旅”[③]，皆误。此字应该从“㫃”，“衣”声，隶定作“旂”。

此字的上部的“㫃”旁写作：，在古文字中常见，其末端有装饰性笔画，汤余惠先

① 李守奎：《释思距末与楚帛书中的“方”字》，《纪念何琳仪先生诞辰七十周年暨古文字学国际学术研讨会会议论文集》第 152 页，安徽大学汉字发展与应用研究中心，2013 年 8 月 1—3 日。

② 何琳仪：《战国古文字典》第 1318 页，中华书局 1998 年 9 月。

③ 张静：《古玺考释六则》，《古文字研究》第二十三辑第 141 页，中华书局 2002 年 6 月。

生称之为“尾形饰笔”[①]，这是齐系文字的特有的构形。何、张两位先生已经对此“㫃”旁给出正确的考释，兹不赘述。

对此字下部“衣”旁的分析是字形考释的关键，其“衣”旁写作：[古文字形]，上半部分不是很清晰，若有若无。但是此处空隙很大，必有笔画，应该是“衣”旁的上部构件。齐系文字的“衣”旁写作：

卒：[古文字形]陶录 2・672・4　　　䘮：[古文字形]陶录 2・671・1

可证。如此，此字即为“旂”字。张静先生认为此字“在玺文中用为姓氏”[②]。从辞例为“旂福信鉨”来看，其说无疑是正确的。

“旂”作为姓氏用字，或可读为“殷”。“衣”为影纽微部字，“殷”为影纽文部字，二字音近可通。《古文尚书・武成》：“一戎衣。”《康诰》作：“殪戎殷。”《礼记・中庸》：“壹戎衣而有天下。”郑玄注：“衣读如殷，声之误也，齐人言殷声如衣。”此方古玺正好是齐国玺印，可与郑注相互印证。

所以，作为人名，“旂福”可以读作“殷福”。

三　释“𡛷(每)”

燕玺文字中有三个从“每”之字，现梳理如下：

1. 燕玺文字中有一字字形、辞例作：

[古文字形]玺汇 3504

从字形上看，此字从“玉、贝、中、女”，可隶定为“𧷸”。其“玉、贝、中”三个偏旁都不难辨认，下面就其“女”旁做一个简单的交代。

具有燕系文字地域性特点的“女”字，其字形特点是中竖上端向左有一斜撇，右边开口，左边竖笔下端向右横拖。较为典型的燕系文字“女”旁字例如：

女：[古文字形]玺汇 3663　　　䙉：[古文字形]玺汇 5350

娄：[古文字形]玺汇 3662　　　𧷸：[古文字形]陶录 4・186・1

[古文字形]字的“女”旁写作：[古文字形]，符合上述燕系文字“女”字的所有特点，可证此偏旁释“女”不误。

[古文字形]字右侧写作：[古文字形]，上从“中”，下从“女”，可隶定作“𡛷”，释为“每”。《说文》：“每，

① 汤余惠：《略论战国文字形体研究中的几个问题》，《古文字研究》第十五辑第 50 页。

② 张静：《古玺考释六则》，《古文字研究》第二十三辑第 141 页，中华书局 2002 年 6 月。

艸盛上出也。从中，母声。”《甲骨文字诂林》姚孝遂先生按语为：“卜辞每字或从女，或从母。”其上部“象笄饰形，《说文》意为从中，非是。”[1]虽然甲骨文“每”字或从“女”，或从“母”，属意符相近互作，这看似没有什么特别之处，但是我们稍做字形调查分析，就会从中得出微妙的差别。

《甲骨文编》收录了31例“每”字，27例从“女”；刘钊先生《新甲骨文编》也收录了31例字形，30例从“女”。董莲池先生《新金文编》收录3例商代“每”字，皆从“女”；收录7例西周“每”字，在6例的杞伯每亡铜器中，有5例从“母”；收录春秋、战国“每”字各1例，皆从“女”。如果考虑到器主为同一人，把6件杞伯每亡器看作一件器的话，西周文字“每”字从“女”从“母”各占一半。上述统计表明，在商代文字和两周金文中，“每”字形体多写作从“女”。

燕系文字上承西周、春秋文字，所以字释为“每”，是正常的字形传承。故隶定为“敯”，即为“䱕”。

以上是字形上的分析，实际上，“敯(䱕)”字是“𪎐”之讹字。“𪎐”习见于燕玺文字，字形写作：

玺汇5349　　玺汇5664

玺考283　　玺汇5350

从其前六个字形与最后一个字形比较来看，其所从的“日”旁可省简作一弯笔，如果其下部的“女”旁中间的竖笔向上穿透这一弯笔，则可能会在“女”旁上部讹变出一个“中”旁来。故此字从“每”，可能是一个笔误，还应释为“𪎐”字。

2.燕玺文字中还有一字字形、辞例作：

玺汇0760长—

我们曾专门考释过此字，认为此字隶定为“𡠗”，释为“箁”字[2]。其上部写作：，为省减为一半的“竹”旁；下部写作：，为“每”字异体。通过上文对燕系文字“女”旁的字形分析来看，当时对其“每”旁的分析，还不够准确。

此“每”旁字形为：，去掉上部的髪笄后，剩余部分写作：，为具有标准燕系文字特点的“女”旁。所以，字应该隶定为“妛”，即“每”。

3.战国文字中的魏氏之“魏”，多见于三晋玺陶文字，从“山”，“每”声，隶定为“𡶜”，这已经是学术界的定论，不赘述。其字形写作：

① 参《甲骨文字诂林》第460页第0432条“每”字按语，中华书局1996年5月。

② 参拙文《燕玺文字考释六则》，《汉语言文字研究》(第一辑)第246—250页，上海古籍出版社2015年2月。

集成 951 下官壶　　陶录 5·26·1

货系 1415　　玺汇 5376

玺汇 3042　　玺汇 3047

燕系文字也有此字，目前被释出的只有一例，其字形、辞例作：

玺汇 3053～纗

其“每”旁写作：，右上角有残泐，补齐笔画，字形可写作：。去掉上部的髮笄后，字形写作：。虽然其字形与标准的燕系文字“女”旁稍有差别，但是还是可以肯定为“女”旁的。所以，燕玺文字的“毋”字严格隶定应为“峇”。

下面说一下其“山”旁的写法，字形写作：。其中间竖笔上部有一短横饰笔，即不能把这一短横饰笔看作是其上面“女”旁的笔画。原因是由于这个短横向左延伸不足以长，不能与“女”旁构成“母”字。

“山”旁中竖的上部加短横状的饰笔，燕系文字并不常见，如：

山玺汇 0363　　岔玺汇 0119

岙玺汇 0363　　苦玺汇 3820

但加短横的并非没有，字形如：

岙玺考 295　　岔玺汇 5104。

总之，上面所论及的“蕿、篝、毋”三字的“每”旁，皆从“女”。由此看来，“每”从“女”不从“母”，是燕系文字的一个地域性构形特点。

（张振谦，河北大学文学院、河北大学传世字书与出土文字研究中心，071002，保定）

古玺札记三则[*]

孙 合 肥

提要 本文利用战国文字材料和战国文字形体特征对《古玺汇编》中的“郚缳、辟瓔、左金子”三方古玺的释文进行了考订，有助于对古玺文字及战国文字的认识。

关键词 古玺 战国文字 释读

一 郚缳

《古玺汇编》著录的 2164 号印，朱文二字。如下：

原释文“□缳”，首字缺释。

首字作，玺文中字形右部所从上部有些模糊，但依然可以看出笔画。古玺中有“郚”字，[1]字形作（《古玺汇编》2155）、（《古玺汇编》2156）、（《古玺汇编》2157）、（《古玺汇编》2158）、（《古玺汇编》2160）。玺文首字与此形近，只是其所从的偏旁“邑”字上部的“□（城之初文）”笔画有些残泐，下部“”形右侧增二斜划饰笔。战国文字与“”形相近的“巳”常增二斜划饰笔。如：

巳：《古玺汇考》290、《古玺汇编》2039、《古玺汇编》3767、《古玺汇编》3340

祀：《清华大学藏战国竹简（叁）・芮良夫毖》18、《商周青铜器铭文选》2.882

起：《清华大学藏战国竹简（贰）・系年》28、《清华大学藏战国竹简（贰）・系

* 基金项目：安徽省高校人文社科研究重点项目“战国文字繁化现象研究”（安徽大学汉字发展与应用研究中心招标项目 SK2017A0029）。

① 李家浩：《战国官印丛考》，《安徽大学汉语言文字研究丛书・李家浩卷》，安徽大学出版社 2013 年 5 月，第 86 页。

年》98，《古玺汇考》244

卽：《殷周金文集成》11383.2，《古玺汇编》126、《古玺汇编》3184、《古玺汇编》3183

此外，“龙”旁右部的“巳”形或增二斜划。如：

龙：《上海博物馆藏战国楚竹书(四)·柬大王泊旱》15、《新蔡葛陵楚墓》竹简甲三346—2，《中国玺印集粹》159

龏：《文物》2004年第1期·龙阳庶子灯、《古玺汇编》1422

龔：《古玺汇编》3049，《鸭雄绿斋藏中国古玺印精选》047、《古玺汇编》2730

“”除去右侧二斜划饰笔作“”，与古玺“郜”字作“”等形同，“”应释为“郜”。玺文二字应释为“郜缳”，姓名私玺。郜，姓氏。《中华姓氏大典》录有“昏”姓。《姓解·四四·日部》：“昏氏，见《姓苑》。”《姓觿·十三元》：“昏氏：《千家姓》：‘河南族。’”①《集韵·圂韵》：“昏，姓也。”

另外，《古玺汇编》2159号著录的一方玺印作。原释文“□身”，首字缺释。首字“”字，其左部所从偏旁“昏”右上部笔画有些残泐，我们将其缺损笔画填补后作，此字也应释“郜”。此玺“郜身”也是姓名私玺。

二 辟瓔

《古玺汇编》著录的5665号印，朱文二字。如下：

原释文缺释。玺文二字或释“鄘瑗”。②

玺文首字作“”，不易辨识。战国文字“鄘”字作（《上海博物馆藏战国楚竹书(三)·中弓》26）、（《上海博物馆藏战国楚竹书(八)·成王既邦》4）、（《古文字研究》第27辑·鄘氏戈）、（《古玺汇编》1517）、（《燕下都东周货币聚珍》282），均与此字形体不类，释“鄘”可疑。

战国文字有“僻”字作（《包山楚墓》竹简258），“薜”字作（《上海博物馆藏战国楚竹书(八)·兰赋》1）、（《上海博物馆藏战国楚竹书(八)·兰赋》5），“壁”字作

① 巫声惠：《中华姓氏大典》，河北人民出版社2000年6月，第355页。

② 吴振武：《〈古玺文编〉校订》，人民美术出版社2011年1月，第527页。

(《新蔡葛陵楚墓》竹简甲三 181)、(《新蔡葛陵楚墓》竹简甲三 99)、(《新蔡葛陵楚墓竹简》甲三 181),“壁”字作(《包山楚墓》竹简 218)、(《上海博物馆藏战国楚竹书(八)·命》5)。玺文字,与上举诸字所从“辟”形体接近,只是其所从“辛”省去了上部的横笔和下部的斜笔。而上举的“薜”字中的“辛”省去了上部横笔,“壁”字中的“辛”省去了下部斜笔。商代金文中“辟”字作(《殷周金文集成》7312),西周金文中“辟”字作(《殷周金文集成》9893.1)、(《殷周金文集成》4237)、(《殷周金文集成》4170.1),战国文字“辟”字有作(《清华大学藏战国竹简(壹)·尹诰》2)、(《清华大学藏战国竹简(壹)·皇门 3》)、(《清华大学藏战国竹简(壹)·祭公》3)、(《郭店楚墓竹简·五行》47),所以字应释为“辟”。《康熙字典》:“辟,天子诸侯通称辟。又姓。”

玺文第二字作“”。古文字中“瓔”作(《新蔡葛陵楚墓》竹简乙一 17)、(《新蔡葛陵楚墓》竹简甲三 166)、(《陶文图录》4·186·1)、(《古陶文汇编》3.284)、(《上海博物馆藏战国楚竹书(六)·競公虐》12)、(《新蔡葛陵楚墓》竹简乙一 24)。或作(《侯马盟书》一:七四),又省去意符“贝”作(《侯马盟书》一五六:二六)。“”应是“”省去意符“贝”的简省形体,应释为“瓔”。

“辟”为姓氏,“辟瓔”为姓名私玺。

三 左金子

《古玺汇编》著录的 1651 号印,朱文三字。如下:

原释文作“左□子”,第二字缺释。

玺文第二字作,不易辨识。李家浩先生指出,在战国玺印文字中有这样一种情况,当印文的笔画跟玺印的边框平行时,往往将跟玺印边框平行的笔画省去(有的可以看作是借用玺印边框作为笔画)。[①] 字下部横划即是借用了玺印的边框。玺印文字不乏下部横划借用边框的情况,如“生”作(《古玺汇编》5169)、(《古玺汇编》5170),或作(《古玺汇编》4756)(),下部横划借用玺印边框而省去;“狂”作(《古

① 李家浩:《战国官印丛考》,《安徽大学汉语言文字研究丛书·李家浩卷》,安徽大学出版社 2013 年 5 月,第 87 页。

玺汇编》0827)，或作[seal glyph](《古玺汇编》1013)，“宔”旁下部横划借用玺印边框而省去。[seal glyph]字下部横划也因借用玺印边框而省去，应释“金”。玺印文字中“金”作偏旁有下部横划借用玺印边框而省去的情况。如“鉨(玺)”作[seal glyph](《古玺汇编》0003)，或作[seal glyph](《古玺汇考》177)，“金”旁下部横划借用玺印边框而省去；“铆”作[seal glyph](《殷周金文集成》11540)，或作[seal glyph](《古玺汇编》3268)，“金”旁下部横划借用玺印边框而省去。

此玺为姓名私玺，玺文三字为“左金子”。

(孙合肥：淮南师范学院文学与传播学院，232038，淮南)

齐国陶文的"聚"字

陆德富

提要 本文考释了齐国陶文中的"聚"字,并认为齐国陶文所见的聚应是分布于都城之外的自然聚落。在战国时期的齐国,聚并不是一级地方行政组织,齐国陶文所见的"某聚某里",大概是聚落居民在被编入乡里组织之后的习惯表述。

关键词 齐国 陶文 聚落 乡里

一

齐国陶文中有一个字,有如下几类写法(下列字形均采自《古陶文汇编》):

3·65 3·323 3·330 3·333

这几类写法的区别,在于上半部分的写法略有差别。

除了陶文,这个字目前还偶见于齐国古玺与铜器铭文,举例如下:

《古玺汇编》0196 齐国铜量[①]

写法仍然不出上举四类。

从用法看,这个字应该与地方的基层行政组织有关。关于它的考释,学术界有"迁、鄙、县、乡[②]、廛[③]、巷[④]"等意见。不过,这些意见于形、于意均难合符。

这个字下部从邑从行,比较清楚,有争议的是其上部所从。赵超先生曾经指出,这个字的上半部分所从当与"数""娄"得声的部分相同[⑤],陈剑先生则认为这个字的

---

① 魏成敏、朱玉德:《山东临淄新发现的战国齐量》,《考古》1996年第4期。

② 诸家之说可参看高明:《从临淄陶文看衢里制陶业》,载《高明论著选集》,第254页,科学出版社2001年。

③ 李零:《齐、燕、邾、滕陶文的分类与题铭格式——〈新编全本季木藏陶〉介绍》,《新编全本季木藏陶》,第6页,中华书局1998年。

④ 李学勤:《秦封泥与齐陶文中的"巷"字》,载《中国古代文明研究》,第190—192页,华东师范大学出版社2005年。

⑤ 赵超:《"铸师"考》,《古文字研究》第二十一辑,第299—300页,中华书局2001年。

上半部分所从跟“铸”字的上半部分变化相同,读音也应同于“铸”①。两位先生对字形的分析不同,但都认为这个字可读为“州”。

赵超先生对字形的分析是有道理的。战国文字中可以确定为“娄”或从“娄”之字有如下几种写法:(包山简6号“新官娄”)、(包山简75号“兼陵正娄”)、(包山简162号“正娄”)、(仰天湖楚简遣册“缕”)、(《古玺汇编》0237号“⿰娄阝”②)。

我们将齐国陶文中那个字与上举“娄”或从“娄”之字相比较,可以看出其上部所从与“娄”字的上部相同。娄字上部所从可隶定为⿴臼角,故此字可分析为从⿴臼角从行从邑,可以隶定为⿱⿴行⿴臼角邑。它也应是从⿴臼角得声的,其读音当与“娄”相近。

这个字常出现在“×里”之上,其前亦加地名,似为一级地方行政组织的名称。根据《管子》等书的记载,战国中晚期,齐国的地方行政组织为乡、州、里三级制,《管子·山至数》云:

> 君失大夫为无伍,失民为失下,故守大夫以县之筴,守一县以一乡之筴,守一乡以一家之筴。守家以一人之筴。

可见县下有乡。《管子·山国轨》载管子之言曰:

> 某乡田若干,食者若干。某乡之女事若干,余衣若干。谨行州里曰:田若干,人若干,人众田不度食若干。

乡下又有州、里。综上可见,齐国的县之下设有乡、州、里三级。

这种行政组织也见于银雀山汉简《田法》:

> 五十家而为里,十里而为州,十乡【州】而为州【乡】。

整理小组指出,简文“十乡而为州”是“十州而为乡”的误文③。此说甚是。县、乡、州、里代表了县级政区的地方行政制度。

将齐陶文的内容与齐国的地方行政制度对比,将那个难识之字释为“乡”或“州”似乎比较合理。不过,齐文字中的“乡”字作④,与此字明显不同,且从规模上说,与《田法》所载的一乡百里的制度相去似甚远。那么可以考虑的只有州了,因此,学者将之释为州是有一定道理的。不过,若将此字释为州,则陶文所见的“繇州”下就有十八个里,这与前举银雀山汉简《田法》“十里而为州”的说法也不甚相合。而且,齐国的古文字资料中已经出现了“州”字,如叔弓镈铭文有“咸有九州”⑤,豫州戈铭文有“豫州

---

① 陈先生的说法见于董珊先生博士论文,参看董珊:《战国题铭与工官制度》,北京大学博士论文,2002年,第180页。

② 林沄:《先秦古文字中待探索的偏旁》,载《林沄学术文集》(二),第178页,科学出版社2008年。

③ 银雀山汉墓竹简整理小组编:《银雀山汉墓竹简【一】》,第147页,文物出版社1985年。

④ 施谢捷:《古玺汇考》,安徽大学博士论文,2006年,第59页。

⑤ 《集成》285。

左库造”[①]之语，此外，齐国古玺还有从土州声的“州”字[②]。因此，这个字也许不是州。

我曾就此向裘锡圭先生请教，裘先生认为，此字的上部既与“娄”之所从相似，似可读为“聚”。裘先生的这个意见很值得重视。从读音上看，娄、聚古音皆在侯部，聚为精系字，而从娄得声的数字也属精系。《礼记·礼运》：“凤皇麒麟，皆在郊棷”，《释文》：“棷或本作薮。”《文选·羽猎赋》李善注引“棷”作“薮”。棷、聚皆从取声，可见，娄、聚相通当无问题。将陶文中的䢺字读为聚，于字形、字音均可成立。下面，我想就陶文中“聚”字的涵义，做一个初步的探讨。

二

陶文中的“×聚”往往出现在“×里”之上，如：

【1】繇聚大匋(陶)里癸[③]。

【2】贾聚匋(陶)里王□[④]。

【3】楚郭聚莒里昌[⑤]。

【4】左南郭聚辛匋(陶)里賹[⑥]。

【5】丘齐聚漆雕里得[⑦]。

由此看来，聚似为大于里的地方行政单位。齐国古玺有“辑聚右攴”[⑧]，攴是齐国的职官名。把辑聚看作地方行政机构，似乎也是合理的。然而，前文已经指出，到了战国中晚期，齐国的地方行政组织为乡、州、里三级制，并不存在聚这一级。这又如何解释呢？

在两汉时期的史料中，经常可以见到“×聚”的记载。但是众所周知，汉代县下设乡、里，并不存在聚这一级。这种情况与上述陶文所反映的齐国的情况相似。因此，我们不妨从资料相对丰富的汉代的情况入手来展开讨论。

---

① 《集成》11074。

② 2010年3月17日下午，施谢捷先生曾惠示一方某私人藏家收藏的齐国阳文古玺照片，文曰“阳州”，二字均从土。

③ 《古陶文汇编》3·63。

④ 同上书，3·331。

⑤ 同上书，3·335。

⑥ 同上书，3·476。

⑦ 同上书，3·626。

⑧ 《古玺汇编》0196。

两汉时期，县级地方行政组织的下一级是乡。但是，从当时的史料记载看，有些县中除了乡之外，还存在着聚，例如《汉书·地理志》上党郡所属的铜鞮县中有“上虒亭，下虒聚”，南阳郡的育阳县“有南筮聚”。此外还有不少聚，有学者已经对此做过统计[①]，这里就不多说了。因此，这些县实际是由若干乡、聚构成的，如《续汉书·郡国志》南阳郡中的“(新野县)有东乡，故新都。有黄郵聚”，“(棘阳县)有蓝乡，有黄淳聚”。《史记·秦本纪》载，秦孝公十二年商鞅第二次变法时，“并诸小乡聚，集为大县”，看来县中有乡有聚，是有历史渊源的。

县中乡、聚并存的现象还见于简牍资料。《居延新简》破城子探方五〇:3载：

亭长廿一人，受乐成侯国三人，凡廿四人。

凡亭以下五十人，受乐成侯国四人，定长吏以下五十四人。

乡八，聚卌四，户七千九百八十四，口万五千七百卅五[②]。

据《汉书·地理志》，乐成侯国位于南阳郡内。简文末行当是西汉南阳郡内某县的人口统计。这个县内有八个乡与四十四个聚。

1999年，考古工作者在湖南沅陵县虎溪山发掘了一座西汉墓，墓主人为西汉第一代沅陵侯吴阳(前162年卒)。墓中出土的“黄簿”中记载了该国的亭聚情况，发掘简报披露了其中一枚，其文曰：

泣聚户百卅四，口五百廿一人[③]。

泣聚有民户一百三十四，比乡要小。《汉书·平帝纪》载，王莽“立官稷及学官:郡国曰学，县、道、邑、侯国曰校，校、学置经师一人；乡曰庠，聚曰序，序、庠置《孝经》师一人。”师古曰:“聚小于乡。”从上举简牍资料看，师古的注解是可信的。

严耕望先生曾指出，秦汉时期城邑之中实行的是里制，而城外的乡野地区则实行聚落之制[④]。从实际的居住形态上看，此说颇有道理。聚落是城邑之外广大民众的居住形态。《史记·五帝本纪》载，舜“一年而所居成聚，二年成邑，三年成都”，张守节《正义》曰:“聚，谓村落也。”聚指农村聚落，它是自然意义上的居民单位，也就是今天我们所说的自然村。《颜氏家训·勉学》云:“吾尝从齐王幸并州，自井陉关入上艾县，

① 朱桂昌:《古“聚”考说》，云南大学历史系编《史学论文集——纪念李埏教授从事学术活动五十周年》，第235—246页，云南大学出版社1992年。马新:《两汉乡村社会史》，第203—204页，齐鲁书社1997年。

② 甘肃省文物考古研究所等编:《居延新简——甲渠侯官与第四燧》，第151页，文物出版社1990年。

③ 湖南省文物考古研究所、怀化市文物处、沅陵县博物馆:《沅陵虎溪山一号汉墓发掘简报》，《文物》2003年第1期，第59页，图版见于第53页图三七。

④ 严耕望:《中国地方行政制度史》之《秦汉地方行政制度》，第6页，上海古籍出版社2007年。

东数十里有猎闾村。……及检《字林》《韵集》,乃知猎闾是旧䜌余聚。"猎闾村就是原先的䜌余聚,从中亦可见聚的自然村性质①。

汉代城外地区的民众居住于聚落之中,得到了考古发现的证实。2003 年夏,考古工作者在河南内省黄县梁庄镇的三杨庄发现了一处保存完好的西汉晚期聚落遗址,经过持续的考古发掘,共发现了 10 余处汉代庭院遗址。它们均坐北朝南,方向一致;均为二进院布局,占地面积大致相同;前后左右相距的距离远近不等,相互之间均被农田相隔,每家的宅院均在自己的田中②。这些农户的居住形态,显然不是四周有围墙的里,而应是聚落。

秦汉时期,聚落并不在地方基层的基本行政组织乡、里之列。那么,它们与乡里的关系究竟如何?

学者注意到,城邑之中与城邑之外的里在性质上是不一样的③。城邑中的里有围墙设门,有监门司出入,既是民众所居住的地方,又是国家的基层行政组织。大家对城邑之外的里的性质看法不同。经过多年的研究,学者多倾向于认为,城邑之外的里是编制户口而采用的行政单位④。前文指出,城邑之内的民众居住于里中,城邑之外的民众居住于聚落当中,从这样的情况来看以上学者对里的分析,是可以信从的。

从历史发展的脉络上看,这种城乡之间居民组织的不同,也存在于此前的战国以及此后的魏晋时代。包山楚简中有里、邑并存的记载,里是城邑及近郊的组织,邑则是野外的聚落⑤。走马楼三国吴简有里、丘并存的记载,简文显示同一丘的居民分属不同里,同一里的居民分住在不同聚落,这个丘是野外的自然聚落,这个里正是编制户口而采用的行政单位⑥。

---

① 参看马新:《两汉乡村社会史》,第 201 页。

② 刘海旺:《首次发现的汉代农业闾里遗址——中国河南内黄三杨庄汉代聚落遗址初识》,陈星灿、米盖拉主编:《考古发掘与历史复原》(《法国汉学》第十一辑),第 64—78 页,中华书局 2006 年。河南省文物考古研究所、内黄县文物保护管理所:《河南内黄三杨庄汉代聚落遗址第二处庭院发掘简报》,《华夏考古》2010 年第 3 期,第 19—31 页。

③ 参看张金光:《秦制研究》,第 595—602 页,上海古籍出版社 2004 年。

④ 〔日〕比野丈夫:《乡亭里についての研究》,《中国历史地理研究》,第 148—151 页,京都同朋舍,1977 年。池田雄一:《中国古代の聚落と地方行政》,东京汲古书院 2002 年,第 123—125 页。王毓铨:《汉代"亭"与"乡""里"不同性质不同行政系统说》,《莱芜集》,第 23 页,中华书局 1983 年。侯旭东:《北朝村民的生活世界:朝廷、州县与村里》,第 142—153 页,商务印书馆 2005 年。

⑤ 参看陈伟:《包山楚简所见邑、里、州的初步研究》,《武汉大学学报》(哲学社会科学版)1995 年第 1 期,第 90—98 页。

⑥ 参看侯旭东:《长沙走马楼三国吴简"里""丘"关系再研究》,武汉大学三至九世纪研究中心编《魏晋南北朝隋唐史资料》第 23 辑,第 14—26 页,武汉大学出版社 2006 年。

国家在对这些聚落进行编制的时候，并不是把它们打散，重新建立如同城邑之中的里那样的居住场所，而是在不改变原有聚落形态的前提下，将它们人为地划分为若干个里。

据汉代的史料记载，当时的里内居民的数量原则上应该为百户，《续汉书·百官志五》本注："里魁掌一里百家"，可证。《史记·孝文本纪》载文帝诏书曰："（赐）女子百户牛酒"，同书载，汉文帝四年游幸太原，"诸民里赐牛酒"，两相参照，亦可见里内居民数量原则上为百户[①]。对于那些居民的数量大概百户左右的聚落而言，它们正好构成一个里。前文引到的泣聚，大概就可以成为一个里。

有些聚落比较小，它们尽管户数不到一百，但也构成一个里。马王堆汉墓所出的《驻军图》上所标示的里是我们认识西汉前期里制的宝贵资料。从这幅图上所标示的里看，当时的里大小不一，少则十几户，如资里仅有十二户居民，多则一百多户，如龙里有一百零八户[②]。这些里实际上就是聚的行政编制，资里原先应该就是仅有十二户的小聚。枚乘《上书谏吴王》说："禹无十户之聚，以王诸侯。"像这样的"十户之聚"在当时应该是存在的。这进一步说明，百户一里确是从原则上说的。

参照走马楼吴简中关于里、丘的记载，在汉代，官府也可能将若干邻近的小聚合计为一个约为百户的里，这就会出现同一里的成员来自多个聚落的情况。对一些规模比乡小或者与乡差不多的聚而言，在对它们进行行政编组的时候恐怕就需要划分为若干个里了。《汉书·史丹传》载，成帝鸿嘉元年（前 20），"封丹为武阳侯，国东海郯之武强聚，户千一百。"像这样有一千余户居民的大聚，在被编入里的时候，肯定是会被分为若干个里的。这就会出现同一聚落的居民分属于不同的里的现象。

三

再来看看齐国陶文所见到的聚。齐国古文字资料中所见的那些聚应是分布于都城之外的自然聚落。"蒦昜（阳）"在今临淄城西十余里[③]，其所在的"繇聚"也当在齐

---

① 参看宫崎市定：《关于中国聚落形体的变迁——关于邑、国与乡、亭与村之考察》，刘俊文主编：《日本学者研究中国史论著选译》第 3 卷"上古秦汉卷"，第 13—21 页，中华书局 1993 年。西岛定生著，武尚清译：《中国古代帝国的形成与结构——二十等爵制研究》，第 394—396 页，中华书局 2004 年。

② 湖南省博物馆、湖南省文物考古研究所编著：《长沙马王堆二、三号汉墓》（第一卷），第 100 页，文物出版社 2004 年。邢义田先生认为应改为"箭道封域图"，参看《论马王堆汉墓"驻军图"应正名为"箭道封域图"》，《湖南大学学报》（社会科学版）2007 年第 5 期。其说可从。不过为方便起见，本文仍沿用旧称。

③ 孙敬明：《齐陶新探》，载《考古发现与齐史类征》，第 10 页，齐鲁书社 2006 年。

国都城的西面。钤有"王卒左聚"的陶文有一片全文为"王卒左聚城阳中岳里人曰得"[①],"城阳"多见于陶文,地在临淄故城北约4里的西周傅庄[②]。准此,"王卒左聚"也应在临淄大城北。"楚郭聚"[③]、"左南郭聚"中的"郭"当指临淄郭城,即考古中的临淄大城,这两个聚可能就在郭城外不远处。其他的几个聚,也应在齐国都城外的广大周围地区。

这些聚的规模不会大于乡。前引银雀山汉简《田法》:"五十家而为里,十里而为州,十乡【州】而为州【乡】。"每乡是否能多达一百里,尚有疑问,但乡的规模无疑是较大的。聚下之里或多或少,比如从已知材料看,繇聚有十八个里,楚郭聚有六个里,丘齐聚有五个里,贾聚只有一个里。依此,繇聚、楚郭聚、丘齐聚都是较大的聚,可以划分为多个里。前文已经指出,将那个字释为乡、释为州都会出现其下之里的数量与乡、州的规模不符的问题,而释为聚就没有这个问题了。当然,齐国陶文所反映的只是民间私营制陶业者所在之里,并不一定是聚中里数的实际。因此,贾聚不一定就是只有一个里的聚,其他几个聚中所包含的里数也许还会多一些,不过总不会超过乡的规模。

对居住于这些聚中的民众而言,尽管他们的居地已经被编成了乡里,但是在标明其里居的时候,习惯上仍然会连缀所在聚落之名,齐国陶文所见的"某聚某里",大概就属于这类情况。

(陆德富:杭州师范大学历史系,311121,杭州)

① 《古陶文汇编》3·497。

② 王恩田:《齐国地名陶文考》,《考古与文物》1996年第4期。从历年来此处发现的陶文多带有"城阳"字样来看,其说可信。考古发掘的带有"城阳"字样的陶文,可参看张龙海:《齐国故城陶窑》,《管子学刊》1997年第3期。许淑珍:《临淄齐国故城新出土陶文》,《考古与文物》2003年第4期。

③ 徐在国:《山东新出土古玺印考释(九则)》一文讨论了一方"楚聚司□"齐国古玺,据说首字"上部从林,下部印拓不清晰",徐先生推测应为"楚"字,参看《中国文字研究》第二辑,第276页,广西教育出版社2001年。不知"楚聚"是否就是"楚郭聚"之省称。

新出燕陶文辑录

杨 烁

提要 燕陶文属于战国文字的重要组成部分，专指战国时期燕国的陶文。燕国陶文主要出土在河北易县燕下都遗址，河北容城、北京、辽宁也有出土。我们搜集了10方新出的燕陶文，对其释文提出自己的看法。

关键词 燕陶文 新出 释文

陶文是指刻划、书写或打印在陶器上的文字。燕陶文指战国时代燕国的陶文。燕陶文尚未发现有像汉代一样用毛笔蘸颜色在陶器上书写的例子，因此燕陶文主要是通过打印与刻划两种方式完成。有人通过观察燕陶文实物提出燕国陶工把当时用于玉器制作的"砣刻"技术应用在了燕陶文的制作中，但通过研究发现，这一说法并不成立。

燕陶文主要出土在河北易县的燕下都遗址，另外，河北容城、北京、辽宁也有出土。有关燕陶文的著录，除王恩田先生的《陶文图录》外，还有高明先生编著的《古陶文汇编》①。1996年河北省文物研究所主编的《燕下都》②（上下册）亦收录陶文多达900多方，其中除少量汉代陶文外，大部分为燕陶文。总体来看，燕陶文是相当丰富的。此次搜集的燕陶文均为河北易县燕下都遗址出土，所选原物除本人自藏外，其余为温先浪先生所藏。在此，对温先生提供资料表示感谢。主要体例如下：

每一陶文下，先录陶文原拓或照片（有些附有陶文原物照片及参考图片），陶文原拓下有器形、国别、释文、出土、著录、现藏、说明等。

① 高明：《古陶文汇编》，中华书局1990年3月。

② 河北省文物研究所：《燕下都》（分上、下两卷），文物出版社1996年1月。

1.

图一

器形：残陶片　　　　出土：河北易县燕下都遗址

国别：燕　　　　　　著录：无

释文：左市攻(工)□　　现藏：温先浪先生藏

说明：此陶文未见著录，释为"市"。此字常见于燕国玺印，罗福颐先生主编的《古玺汇编》[①]就收录了多枚有"市"字印文的燕国玺印。燕国文字中"市"字作：《玺汇》[②]0292、《玺汇》0354、《玺汇》0361、《玺汇》0870、《玺汇》5570、《玺汇》1599、《陶汇》[③]4·20。此陶文虽残，但根据残存部分和以往资料，可以释出第一字为"左"。"左市"连用的做法，亦见于燕国官玺。日本学者小林斗盦先生编著的《中国玺印类编》[④]就收录了一方"左市"铭文燕国官玺。(见图一)此印最早收录于清同治元年(1862年)吴云先生编集的《二百兰亭斋古铜印存》[⑤]，可与此陶文作比较研究。"攻"字亦为燕陶特有。末字不可识，或从"聿"。综上所述，此陶文为燕陶文无疑。

2.

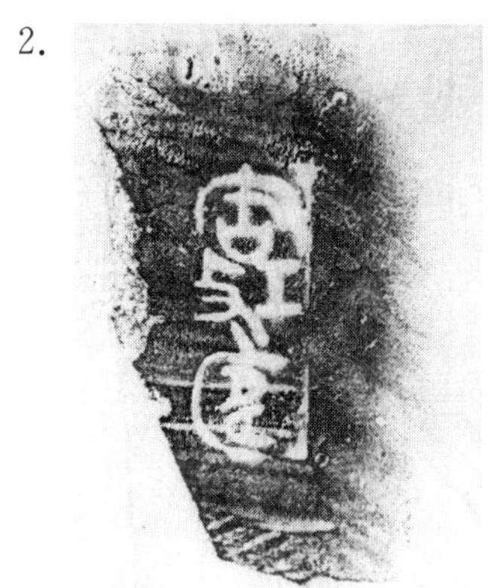

器形：残陶片　　　　出土：河北省易县燕下都遗址

① 罗福颐：《古玺汇编》，文物出版社1981年12月。

② 文中《玺汇》，指罗福颐先生《古玺汇编》，文物出版社1981年12月。

③ 文中《陶汇》，指的是高明先生《古陶文汇编》，中华书局1990年3月。

④ 〔日〕小林斗盦：《中国玺印类编》，天津人民美术出版社2004年6月。

⑤ 吴云：《二百兰亭斋古铜印存》，西泠印社1983年12月。

国别：燕　　　　　　　　著录：无

释文：匋(陶)攻(工)⿷匚臣　　现藏：温先浪先生藏

说明：“⿷匚臣”，应为陶工名。从字形来看，此字从“匚”。天津博物馆编著的《天津博物馆藏玺印》[①]一书中收录一方燕国私玺，释文为“公孙⿺辶臣”。“公孙”为姓氏，“⿺辶臣”为人名。可证“⿷匚臣”字为燕国特定写法。

3.

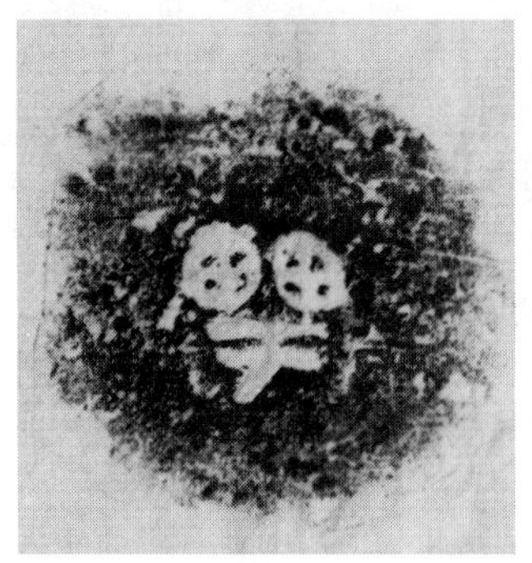

器形：残陶片　　　　　　出土：河北省易县燕下都遗址

国别：燕　　　　　　　　著录：无

释文：𦊓　　　　　　　　现藏：自藏

说明：《陶汇》曾收录齐陶文：《陶汇》3·237、[illegible]《陶汇》3·311。此字吴良宝先生隶定为“𦊓”，认为是“瞿”之异体字。[②] 徐在国先生亦从此说。[③] 燕陶文中此字或为首次发现，其字形与齐陶文大致相同，再次印证了许多学者指出的齐系文字和燕系文字形体相近的说法。

4.

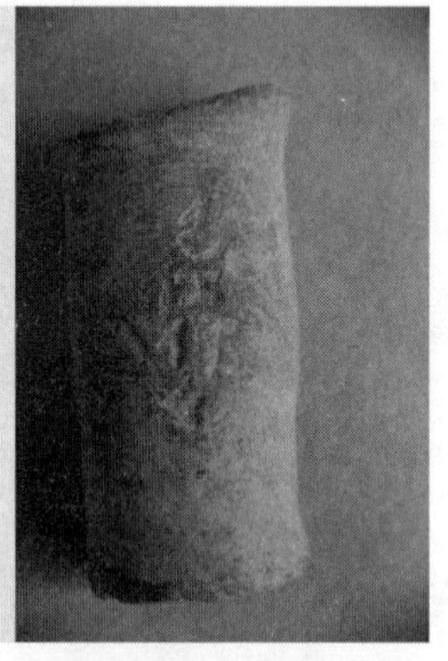

器形：残陶豆　　　　　　出土：河北省易县燕下都遗址

国别：燕　　　　　　　　著录：无

释文：匋(陶)工趣　　　　现藏：自藏

说明：“趣”，陶工名，“趣”字从“走”，“取”声。

---

① 天津博物馆：《天津博物馆藏玺印》，文物出版社 2013 年 11 月，第 41 页。

② 吴良宝：《玺陶文字零释(三则)》，载《中国古文字研究》(第一辑)，吉林大学出版社 1999 年 6 月，第 154 页。

③ 徐在国：《〈陶文字典〉中的释字问题》，载《安徽大学汉语言文学研究丛书·徐在国卷》，安徽大学出版社 2013 年 5 月，第 233 页。

5.

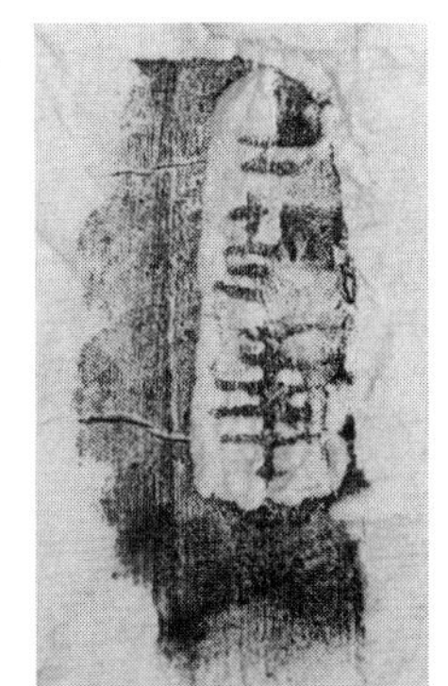

器形:残陶片　　　　出土:河北省易县燕下都遗址
国别:燕　　　　　　著录:无
释文:士攻(工)□　　现藏:自藏

说明:“攻”为反文,末字不可识。

6.

器形:残陶片　　　　出土:河北省易县燕下都遗址
国别:燕　　　　　　著录:无
释文:□　　　　　　现藏:温先浪先生藏

说明:《陶文图录》[①]4·168·5。与此字在字形上相类,或为一字。

7.

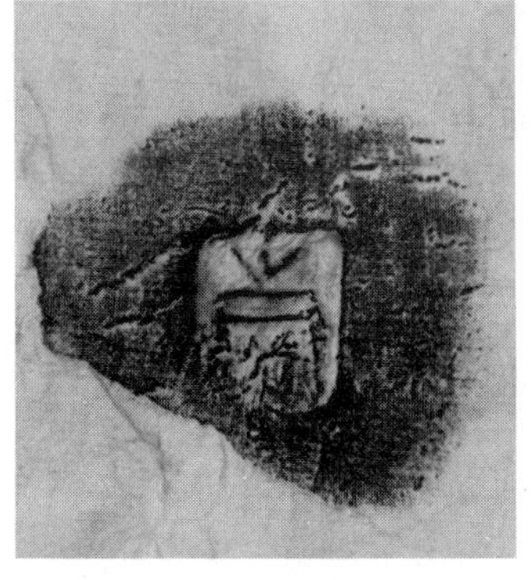

① 王恩田:《陶文图录》,齐鲁书社 2006 年 8 月,第 1686 页。

器形：残陶罐；残陶豆　　出土：河北省易县燕下都遗址

国别：燕　　著录：无

释文：青　　现藏：自藏

说明：两字均释为“青”。其一为打印，其一为刻划。在此将其放在一起比较研究。“青”亦见于战国单字玺印。

8.

器形：残陶片　　出土：河北省易县燕下都遗址

国别：燕　　著录：无

释文：阳　　现藏：自藏

说明：当为陶工名。

9.

器形：残陶片　　出土：河北省易县燕下都遗址

国别：燕　　著录：无

释文：名　　现藏：自藏

说明：战国文字“名”字或作：包山 32、包山 249 反、郭店·语丛 1·2、郭店·语丛 3·29[①]。均与此字近似。陶文中“名”字作：《陶汇》3·89，与此字更为近似，只是偏旁位置发生了改变。因此，我们将此字暂释为“名”。

---

① 汤余惠：《战国文字编》，福建人民出版社 2001 年，第 65 页。

10. 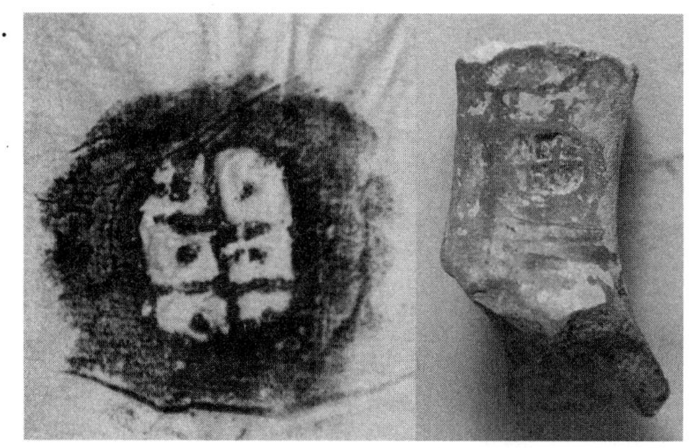

器形:残陶豆　　出土:河北省易县燕下都遗址
国别:燕　　著录:无
释文:□　　现藏:自藏

说明:不可识,亦未有著录。

以上所录十方燕陶文,均为河北易县燕下都遗址出土,其中有一些新见字,丰富了我们对燕陶文的认识。

(杨烁:河北师范大学美术与设计学院,050024,石家庄)

释“染”*

刘 刚

提要 见于楚简和燕国玺印的从水、从禾的“沶”应该释为“染”。“沶”和“湫”在楚简中可读为“湛”，用作地名；燕国玺印的“沶单”可读为“黏蝉”；哀成叔鼎的“盉蒦”可读为“染污”。

关键词 染 湛水 黏蝉

一

古文字中有这样一个形体，学者多把此字隶定为“沶”：

天星观卜筮简（举祷沶京渎豢酉飤）①

清华简系年 085 清华简系年 130

 玺彙 0018 沶□都司徒 玺彙 0055 沶□都左司马② 集成 10426 沶单睘小器

“沶”又或从皿，或从水，可分别隶定为“盉”和“湫”：

集成 2782 哀成叔鼎

新蔡简甲三 414 、412 清华简楚居

新蔡简甲三 414 、412 简文“鬫於湫☐”，“湫”用作地名。宋华强先生认为“湫”字应该是“沶”之异体，可信。“湫”也可能是“沶”作为水名的专字。《玉篇・水部》有用作水名的“沶”字，根据反切当从“禾”声，与古文字“沶”应该无关③。学者或把这些字

* 本文是国家社科基金青年项目“晋系文字分国研究”（批准号：14CYY057）的阶段性成果。写作过程中曾得到邬可晶先生和刘洪涛先生的帮助，谨致谢忱。

① 滕壬生：《楚系简帛文字编（增订本）》，湖北教育出版社 2008 年 10 月，第 950 页。

② 同形辞例尚有《古玺汇编》5545“沶□都司工”、《中国书法全集・篆刻・先秦玺印》“沶□都𠬝”，参见施谢捷：《古玺汇考》，安徽大学 2006 年博士学位论文，第 86 页。

③ 参见何琳仪：《战国古文字典》，中华书局 1998 年，第 538 页。

和仲𫫇父盘中的“⿰氵禾”字联系起来，把它们释为“黍”[①]，宋华强先生指出：“⿰氵𣏟”形与新蔡简“(黍)”字写法不同，似乎有利于说明“⿰氵𣏟”不是“黍”字。[②] 甲骨文“黍”字多作散穗形，或在黍旁加水形或水点形，加了水形的“黍”又可以写得和“禾”形类似[③]。这种形体的“黍”有演变为“⿰氵禾”字的可能，所以宋文认为也不能排除“⿰氵𣏟”是“黍”异体的可能性。不过，战国文字中较确定的“黍”字没有写成从水的[④]，把“⿰氵禾”字释为“黍”，也并不能读通上揭古文字资料，因此“⿰氵禾”字的释读应该考虑别的可能。

《清华简·系年》的原文为：

> 第十六章：楚共王立七年，令尹子重伐郑，为“⿰氵禾”之师。
>
> 第二十三章：明岁。郎庄平君率师侵郑，郑皇子、子马、子池、子封子率师以交楚人，楚人涉“⿰氵禾”，将与之战，郑师逃入于蔑。楚师围之于蔑，尽逾(降)郑师与其四将军，以归于郢，郑太宰欣亦起祸于郑，郑子阳用灭，无后于郑。

与第十六章对应的文句，《左传·成公七年》作：“楚子重伐郑，师于氾。”杜预注：“郑地，在襄城南。”董珊先生认为“⿰氵禾”即“氾”字，“⿰氵禾”字的右旁“禾”形是“朿”的讹体，“朿”與“氾”古音很近[⑤]。今按，曾侯乙钟有“朿”字[⑥]，和所谓的“禾”形体不近，恐无由相混，认为“⿰氵禾”就是“氾”字的说法不可信。

我们认为“⿰氵禾”字当释为“染”。传抄古文“染”字作[⑦]：

集古文韵卷三 21 籀 古文四声韵 3·29 籀

前一形体右旁和“禾”形相近，都是在“木”形上加一斜笔，它和我们上文讨论的“⿰氵禾”应该是一个字，不同之处主要是“木”形上斜笔的方位一在左而一在右。传抄古文中当然也有部分不可靠的字形，有些形体是后人根据篆文隶书逆推臆造而成的[⑧]，但从逻辑上说，后人不会伪造这种和篆文形体差别很大的“染”形。我们认为“染”字的这种形体是渊源有自的，比《古文四声韵》所录更为接近“染”字的原貌。

《清华简·楚居》的“⿰氵𣏟”字，同样用为地名，复旦读书会疑其与《关沮秦汉墓竹简》

---

① 仲𫫇父盘“⿰氵禾”字的释读参看周法高：《金文诂林》，香港中文大学 1974 年，第 4529 页。

② 宋华强：《新蔡葛陵楚简初探》，武汉大学出版社 2010 年，第 449 页。

③ 参见裘锡圭：《甲骨文中所见的商代农业》，《古文字论集》，中华书局 1992 年，第 155 页。

④ 如秦简的云梦日乙 47 周 354，齐陶文陶录 2·50·1 陶录 2·50·2，三晋货币货系 310 货系 309 等。

⑤ 董珊：《读清华简〈系年〉》，复旦大学出土文献与古文字研究中心网站 2011 年 12 月 26 日。参见董文后有高散人的跟帖及战国时代(董珊先生)的回帖。

⑥ 李守奎：《楚文字编》，华东师范大学出版社 2003 年，第 436 页。

⑦ 徐在国：《传抄古文字编》，线装书局 2006 年，第 1121 页。

⑧ 张富海：《汉人所谓古文之研究》，线装书局 2007 年，第 329 页。

周家台秦简315.24的“”是一字之繁简体，应该是正确的[①]。周家台秦简的“”字，学者多读为“和”[②]，陶安、陈剑先生指出其形“禾”旁左上角还多出一笔，应该释为“染”[③]，我们赞同此说。虽然两位先生认为周家台秦简“”字右旁实不从“禾”，但这并不影响把“”和“沶”视为一字的结论(说详下文)。周家台秦简原文是：

去黑子方：取稾(藁)本小弱者，齐约大如小指。取柬灰一升，渍之。沶稾(藁)本柬灰中，以靡(摩)之，令血欲出。

“柬灰”可读为“楝灰”。《说文》：“楝，木也。”《考工记·㡛氏》用来“涑帛”的“栏灰”，孙诒让认为就是“楝灰”[④]。“楝灰”是古代涑丝帛时常用的漂白剂，因此可以用来去黑子。《考工记·钟氏》：“淳而渍之，三入为纁，五入为緅，七入为缁。”记载的是染羽的方法，其中的“渍之”和关简的“渍之”皆是用水浸润之义。简文的意思是说把藁本放入渍后的楝灰中浸染。《左传·宣公四年》：“子公怒，染指于鼎，尝之而出”，“染”字的用法与简文类似[⑤]。

《马王堆帛书·养生方》有“染”字作：[⑥]

养生方049 辄复染　养生方059 水染其汁

《说文》：“染，以缯染为色。从水、杂声。”徐锴曰：“《说文》无杂字。裴光远云：从木，木者，所以染梔茜之属也。从九，九者，染之数也，未知其审。”“杂”字是从“雜”字分离出来的一个部件，其出现当不至于太早，但也不会晚于东汉。从《说文》对“染”字的解释来看，人们对“染”字的造字本义已经不清楚了。

史侯家染杯有“染”字作“”[⑦]，与帛书“染”字形体相近。陶安、陈剑先生认为“染”字本从“朵”[⑧]，“朵”为声符(“染”古音属日母谈部，“朵”为端母歌部)，并援引“那”(泥母歌部)从“冉”(日母谈部)得声为据，可信。《说文》：“朵，树木垂朵朵也。从木、象形，此与采同意。”段注云：“枝叶华实之垂者皆曰朵朵。”“采”即“穗”字，禾谷的

---

① 复旦读书会：《清华简〈楚居〉研读札记》(蒋文执笔)，复旦大学出土文献与古文字研究中心网站2011年4月16日。

② 张显成主编：《秦简逐字索引》，四川大学出版社2010年，第361页；方勇：《秦简牍文字汇编》，吉林大学2010年博士学位论文，第263页。

③ 陶安、陈剑：《〈奏谳书〉校读札记》，《出土文献与古文字研究》第四辑，上海古籍出版社2011年12月，第395页。

④ 孙诒让：《周礼正义》，中华书局1987年12月，第3318页。

⑤ 上引陶安、陈剑文也举出了一些从文意上把周家台简此字释为“染”的依据，可参看。

⑥ 陈松长编著：《马王堆帛书文字编》，文物出版社2001年，第441页。

⑦ 徐中舒主编：《秦汉魏晋篆隶字形表》，四川人民出版社1986年，第812页。

⑧ 秦汉简“朵”字作：岳麓简《爲吏治官及黔首》0925“毋朵不年别”，马王堆十六经103“我将观其往事之卒而朵焉”。

穗子也是下垂的,《甲骨文合集》19804 的“[glyph]”形和 9464 正的“[glyph]”形,突出成熟的谷子谷穗下垂的特点,有学者认为就是“穗”字的初文,可能是正确的[①]。或许因为“穗”字的造字方法和“朵”字类似,所以《说文》用“采”来和“朵”比附。回过来再看本文开头所列举的那些“沬”字,其实都不是从禾的。所谓的“禾”形本来是在“木”上加一斜笔,来表示草木枝叶华实的下垂之形,其真正指代的应该是“朵”,这些字如果严格隶定的话当为“泶”。虽然“沬”字右旁在外形上和“禾”无法区分,不过因为有“水”这个偏旁的制约,还是可以把“沬”字的右旁看作“朵”形。“朵”字在先秦典籍中仅见于《周易·颐》,而上博楚简《周易·颐》的“朵”字用假借字“𣪊”来表示。这表明“朵”最开始的时候或许并不单独使用,而是从“染”中割裂出来的。从这个意义上讲,与其说“染”从“朵”声,不如说“朵”从“染”声。后来,单独出现的“朵”字为了和“禾”字相区别,同时为使字义更加明确,又加上了指事符号,变成秦汉文字中的“朵”。传抄古文的“[glyph]染(泶)”字右旁可能反映了早期“朵”字的写法,其斜笔上也还没有指事符号。很难设想在战国文字里还有另外一个在“[glyph]”右旁“禾”形上再多加一斜笔的“泶”字。

“染”字所从的“朵”可能也兼表义的作用,这大概和古人用以染色的材料有关。我国染色的历史开始很早,《周礼》一书记载的与染色有关的职官就有“染人、掌染草、钟氏”等。古代染色方法主要有“石染”“草染”两种[②],“石染”用丹、青等矿物染料,“草染”则用植物染料,古人染色以植物染料为主[③]。而这些植物被用为染料的大多都是它们的枝叶华实,所以古人就造了从水、从朵(表示枝叶华实)的“染(泶)”字。

《金文总集》6753 仲𣪘父盘铭文“[glyph][glyph](粱)[glyph][④]麦”。“[glyph]”字右旁所从仍是标准的禾形,和“朵”有别。根据其在铭文中的用法,仍以释为“黍”为宜。“[glyph]”可能确实是由加了水形的甲骨文“黍”字演变而来的。前面已经指出,战国时代的“黍”字已经不作“沬”形,不会和“泶”相混。为了讨论的方便,下文我们仍采用通行的隶定。

二

《清华简·系年》第十六章的“沬(染)”字,《左传》对应之字作“氾”。“氾”即古书

---

① 参见裘锡圭:《甲骨文中所见的商代农业》,《古文字论集》,中华书局 1992 年,第 155 页。

② 钱玄:《三礼辞典》,江苏古籍出版社 1993 年,第 561 页。

③ 孙机:《汉代物质文化资料图说》,上海古籍出版社 2008 年,第 84 页。

④ 周忠兵:《说仲𣪘父盘的“菽麦”》把此字隶从“采”,读为“菽”。《典籍与文化:古委会第三届青年学者学术研讨会文集》,2011 年 10 月,南京。

所谓的“南氾”，在今河南中牟县北七十里，清《一统志》云：“氾水亦名七里河，由北折而南，至城东七里入于汝。”“氾”字古音滂母谈部，“染”字日母谈部，两者韵部相同，声母有一定的距离，恐怕不是通假的关系①。

《左传》和楚简在叙述同一场战争所用名称或有不同，比如《左传·宣公十二年》记载的晋楚“邲”之战，《上博七·郑子家丧》就作“两棠之役”。孙人和考证“两棠”即“狼汤渠”，是“济水”的支流，而“邲”是“济水”流经荥阳一段的名称②。推测楚人是以自己军队的驻扎地为战役命名。

“染”或即文献所见之“湛水”。《周礼·夏官·职方氏》：“其川江汉。其浸颍湛。”《说文》：“湛水，豫州浸。”《水经·汝水》注云：“《春秋》襄公十六年，晋伐楚，楚公子格及晋师战于湛阪……湛水之北，山有长阪，盖即湛水以名阪，故有湛阪之名也。”“湛水”源出今河南宝丰县西南，经平顶山市叶县，至襄城县入北汝河③。“湛”古音属澄母侵部，与“染”声韵皆近。“染”与“苒”字可通，《诗·小雅·巧言》：“荏染柔木。”《说文》引“染”作“苒”。而“冉”声字、“甚”声字皆可与“占”声字通。《尔雅·释虫》：“蠠，蛅蟴。”《释文》：“蛅字或作蚺。”《尔雅·释宫》：“椹谓之榩。”《释文》：“椹本或作砧。”④所以“染”可以读为“湛”。“湛水”位于“氾”之南⑤，是楚军在“氾”攻郑的必经之地。所以《清华简·系年》二十三章说“楚人涉‘沋(染/湛)’，将与之战。”

《清华简·楚居》的“湫”字相关的简文是：

> 至文王自疆浧(郢)逿(徙)居湫＝郢＝(湫郢，湫郢)逿(徙)居䕭＝郢＝(䕭郢，䕭郢)逿(徙)居为＝郢＝(为郢，为郢)退(复)【8】逿(徙)居免郢，女(焉)改名之曰福丘。
>
> 至献惠王自媺(媺)郢逿(徙)衺(袭)为郢。白公记(起)祸，女(焉)逿(徙)衺(袭)湫郢，改为之，女(焉)曰肥【13】遗，以为凥(处)于酉＝澫＝(酉澫，酉澫)逿(徙)居鄩＝郢＝(鄩郢，鄩郢)逿(徙)居鄩吁。王大(太)子以邦退(复)于湫郢，王自鄩吁逿(徙)郗(蔡)，王大(太)子自湫郢【14】逿(徙)居疆郢。王自郗(蔡)退

① 文献中虽然有与两者音韵地位相似的“贬”和“黏”间接通假的例证，《论语·阳货》：“古之矜也廉。”《释文》：“鲁读廉为贬。”《考工记·轮人》：“亦弗之溓也。”郑注：“郑司农云：‘溓读为黏。’”但读“染”为“氾”，终觉难安。

② 参见孙人和：《左宧漫录·两棠考》，《文史》第二辑，中华书局1963年4月，第45页；葛亮：《〈上博七·郑子家丧〉补说》，载《出土文献与古文字研究》第三辑，复旦大学出版社2010年7月，第246页。

③ 史为乐主编：《中国历史地名大辞典》，中国社会科学出版社2005年3月，第2601页。

④ 高亨：《古字通假会典》，齐鲁书社1989年，第239页、259页。

⑤ 谭其骧主编：《中国历史地图集》第一册，中国地图出版社1982年10月，第29—30页。

(复)郊(鄢)。

可知自楚文王都“湫”以来,“湫”郢只在“白公之乱”时被楚惠王用为陪都。《史记·楚世家》有关此事的记载语焉不详,只说“惠王从者屈固负王亡走昭王夫人宫”。昭王夫人宫处于何地不得而知,《新序》言:“白公胜将弑楚惠王,王出亡。”说明楚惠王还是逃离了当时的郢都。“白公之乱”的结果是叶公“帅方城外以入,杀白公而定王室。”[①]当时楚惠王的出亡方向,自然是以方城之外有勤王之师的地方为宜,所以楚惠王选择“湛水”之滨的“湫郢”作为避难的陪都是很自然的事情。且“湫郢”近郑,“白公之乱”的直接原因就是白公胜怨郑人杀其父,屡欲伐郑而执政子西不许。以“湫郢”为都,一旦叶公勤王之事不遂,还可以逃入郑国,不管从哪方面说都是很好的选择。

天星观卜筮简的“沬京”和新蔡简的“湫”也是地名,都是用作祭祷对象,很可能与《楚居》的“湫郢”为一地。“湫郢”作为楚国旧都,与其用为祭祷对象的地位也很相称。

三

《集成》2782哀成叔鼎的“湗”字从水、从朵、从皿,因为染色要用到器皿,所以这个字可能是“染”之繁体。哀成叔鼎铭文为:

> 正月庚午,嘉曰:余郑邦之产,少去母父,乍(作)铸飤器黄镬。君既安吏(惠),亦弗其湗蒦,嘉是隹(唯)哀成弔(叔)。哀成弔(叔)之鼎,永用禋祀。死于下土,台(以)事康公,勿或能訇(台—怠)。

多数学者都认为铭文中的“君”指下文的“康公”,但是这样理解铭文很难读通。赵振华先生将“安”字解释为“安息”,“吏”属下读为“唯”,似有未安[②]。“湗蒦”一词张政烺先生读为“尃(布)濩”,李学勤先生读为“顾护”[③],赵平安先生读为“黍臛”[④],皆是据“黍”字为说。既然“湗”字不是“黍”,这些读法也就不可信了。刘宗汉先生认为“湗”从“禾”得声, 把“湗蒦”读为“跛扈”,亦不可从[⑤]。

---

① 参见王利器整理:马骕《绎史》,中华书局2002年,第2297页。

② 赵振华:《哀成叔鼎的铭文与时代》,《文物》1981年7期,第68页。

③ 李学勤:《考古发现与东周王都》,载《欧华学报》第一期,1983年;又《新出青铜器研究》,文物出版社1990年,第234页。蔡运章《哀成叔鼎铭考释》赞同李说,载《中原文物》1985年4期。

④ 赵平安:《哀成叔鼎“湗蒦”解,《中山大学学报(社会科学版)》1992年第3期。

⑤ 刘宗汉:《哀成叔鼎“君既安惠,亦弗其湗蒦”解》,《洛阳考古四十年——1992年洛阳考古学术研讨会论文集》,科学出版社1996年,第274页。

彭裕商先生把“叀”字属上读为“惠”①，张政烺先生认为“哀成叔”乃谥号，此鼎乃其家人为其作器②，陈英杰先生指出“君”可以是作器者对已逝先人的称谓③，这些意见应该都是正确的。我们认为铭文此处的“君”即指哀成叔，“君既安叀（惠），亦弗其㳄蒦”这句话是作器者对哀成叔品行的概括，然后下面引出谥号。“弗”作为否定词与“其”连用，甲骨卜辞习见④。“㳄蒦”可以读为“染污”。“蒦”声字和“于”声字可通，《楚辞·渔父》之“温蠖”即《韩诗外传》卷一之“混污”⑤，是其证。“污”可以用来修饰品行，《吕氏春秋·审分》：“赞以洁白，而随以污德。”“染污”这个词也可以用来说明魂灵、品行：

> 且冯贵人冢墓，为贼所掘，骸骨发露，与贼并尸，魂灵染污，不宜配至尊。（《后汉孝灵皇帝纪上卷第二十三》）
>
> 当窦、邓、阎氏之盛，直道而进，无所屈挠。三家既败，多有染污者，敬居然自适，引谤不及己，当世以此奇之。（《后汉孝顺皇帝纪上卷第十八》）

“君既安叀（惠），亦弗其染污，嘉是隹（唯）哀成弔（叔）。”这句话的意思就是：“哀成叔安仁和惠，也从来没有沾染不好的品行，嘉的谥号就是哀成叔。”之所以强调“（哀成叔）亦弗其染污”，可能与下文说“死于下土，台（以）事康公”有关。古人认为只有品行无污染的人死后才能继续侍奉地下的君王，上引《后汉孝灵皇帝纪》“（冯贵人）魂灵染污，不宜配至尊”是从反面立说，可资参证。

四

燕系古文字资料常见“某某都”和“某某睘（县）”，赵平安先生认为“某某”应该都是燕国的县⑥。集成10426“沗（染）”后一字可以释作“单”。“沗单”，读为“黏蝉”⑦。《汉书·地理志》乐浪郡下有“黏蝉”，《地理志》多存先秦古地名，“黏蝉”在战国时可能

---

① 彭裕商：《嘉鼎铭文考释》，考古与文物丛刊第二号《古文字论集》（一），1983年，第36页。

② 张政烺：《哀成叔鼎释文》，《古文字研究》第五辑，1981年，第27页。

③ 陈英杰：《金文中“君”字之意义及其相关问题探析》，刊《中国文字》新33期，艺文印书馆2007年12月。但陈氏认为此铭“君”指郑康公，与我们的意见不同。

④ 裘锡圭：《说弜》，载《古文字研究》第一辑，中华书局1979年。

⑤ 汤炳正：《释“温蠖”兼论先秦汉初屈赋传本中两个不同的体系》，载《屈赋新探》，齐鲁书社1984年，第110页。

⑥ 赵平安：《论燕国文字中的所谓“都”当为“县”字》，《语言研究》2006年第4期。

⑦ 关于“染”“黏”二字的通假可以参见86页注④。

是燕国属县。《一统志》言其故城在平壤西南，治今朝鲜平安南道南浦市北[①]。《史记·朝鲜列传》："自始全燕时，尝略属真番、朝鲜，为置吏，筑障塞。"索隐云："始全燕时，谓六国燕方全盛之时。"又引如淳注曰："燕尝略二国以属已也。"[②]可证战国时期燕国的势力范围确实已到达朝鲜。考古发现也能为此提供一些证据，朝鲜半岛北起慈江道、平安北道、平安南道，南至全罗南道都出土过燕国的主要货币燕明刀[③]。

玺汇 0018"沶□都司徒"和玺汇 0055"沶□都左司马"，"沶"后一字作"、"，颇疑也是"单"字。战国文字中"单"字的写法有两类，一种竖笔上有短横，还有一种下部作三叉形：

璽彙 0297 璽彙 0361 陶錄 3·36·3 陶錄 3·37·5

玺汇 0018、0055 的"单"字可能是由下部作三叉的形体省变而成的。这种"某某都"和"某某睘(县)"同名的情况在燕系古文字资料中也不是绝无仅有的，"方城睘(县)"小器在玺汇 0016 中又作"方城都"，可以类比。

（刘刚：安徽大学汉字发展与应用研究中心，
出土文献与中国古代文明协同创新中心，230039，合肥）

① 周振鹤：《〈汉书·地理志〉汇释》，安徽教育出版社 2006 年，第 423 页。

② 中华标点本《史记》，中华书局 1982 年，第 2985 页。

③ 李学勤：《冲绳出土明刀论介》，《中国钱币》1999 年 2 期，又《李学勤文集》，上海辞书出版社 2005 年，第 307 页。

说“徙”

刘　云

提要　甲骨文中的[illegible]、[illegible]，罗振玉认为是表示洗脚之意的“洗”的初文，本文认为这一考释是正确的。早期古文字中的数小点，在晚期古文字中有时演变为“小”或“少”，根据这一规律，本文推测秦汉文字中“徙”字[illegible]的右部是从甲骨文中的[illegible]演变而来。“洗”“徙”古音相近，秦汉文字中的“徙”字应分析为从“彳”，以“洗”的初文为声。本文还将甲骨文中的[illegible]、[illegible]释为“徙”，前者从“行”，后者从“彳”，两者皆以“洗”的初文为声。本文还将[illegible]、[illegible]视为一字，并将它们分析为从“土”，以“洗”的初文为声。两字都与处置农田有关，又都从“土”，或是“徙田”之“徙”的专字。

关键词　徙　洗　甲骨文　秦汉文字

甲骨文中的A作：

[illegible]《合》18805　　[illegible]《合》5540

[illegible]《合》13410　　[illegible]《合》7508

学界一般将其释为“沚”。① 甲骨文中的“水”旁一般不写作数小点，而A皆从数小点，将其释为从“水”、“止”声的“沚”显然是不合适的。罗振玉认为A所从“止”表示脚，所从数小点表示水，整个字像“置足于水中”之形，是表示洗脚之意的“洗”的初文。② 罗氏此说颇有道理。

甲骨文中的B作：

[illegible]《合》4819　　[illegible]《怀》364

[illegible]《屯》917　　[illegible]《合》5769 正

学者将B或释为“洗”，或释为“市”，或释为“前”，或释为“湔”。③ 释“市”显然是不对的。“前”从“止”从“舟”，B下部所从明显不是“舟”，释为“前”“湔”也没有什么根据。释“洗”之说也是由罗振玉提出来的，他认为B是在A的基础上增加盛盘之形而

① 于省吾主编：《甲骨文字诂林》，中华书局1996年5月，第766—774页。

② 于省吾主编：《甲骨文字诂林》，第850页。

③ 于省吾主编：《甲骨文字诂林》，第849—852页。

形成的，是 A 的增繁字。我们认为此说最有道理。B 从表示脚的“止”，从表示水桶的“用”或“同”，或从水点之形，或省略水点之形，像在水桶里洗脚之状，将 B 释为表示洗脚的“洗”是再合适不过的了。不过需要指出的是，B 不一定是 A 的增繁字，也有可能“洗”字本作 B，后来减省为 A。王子杨先生对释 B 为“洗”有所补证，[①]王先生的补证论述细密，大家可以参看。

总之，A、B 都是“洗”字，一个是简体，一个是繁体。刘钊先生主编的《新甲骨文编（增订本）》即将 A、B 都收入“洗”字下。[②]

A、B 都是方国名。有的学者在将 A、B 释为“洗”字的基础上，将它们读为“莘（姺）”，理解为古莘（姺）国，[③]这或许是正确的。

将 A 释为“洗”字，可以帮助我们弄清秦汉文字中“徙”字的形体来源。

《说文·辵部》：“徙，迻也。从辵，止声。”“止”的上古音为章母之部，“徙”的上古音为心母支部，两者语音不近，《说文》说“徙”从“止”声，难以令人信从。

秦汉文字中的“徙”字多作[illegible]（睡虎地秦墓竹简《日书》乙简 231 贰）、[illegible]（银雀山汉墓竹简《孙膑兵法》简 389 正），秦汉以后的文字也或有作此类形体的。[④] 这类“徙”字与《说文》“徙”字正篆相似，但不同，右上角不是“止”，而是“少”字形。李家浩先生根据这类“徙”字，指出《说文》“徙”字正篆所从的“止”是“少”的讹体，并进一步指出“徙”字所从的“少”是“沙”之省，作“徙”字的声旁。[⑤]

李先生认为《说文》“徙”字正篆所从的“止”是“少”的讹体，显然是可信的。李先生这一发现无疑加深了我们对“徙”字构形的理解。“沙”与“徙”古音相近，所以李先生说“徙”字从“沙”省声，看起来也十分合理，信从者很多，本人也曾深信不疑。但是李先生的说法也不是完全没有问题。我们知道，说一个字从某省声，一般应有该字从某不省声的例子。但值得注意的是，这类“徙”字数量不少，均从“少”，不从“沙”。如果“徙”字真是从“沙”省声的话，这是很奇怪的事情。

陈剑先生认为：“‘少’本就象沙粒之形，很可能它最初就是一形多用的，既可以用来表示‘沙’这个词，也可以用来表示‘沙’所具有的特点‘小’，‘小’、‘少’本为一字之分化。”[⑥]这样一来，这类“徙”字似乎就可以理解为从“少（沙）”声了。不过这一说法

---

① 王子杨：《甲骨文字形类组差异现象研究》，中西书局 2013 年 10 月，第 230—241 页。

② 刘钊主编：《新甲骨文编（增订本）》，福建人民出版社 2014 年，第 632—634 页。

③ 于省吾主编：《甲骨文字诂林》，第 769、850 页。

④ 俞伟超：《中国古代公社组织的考察——论先秦两汉的“单—僤—弹”》，文物出版社 1988 年 10 月，第 12 页。

⑤ 俞伟超：《中国古代公社组织的考察——论先秦两汉的“单—僤—弹”》，第 11—15 页。

⑥ 陈剑：《甲骨金文“𢦏”字补释》，《古文字研究》第 25 辑，中华书局 2004 年 10 月，第 44 页注 4。又载《甲骨金文考释论集》，线装书局 2007 年 4 月，第 101 页注 3。

虽然在逻辑上有一定道理，但在文字学上并没有十分坚实的证据，至今似乎还没有发现明确用为“沙”的“小”或“少”。[①] 陈剑先生认为“贞”字所从的“小”为“沙”的象形初文，在字中作声旁，并举出语音上的证据：“‘贞’及从之得声的‘琐’、‘锁’等字跟从‘沙’声的‘莎’、‘娑’和‘挲’等字古音极近。”[②]陈先生此说颇有理据，但“贞”字也可以有其他合理的解释。我们认为“贞”字可能是“沙”字的另一种表意初文。陈先生已指出“贞”与“沙”古音相近，那么“贞”作“沙”的表意初文，在语音上是没有问题的。问题是“贞”字从“贝”从“小”，如何表示“沙”这个词呢？我们认为“贞”字所从的“小”表示的是沙，其所从的“贝”是衬托沙的。沙多见于水畔，其中常掺杂有贝壳，所以古人将“贝”与表示沙的“小”结合起来表示“沙”这个词。[③] “贞”字的这种造字方式与“沙”字十分相似。

我们认为这一类“徙”字或可换个思路来理解。

早期古文字中的数小点，在晚期古文字中有时演变为“小”，如：甲骨文中的“毓”字多作[古文字]（《怀》1368），后世演变为[古文字]（吕仲仆爵，《集成》9095）、[古文字]（班簋，《集成》4341）；甲骨文中的“闻”字或作[古文字]（《合》1075 正），后世演变为[古文字]（大盂鼎，《集成》2837）。早期古文字中的数小点，在晚期古文字中有时还演变为“少”，如：甲骨、金文中的“屎”字作[古文字]（《合》9572）、[古文字]（《合》5624）、[古文字]（师道簋，《新收殷周青铜器铭文暨器影汇编》964 页），战国时代演变为[古文字]（上博四《柬大王泊旱》简 10）。“小”“少”在古文字中常通用无别，所以这两条古文字演变规律可以视为一条。

根据上揭古文字演变规律，A 是很有可能演变为上从“少”、下从“止”的形体的。这种形体正与上揭秦汉文字中“徙”字的右部相同。我们认为秦汉文字中“徙”字的右部就是从 A 演变而来的，也就是说秦汉文字中的“徙”字是从“彳”，以“洗”的初文为声的字。金文中以“徙”字古文“屎”为声的字或读为“選”（选），[④]“選”从“巽”声，“巽”

---

① 在简帛网简帛论坛的帖子“关于取肤盘（集成 10126）的‘丽’字”中，youren 网友指出取肤盘中的“丽”字从“∵”，并认为“∵”是“小（少）”，在字中作声符。海天游踪网友在跟帖中援引陈剑先生的意见，认为该字中的“∵”为“小（沙）”，在字中作声符。“沙”“丽”古音相近，海天游踪网友的说法看起来十分合理。这似乎可以作为陈先生“小”、“少”、“沙”同形说的佐证。但“∵”恐怕不是“丽”字的一部分，而只是泐痕。金宇祥网友在上揭帖子的跟帖中，对不同拓本中该“丽”字的形体进行了集中胪列，可以明显看出，在大部分形体中，该“丽”字下部的“∵”并不明显，其为泐痕的可能性很大。退一步说，即使“∵”不是泐痕，恐怕也不能理解为“小（沙）”，因为“∵”与同时代的“小”不类，甚至与古文字中的绝大多数“小”不类。上述 youren 网友的意见后整理成文，参高佑仁：《取肤盘的“丽”字析辨》，载《第二十五届中国文字学国际学术研讨会论文集》，中国文化大学中国文学系 2014 年 5 月，第 261—272 页。

② 陈剑：《甲骨金文“[古文字]”字补释》，载《甲骨金文考释论集》，第 101 页注 3“编按”。

③ 推测“贞”字的早期形体，应该是像贝壳在沙中之形。将 A 所从的“止”替换为“贝”，当即是“贞”字早期形体的模样。后世文字中表示沙的小点整饰化，变为“小”字形，并居“贝”上，遂演变为今天我们看到的“贞”字。早期古文字中的数小点，在晚期古文字中演变为“小”的现象，详参下文。

④ 裘锡圭：《甲骨文中所见的商代农业》，载《古文字论集》，中华书局 1992 年 8 月，第 178 页。

的上古音为心母文部，“洗”的上古音亦为心母文部。“洗”从“先”声，“先”声字与“徙”声字有间接相通的例子。《庄子·让王》“原宪华冠縰履”之“縰”，《经典释文》云：“司马本作‘践’。”《史记·孝文本纪》“自当给丧事服临者，皆无践”之“践”，裴骃《集解》引晋灼曰：“《汉语》作‘跣’。”可见 A 在语音上是有资格作“徙”字的声旁的。

下面我们再看看甲骨文中的几个相关之字。

甲骨文中有一字，或作（《合》3205），或作（《合》15123）。该字从“行”或“彳”，从 B。B 为“洗”字初文，结合秦汉文字中“徙”字从“彳”，以“洗”的初文为声，该字可能也是“徙”字，从“行”或“彳”，B 声。该字在卜辞中数见，均为人名。

甲骨文中的 C 作（《合》8401），D 作（《合》10148）。C 从“土”从 B，D 从“土”从 A。A、B 为一字，那么 C、D 亦应为一字。

C、D 的辞例为：

……贞：呼戈人 C。 《合》8401

癸未卜，宾贞：𠂤D 田，不来归。十二月。

……令𠂤D 田，𠂤□不…… 《合》10146＋《合》10147[1]

……贞：勿令□D 田。十一月。 《合》10148

D 都出现于“田”字之前，而且其中两条卜辞中都有使令性动词“令”，根据 D 的语法位置，它应该是个动词，该动词显然与如何处置农田有关。C 所在卜辞中有使令性动词“呼”，根据 C 的语法位置，它也应该是个动词。C 后面的，根据卜辞文意来看，应该是个地名。卜辞中的地名有时可以代指该地的农田，这种现象也可以理解为地名之后省略了“田”字。[2] 这样看来，C 也有可能与如何处置农田有关。

王贵民先生认为 D 上从“沚（浞）”、下从“土”，“D 田”是引水灌田的意思。[3] 张政烺先生认为 D 从“止”、“土”声，将 D 读为“度”，认为“度田”指在开荒、除田等工作开始之前进行的度量土地的工作。[4] 温少峰、袁庭栋先生认为 D 从“土”从“洗”，义为泼水于地，是“洗”之异文，“洗”通“洒”，“洒田”是浇灌田地的意思。[5] 彭邦炯先生同意王贵民先生将 D 释为“浞”的意见，但认为“浞田”是“春播备耕的农活”。[6] 李旼姈先

① 蔡哲茂：《甲骨新缀二十七则》，《中国文化研究所学报》第四十六期，香港中文大学中国文化研究所 2006 年，第 9、24、25 页。

② 胡厚宣：《再论殷代农作施肥问题》，《社会科学战线》1981 年第 1 期，第 105—106 页。

③ 王贵民：《就甲骨文所见试说商代的王室田庄》，《中国史研究》1980 年第三期，第 60 页。

④ 张政烺：《释甲骨文“尊田”及“土田”》，载《张政烺文史论集》，中华书局 2004 年 4 月，第 604—606 页。

⑤ 温少峰、袁庭栋：《殷墟卜辞研究——科学技术篇》，四川省社会科学院出版社 1983 年 12 月，第 202—203 页。

⑥ 彭邦炯：《甲骨文农业资料考辨与研究》，吉林文史出版社 1997 年 12 月，第 409 页。

生亦认为D从“止”、“土”声，将D释为“徙”。[①] 陈逸文先生同意李旼姈先生释D为“徙”的意见，将“徙”读为“除”，认为“除田”是除草一类的农务。[②]

C、D显然是从“土”，以A、B为声旁的字。上揭说法在字形分析上大都存在比较明显的问题。值得注意的是，温少峰、袁庭栋先生已经意识到了D由“土”和“洗”两部分构成，不过他们将D理解为会意字，并进而认为是“洗”之异文，显然是讲不通的。

卜辞中有与处置农田有关的“屎田”的记载。关于“屎田”的含义，众说纷纭，[③]此不具引。李家浩先生将“屎田”之“屎”读为“徙”，认为“徙田”即古书中的“爰土”、“爰田”、“辕田”、“趄田”。[④] 我们认为李先生的意见很有道理。

秦汉文字中“徙”字的右部，即其声旁，从A演变而来，那么我们不难想到以A、B为声旁，且与处置农田有关的C、D，在卜辞中亦当读为“徙田”之“徙”。

卜辞中“屎(徙)”字的辞例如下：

己亥卜，大贞：呼般屎(徙)㞢𦬸。 《英》1995

甲子卜，𠂤贞：于翌乙丑屎(徙)𡏳。乙丑允屎(徙)𡏳，不…… 《合》9570

丙申卜，争贞：令逆屎(徙)㞢田，受年。 《合》9575

C、D的辞例与“屎(徙)”字的辞例比较相似，两者都有“呼某人去处置某处田地”“令某人去处置某处田地”的格式。这也可以证明我们将C、D读为“徙”是合理的。

C、D都读为“徙田”之“徙”，且都从“土”，我们怀疑C、D是“徙田”之“徙”的专字。

卜辞中的“屎”和D都表示“徙田”之“徙”，有意思的是，两字在后世依然都与“徙”字有着密切的关系。卜辞中的“屎”字，经学者研究，与《说文》“徙”字古文“𡳐”为一字，[⑤]而且战国东方文字中的“徙”字多从“辵”、“𡳐”声。[⑥] 卜辞中的D从“土”，A声，根据我们上文的讨论，秦汉文字中“徙”字的右部，即其声旁，是从A演变而来的。

---

① 李旼姈：《甲骨文字构形研究》，台湾“国立”政治大学中国文学系博士论文2005年6月，第15页。

② 陈逸文：《商代农业卜辞研究》，台湾“国立”政治大学中国文学系硕士论文2007年3月，第80—81页。

③ 于省吾主编：《甲骨文字诂林》，第21—30页。

④ 俞伟超：《中国古代公社组织的考察——论先秦两汉的“单—僤—弹”》，第14—15页。

⑤ 于省吾主编：《甲骨文字诂林》，第24—27页。俞伟超：《中国古代公社组织的考察——论先秦两汉的“单—僤—弹”》，第11—15页。季旭昇：《说徙》，载《第二十二届中国文学学国际学术研讨会论文集》，台湾逢甲大学中国文学系2011年4月，第197—204页。

⑥ 汤余惠主编：《战国文字编》，福建人民出版社2001年12月，第95—96页。黄德宽主编：《古文字谱系疏证》，商务印书馆2007年5月，第2340页。

这恐怕不是一个巧合，这说明记录“徙”这个词的文字，可能有并行不悖的两系，这两系文字各有自己的发展脉络，至秦书同文之后，其中一系消亡。

附记：本文蒙刘钊先生、王子杨先生审阅指正，谨致谢忱！

（刘云：河南大学文学院，475001，开封）

说“争”“静”是“耕”的本字[*]
——兼说甲骨文“争”表现的是犁耕

刘洪涛

提要 本文根据郭店楚简、上博竹简等资料中的“静”“耕”等字，认为“争”象二人持一耕作工具耕作之形，是耕作之“耕”的本字。“静”是在“争”字基础之上加注声符“青”形成的后起形声字，也是耕作之“耕”的本字。甲骨文“争”可能象二人持犁耕作之形，表现的是犁耕。

关键词 争 静 耕 犁耕

贾文先生在《说甲骨文“争”——古代的“耦耕”》一文中，提出甲骨文“争”字“从爰从力，义为‘耦耕’，是‘耕’的本字”的观点。[①] 这一见解十分精彩。我在读郭店楚简、上博竹简中有关“静”“耕”等字的材料的时候，也得出“争”“静”是“耕”的本字的结论，与贾先生的意见相合。但是我对甲骨文“争”字形义的理解跟贾先生有所不同。这是关系到我国上古耕作制度的重大问题，所以不揣鄙陋，把我的意见写出来，以就教于贾先生和各位专家。

应该指出，尽管我同意贾先生“争”是“耕”的本字的观点，但是他的论证是缺乏说服力的。第一，贾先生指出金文“静”字“争”旁中间所从是“力”，这是完全正确的。但他据此推论甲骨文“争”字所从也是“力”，则是不正确的。甲骨文“争”和“力”分别作下揭之形：

争：[illegible]《合》14194　[illegible]《合》542　[illegible]《合》911

力：[illegible]《合》22370　[illegible]《合》22323　[illegible]《合》22269

二者字形相差较远，不大可能是同一个字。旧把上一字释作“争”，主要的根据是它同金文“静”字所从“争”旁相近，例如于省吾先生说它们都象绳索萦绕之形，[②]这是不对

---

* 本文受2013年教育部人文社科学基金项目（13YJC770029）、2015年国家社科基金后期资助项目（15FYY010）资助。

① 贾文：《说甲骨文“争”——古代的“耦耕”》，《中国历史文物》2005年第3期，第61—63页。

② 于省吾主编、姚孝遂编撰：《甲骨文字诂林》，第999—1001页，中华书局1996年。

的。如上所述，贾先生已经指出金文“争”旁所从不是绳索形而是“力”，写法相近的甲骨文“力”字也可为证。而上揭所谓“争”字的字形，其中间部分与“力”字区别明显，不可能是“力”字的异体，贾先生的推论是不正确的。贾先生之所以得出错误结论，很可能跟他所摹“争”字字形有误有关。他所摹“争”字除最后一形外，其他都不见于《甲骨文编》。他可能是根据错误的字形，才得出错误的结论的。

第二，贾先生说所谓“争”字从“爰”，也是不对的。甲骨文“受”“爰”等字所从“爰”旁的两个手形是相对的，是“上下相付”的形象。而所谓“争”字的两个手形则是相背的。其下面的手形好像在拽中间的东西，上面的手形好像是在推或扶这个东西，跟“爰”是很不一样的。金文“静”字所从“争”旁的手形也是类似情形：

a.《集成》5408

b.《集成》4273　　《集成》2537

c.《集成》2836　　《集成》2841

a、b 两类字形下一手形和“力”形共用笔画，或许这样写就是表示手是放在“力”的前端推它的；c 类为晚期字形，下面的手形已经跟“力”写分开了。从这一点来看，金文“争”跟甲骨文所谓“争”字的联系也是不能轻易否定的。

第三，贾先生引用郭店楚简的两个字来证明自己的观点。第一个字作下引之形：

郭店《穷达以时》2 号

贾先生说此字从“田”从“争”省，是耕作之“耕”的异体，这是非常正确的。但是他因此就得出“争”就是“耕”的本字的结论，则是过于轻率的。此字的结构至少有两种可能，一是一般形声字，从“田”“争”声，可能因为经常假借“争”来表示“耕”，所以就在其上加意符“田”造出一个本字来；二是特殊形声字，即在表意初文“争”上加意符“田”而造的后起形声字。如果是第一种可能，则“争”只是一个纯粹的表音符号，无法成为证明“争”是耕作之“耕”本字的证据。只有第二种可能才能证明“争”是耕作之“耕”的本字。贾先生没有排除前一种可能，说明其论证还存在逻辑漏洞，无法使人信服。

贾先生所引第二个字作如下之形：

郭店《缁衣》11 号

此字从“禾”从“争”省，也应该是耕作之“耕”的异体，在《缁衣》中用作争抢之“争”。此“耕”字与上“耕”字一从“禾”，一从“田”，都与耕种有关，可以作耕作之“耕”的意符。此字的结构跟上字一样，也至少有两种可能，同样也排除不了“争”只是一个纯粹的表音声符的可能。这个例证也不能支持贾先生的观点，要想使人信服必须再找到其他的证据。

说“争”是“耕”的本字，这是一个文字学问题，所以必须从文字学本身入手，从文字的形、音、义三方面综合考虑。从字形来看，如上文所述，西周金文“争”象两只手推一个“力”形，“力”是耜一类的农业生产工具，[①]所以其字所表现的应该就是两手持一农业生产工具进行耕作的情形。从字音来看，上古音“争”“耕”都是耕部字，“争”声母属精母，“耕”声母属见母，看似不近，但“耕”之声旁“井”属精母，可见它们的读音还是非常近的。文献中“争”声字与“井”声字也经常通用。[②] 唯一困难的是，传世文献中很难找到“争”的意义与耕作有关的资料。上引从“田”从“争”和从“禾”从“争”的两个“耕”字，其中“争”旁也许只是一个纯粹表音的声符，没办法证明它一定就和“耕”的意义有关。所以最好能找到一个表示耕作之“耕”或跟耕作之“耕”有关的形声字，这个字从“争”，但“争”不是它的声符而是它的意符，根据形声字的意符跟字义有关的原理，自然也就能证明“争”字的意义同耕作有关。幸运的是，上海博物馆所藏战国竹简中就有这样的例子。

上博竹简中有两个用作耕作之“耕”的字，我们先把字形揭示如下：

上博《周易》20 号　　上博《容成氏》13 号

前一字见于《周易》20 号简“不～而获”，今本《周易·无妄》六二爻辞与之对应的文句作“不耕获”，可知此字用作耕作之“耕”。后一字见于《容成氏》13 号简“舜～于历丘”，即《墨子》《孟子》等古书所记载的“舜耕于历山”，也见于上引《穷达以时》2 号简文。几相对照，也可证此字用作耕作之“耕”。前一字整理者分析为从“井”，“争”声，认为是“静”字异体，用为耕作之“耕”是假借用法。[③] 后一字从“青”从“争”，就是“静”字。《说文》青部：“静，审也。从青，争声。”[④]

“静”字为什么以“青”为意符，学者们有种种推测，都不可信，因此林义光等认为“青”是声符。[⑤] 上博竹简中这两个所谓“静”字都从“争”，所不同的是一个从“井”，一个从“青”。“井”与“青”意思不近，在作表意偏旁时不能通用，不能互相替换，因此在“静”字中二者不大可能是作意符的。根据古文字，“青”本是从“井”声的，二字属于同一声系，古音相近，并且都与“静”字音近，所以可以作为声符，互相替换。它们都是声

① 关于“力”是什么样的工具，学术界有不同意见，此从裘锡圭先生说。见裘锡圭：《甲骨文中所见的商代农业》，载《古文字论集》，第 154—189 页，中华书局 1992 年；《裘锡圭学术文集》第一卷，第 241—245 页，复旦大学出版社 2012 年。

② 参见刘洪涛：《上博竹书〈昭王毁室〉1 号简考释》，《简帛》第四辑，第 171 页，上海古籍出版社 2009 年。

③ 马承源主编：《上海博物馆藏战国楚竹书（三）》，第 32、164—165 页，上海古籍出版社 2003 年。

④ 马承源主编：《上海博物馆藏战国楚竹书（二）》，第 105、259—260 页，上海古籍出版社 2002 年。

⑤ 丁福保编撰：《说文解字诂林》，第 5284—5285 页，中华书局 1988 年。

符，也可以从这两个字都用作耕作之“耕”得到证明。“耕”从“井”声，跟这两个字都属于同一个声系，古音极近，可以通用。由此可见，林义光等的说法是正确的。

那么“静”的另一个偏旁“争”应该如何理解呢？是不是仍要看作是声符呢？我觉得不应该。过去我们不知道“静”在文献中有用作耕作之“耕”的情况，不知道“争”字的结构从二手从“力”，所以得出“争”是声符的结论，这是可以理解的。现在既然知道它有这种用法，再结合字形、字音来考虑，把它看作意符或许会更合适一些。所以“静”字应该分析为从“争”，“青”声，是耕作之“耕”的异体，是在表意初文“争”上加“青”声而造的后起形声字。上博《周易》20号之字则是加“井”声，也是耕作之“耕”的后起形声字。而“争”应该是耕作之“耕”的表意初文，字形象二人持劳动工具力耕作之形。上引郭店简的两个“耕”字，应该是在表意初文“争”上加意符“田”或“禾”而造的后起形声字。我们知道，汉字的发展有一条规律，即在形声字中用类属偏旁代替表意初文，以实现汉字简化的目的，如“鸡、凤、裘、耤”等字。[1] 耕作之“耕”的发展符合这一规律，上举这些从表意初文“争”的形声字，其所从“争”旁逐渐被类化偏旁“耒”代替，才形成从“耒”、“井”声的“耕”字，成为耕作之“耕”的通行本字。而作为“耕”之本字之一的“静”，大约从西周开始就被借用为安静、娴静之“静”，久假不归，人们也就逐渐忘却了它曾是耕作之“耕”的本字之一。

“争”从二手，又有争抢之义，所以很多学者认为“争”的本义是争抢。上文已经指出，“争”所从二手的形状不是相对的，所表现的不是二人在争抢一物的形象。金文“争”字从“力”，是一种农业生产工具。甲骨文“争”字所从，根据我的研究，是犁的象形初文。犁和力都是农业生产工具，作为意符可以互相替换。如果认为“争”之本义是耕作，则这种替换十分自然合理。如果认为其本义是争抢，则这种替换实在太过勉强了。

按甲骨文“争”字所从作下引之形：

跟出土的商周时期的犁铧的形状十分接近（见附图一、二、三），很可能是“犁”的象形初文。因此，甲骨文“争”所表现的很可能是两个人拖动一个犁铧进行耕作的形象，其字为耕作之“耕”的表意初文。陆懋德先生《中国发现之上古铜犁考》一文说：“耜是犁头，而最初之犁，是用人拉……二人同时工作，即是一人在后扶犁，一人在前拉犁，如此二人并耦，是谓之耦也”。[2] 这可以看作是对甲骨文“争”字最好的注解。如果此说

① 裘锡圭：《文字学概要》，第151页，商务印书馆1988年。

② 陆懋德：《中国发现之上古铜犁考》，《燕京学报》第37期，第18页，1949年12月。

不误，那么甲骨文“争”字所表现的是犁耕。

说到犁耕，很多人会马上想到牛耕，因为在他们心目中犁必须是用牛拉的，犁耕跟牛耕是一回事。其实陆懋德先生早已指出，“凡有犁不必即是牛耕，而用牛耕必定即已用犁”，“古者用犁之经过，尚有用人拉与用牛拉之分别，非必始知有犁，即用牛耕也”。[①] 也有学者指出，远在牛耕出现之前的新石器时代晚期就有了石犁，耕犁的起源不能以牛耕的出现为依据。[②] 这都是非常正确的见解。所以本文说的犁耕，同牛耕没有关系。从甲骨文“争”字字形来看，早期人们在没有使用牛来拉犁的时候，确实是用人来拉的。一人在前拉犁，一人在后扶犁，这样协同耕作比单个人的工作效率要高出许多。我们知道，一个字从产生到流行会经历很长的时间，“争”字所反映的用人拉的犁耕一定是比较久远的生产方式，未必反映商代后期的生产方式，说明在牛拉犁耕之前一定存在很长时间的人拉犁耕。甲骨文“争”字为牛拉犁耕之前存在人拉犁耕提供了文字学证据。

陆懋德先生说这种耕作方式就是文献中的耦耕，有一定道理。关于耦耕到底是一种什么样的耕作方式，学者们意见很不一致。《考工记》“二耜为耦”郑玄注认为是两人各执一耜，共同耕作，但两人如何站位没有说。《考工记》贾公彦疏认为是两个人一前一后站，而《诗经·小雅·大田》孔颖达正义则认为是两个人相对站。近代学者根据考古、民俗等资料又提出一些新说，但意见分歧，还没有形成共识。所以本文不采用耦耕的说法，只称之为犁耕，是用人来拉的犁耕。

附图一：新干大洋洲商墓出土铜犁铧

（江西省博物馆、上海博物馆：《长江中游青铜王国 江西新淦出土青铜艺术》，第 143 页，香港两木出版社 1994 年）

---

① 陆懋德：《中国发现之上古铜犁考》，第 11 页。

② 李再华：《耕犁起源一说》，《南方文物》1991 年 1 期，第 82—85 页。

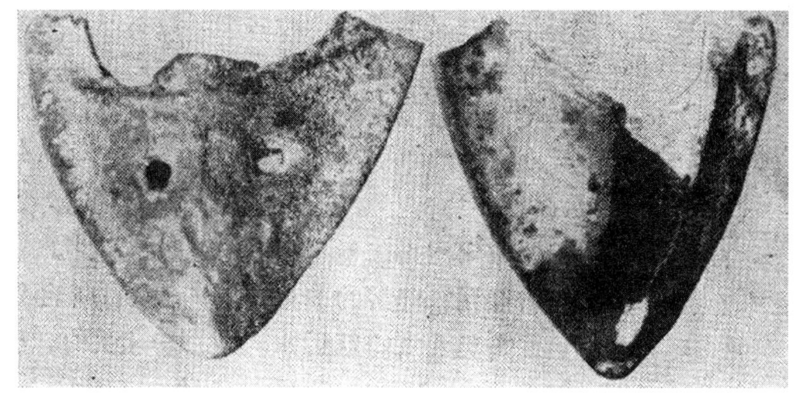

附图二：济南市发现青铜犁铧(《文物》1979 年第 12 期 3 页)

附图三：陆懋德藏犁铧(陆懋德：《中国发现之上古铜犁考》25—26 页)

附记

本文初稿完成于 2006 年 8 月，是笔者在北京大学选修张双棣先生“《说文解字》研读”课程的期末论文，主要是针对贾文先生之文所写的商榷文章。后因徐宝贵先生在复旦大学出土文献与古文字研究中心网站上发表研究甲骨文“犁”字的论文，曾把拙文附骥于后(http://www.gwz.fudan.edu.cn/srcshow.asp?src_id=1126)，但没有正式发表的意愿。文章写成后，才发现徐中舒先生早已有此说(《农业考古》1983 年第 1 期)，而近来学者更多有讨论，如孙伟龙先生《楚文字“男”、“耕”、“静”、“争”诸字考辨》(《中国文字研究》第十一辑，大象出版社 2008 年)、高佑仁先生《释古文字的“争”及其演变脉络》(《中国文字》新三十五期，艺文印书馆 2010 年)等，尚存在一定的分歧。我们发现，诸家无论是否同意“争”“静”为耕作之“耕”的本字，都没有在文字学上做严密的逻辑论证，也没有梳理清楚甲骨文“争”字的构形，有继续讨论的必要。因此，现在把拙文略做修改，正式发表。

(刘洪涛：江苏师范大学语言科学与艺术学院、
语言能力协同创新中心，221009，徐州)

清华六《郑文公问太伯》札记一则

徐 在 国

提要　对清华六《郑文公问太伯》甲 4—6 简的几个字做了补释，在分析字形的基础上探讨其用法，如将“頟”读为“劝”、“刈”读为“挈”等，顺带释出了天星观楚简中的“盾”。

关键词　清华简　郑文公问太伯　补释

清华六《郑文公问太伯》甲有如下一段话：①

昔虐(吾)先君逗(桓)公后出【四】自周，以车七乘，徒丗＝(三十)人，故(鼓)亓(其)腹心，奋亓(其)股拡(肱)，以頟(协)于攸(庸)胍(偶)，籖(摄)韋(胄)轉(擐)虩(甲)，免(擭)戈盾以孆(造)【五】勋。战于鱼罗(丽)，虐(吾)[乃]䑋(获)郙(函)、邶(訾)，輹车閡(袭)䋎，克郐𩞁＝(迢迢)，女(如)容祩(社)之凥(处)，亦虐(吾)先君之力也。

以上是原书整理者的释文。我们对个别字有一些想法，写在下面。

“頟”，简文作[illegible]，注 13：“疑即协字[illegible](《尹诰》)省形，从犬、肉，页为声符。”②

按：此字乙本作[illegible]，“页为声符”就没有了着落。我们怀疑此字当从“肰”声，这个“肰”与一般“肰”字写法相比，只是“犬”“肉”的偏旁位置不同而已。“頟”，从“页”，“肰”声，疑读为“劝”。“肰”，日纽元部字；“劝”，溪纽元部字。“劝”，奖勉；鼓励。《国语·越语上》：“国人皆劝，父勉其子，兄勉其弟，妇勉其夫。”

“免”，简文作[illegible]，注 16：“清华简《金縢》用作‘获’，简文读为擭，《说文》‘握也’。”③

按：《清华一》金縢 9：“是岁也，秋大簹(熟)，未[illegible]。天疾风以雷，禾斯妟(偃)，大木

① 清华大学出土文献研究与保护中心编、李学勤主编：《清华大学藏战国竹简(陆)》，中西书局 2016 年，第 119 页。

② 同上书，第 121 页。

③ 同上书，第 121 页。

斯拔。”又见于《清华一》金縢 14：“岁大有年，秋则大[illegible]。”

今本《书·金縢》作：“秋，大熟，未获，天大雷电，以风，禾尽偃，大木斯拔。”孔颖达疏：“其秋大熟，未及收获。”

[illegible]，今本作“获”。我们怀疑应分析为从“攴”，“刈”声，“刈”字繁体。今本作“获”，是因为“刈”和“获”的意思均为收割、收获，属于同义互换。

“[illegible]”，应释为“刈”，读为“挈”。上古音“刈”，疑纽月部字；“挈”，溪纽月部字。二字声纽均属于牙音，韵部相同。“乂”读为“挈”应该没有问题。“挈”有“执”义，如《汉书·韩信传》：“后陈豨为代相监边，辞信，信挈其手，与步于庭数匝。”“挈戈”见于《战国策·中山》：

> 中山君飨都士大夫，司马子期在焉。羊羹不遍，司马子期怒而走于楚，说楚王伐中山，中山君亡。有二人挈戈而随其后者，中山君顾谓二人：“子奚为者也？”二人对曰：“臣有父，尝饿且死，君下壶餐饵之。臣父且死，曰：‘中山有事，汝必死之。’故来死君也。”

“媪”，简文作[illegible]，注 15：“媪字从早得声，试读为‘造’，《君奭》郑注：‘成也’。”[①]

按：“媪勋”，我们怀疑读为“仇耘”。“仇”，古训匹。《礼记·缁衣》引《诗》：“君子好仇。”郑玄注：“仇，匹也。”引申有配，使相配之义。董仲舒《春秋繁露·楚庄王》：“百物皆有合偶，偶之合之，仇之匹之，善矣。”“仇耘”与上文“庸偶”相对，均应指田里两两相配的劳作者，战时充当士兵，平时是劳作者。“挈戈盾以仇耘”，意即用仇耘执戈盾。

“盾”，简文作[illegible]，从“户”。关于这个字的分析，可参看赵平安先生《〈清华简（陆）〉文字补释（六则）》第六则。[②] 看到这个字形，使我们联想到天星观简中的[illegible]、[illegible]字，此字著录于滕壬生先生编著的《楚系简帛文字编》（增订本）[③]1285 页附录 042，从“革、户、目”，应分析为从“革”，“盾”声，“盾”有用革制作的，所以从“革”，“盾”是用来防护的，所以从“户”。天星观简的辞例是“一方盾”“二方盾”。新字形的出现，总是能够解决一些旧问题，这就是新材料的魅力！

---

① 清华大学出土文献研究与保护中心编、李学勤主编：《清华大学藏战国竹简（陆）》，中西书局 2016 年，第 121 页。

② 赵平安：《〈清华简（陆）〉文字补释（六则）》，清华大学出土文献研究与保护中心网，2016 年 4 月 16 日。

③ 滕壬生：《楚系简帛文字编》（增订本），湖北教育出版社 2008 年，第 1285 页。

“𫿉=”，简文作[illegible]，杨蒙生博士读为“专断”，可从。断句当从杨蒙生博士：覆车袭[illegible]（介）、克郐，𫿉=（专断）女（如）容社之凥（处）。①

以上是我们的一些不成熟的想法，还请专家指正。

（徐在国：安徽大学汉字发展与应用研究中心、安徽大学出土文献与中国古代文明研究协同创新中心，230039，合肥）

① 杨蒙生：《读清华六〈子仪〉笔记五则——附〈郑文公问太伯〉笔记一则》，清华大学出土文献与保护中心网，2016年4月16日。

《清华简(陆)》笔记二则*

李鹏辉

提要 李学勤先生主编的清华陆《郑文公问太伯》有“⿰鼠吕”“⿰鼠予”字其盖为“鼠”字异体。《郑武公规孺子》简十六中“历”字作形,其下部“止”讹为“又”。这种“止”“又”互讹的现象见于战国晋系和楚系文字,应是晋系、楚系文字的特有写法。简十六中“甬历受之邦”或可解释为“因此先君以邦悉授之”。

关键词 清华陆 鼠 厯 甬厯

一

清华陆《郑文公问太伯》甲、乙本有一个字分别作:

《太伯》甲 09 《太伯》乙 08

整理者注〔二七〕谓:“⿰鼠予,读为‘鼠’。《春秋》言‘鼷鼠食郊牛’,是牢闲中有之。《汉书·杨恽传》有‘鼠不容穴’语。戓⿰兒戈,读为‘斗阋’。《诗·常棣》‘兄弟阋于墙,外御其务’,毛传:‘很也。’逸,训为放失。”①原书对“⿰鼠予”字的解释是可信的,但此字并非读为“鼠”,而应该是“鼠”字的异体。此字还见于《包山楚简》,形体如下:

《包山》85 《包山》162 《包山》180

在《包山楚简》中其词例分别为:1. ⿰金亢害公德讼宋⿰予鼠、宋庚……2. 戊寅,郢⿰阝戠尹⿰鼠予……3. 竞贮之州加公阳⿰鼠予、僵驭鄗……从其内容来看三者应皆为人名。人名作某鼠者在出土文献中有见,如《睡地虎秦简·日甲·盗者》69背:“子,鼠也。盗者兑(锐)口,希(稀)须(须),善弄,手黑色,面有黑子焉,疵在耳,臧(藏)于垣内中粪蔡下。

* 本文受到2014年度国家社科基金项目“晋系文字分国研究”(14CYY057)、2016年度国家社科基金项目“新近出土的西周诸侯国铜器铭文研究”(16CYY033),安徽大学博士科研启动经费项目“新见汉代玺印选释”的支持。

① 李学勤主编,清华大学出土文献研究与保护中心编:《清华大学藏战国竹简(陆)》,中西书局2016年,第123页。

多〈名〉鼠鼷孔午郢。""鼠予"字，何琳仪先生分析为："从鼠，予声。疑豫之异文。《搜真玉镜》'豫，音野。'《包山简》鼠予，人名。"[①]刘信芳先生："宋予鼠（豫）。"[②]朱晓雪先生："'予鼠'应为'豫'字异构。"[③]今按，"鼠予"字形体当从何先生的分析从"鼠"，"予"声。"予"和"鼠"位置可以互换，古文字中这种情况常见。从《清华简（陆）》"为是牢鼠予（鼠）不能同穴"这一词例来看，"鼠予"应是"鼠"字。《清华简（陆）》中的"鼠吕""鼠予"字所从予或省去八形，可分析为从鼠吕声和从鼠予声。"'予'字从吕，八为分化符号。吕亦声。"[④]"予"喻纽鱼部字，"鼠"审纽鱼部字。"鼠予"或为加声符"予"或"吕"的一个注音形声字，关于古文字中的注音形声字可参见吴振武先生的大作[⑤]，所以"鼠予"字盖是"鼠"字的一个异体。另外，在古文字中"予"字作：

《清华大学藏战国竹简（叁）·祝辞》1　《殷周金文集成》11327　《古玺彙编》0112　《新郑出土战国铜兵器部分铭文考释》图 403　《陶文图录》3·614·1　《殷周金文集成》11930

《龙岗秦简》220　《珍秦斋藏印·秦印篇》222　《里耶秦简》J1⑨981 正　《里耶秦简》8—583　《里耶秦简》8—965

从上举字形可以看出"予"字或在"吕"上加"八"形或在相叠的两口下部增加笔画来与"吕"字相区别。

二

清华陆《郑武公规孺子》简十六中历字作形，历字早期本从止作（《新编甲骨文编》第 75 页）、（《商周青铜器铭文暨图像集成》02503）形，秦文字更多地承袭了商、西周文字形体作（《岳麓书院藏秦简（壹）·为吏治官及黔首》77）、（《秦封泥彙考》1386）形。后面几例又与《说文》小篆形近同。其可印证王国维先生"战国时秦用籀文六国用古文，篆文其去殷周古文反较东方文字为近"[⑥]的说法。清华陆中"歴"字下部的"止"讹为"又"，这种"止""又"互讹的情况在晋系和楚系文字中多见。如：

夏：《古玺彙编》3990　　《古玺彙编》2724

---

① 何琳仪：《战国古文字典——战国文字声系》，中华书局 1998 年 9 月，第 569 页。
② 刘信芳：《包山楚简解诂》，艺文印书馆 2003 年 1 月，第 82 页。
③ 朱晓雪：《包山楚简综述》，福建人民出版社 2013 年 12 月，第 63 页。
④ 何琳仪：《战国古文字典——战国文字声系》，中华书局 1998 年 9 月，第 567 页。
⑤ 吴振武：《古文字中的"注音形声字"》，《古文字与商周文明》，台北中央研究院 2002 年，第 223—236 页。
⑥ 王国维：《观堂集林》，中华书局 1959 年 6 月，第 305、306 页。

地:《侯马盟书》九一:五　《侯马盟书》七五:四

嚻:《清华大学藏战国竹简(叁)·赤鹄之集汤之屋》13

《清华大学藏战国竹简(叁)·周公之琴舞》03

相:《上海博物馆藏战国楚竹书(九)·陈公治兵》6

《清华大学藏战国竹简(叁)·说命中》03

皮殳:《上海博物馆藏战国楚竹书(七)·吴命》6

左冢漆梮第五栏 A 边

此或可作为其区系特征的一个标志。这种“止”“又”互讹的现象,刘钊先生在古文字构形演变条例·讹混条例中早已经指出:“古文字中又、中、止三字经常相混。”[1]其在古文字中是常见现象。

另外,就是关于“甬歷”的训释。整理者在注〔五〇〕中谓:“历,《书·盘庚下》‘历告尔百姓于朕志’,蔡沈集传:‘尽也。’”[2]原来我们怀疑此“甬歷”应读为“通历”,因为“甬”读为“通”在出土材料中有见[3]。“甬歷”和“不二心”或是并列的关系。小文曾挂在复旦网上,薛后生、王宁两位先生在小文后的跟帖分别谓:“‘通历’应该与金文的‘蔑历’有关,这里似乎是赐予的意思。‘甬’即‘用’,训‘因’。‘历’即‘历来’之‘历’,相当于现在说的‘一直’。简文是说我先君知道二三子没有二心,因此一直把国家政事交给他们搭理(按应为‘打理’)。”[4]“通历”一词又见于《史记·梁孝王世家》:“梁王之初王梁,孝文帝之十二年也。梁王自初王通历已十一年矣。”[5]又《汉书·文三王传第十七》:“武为代王,四年徙为淮阳王,十二年徙梁,自初王通历已十一年矣。”[6]此二“通历”是“总共经历”的意思,需要后接宾语。过去我们将其看作与“不二心”是并列关系确实不妥。整理者将“甬”括注为“用”,“历”训作“尽”,未做进一步的解释。王宁先生把“用”训“因”是可取的,然而对“历”字的解说不妥。按“历”训“尽”是可行的,《助字辨略》卷三:“尽,皆也,悉也。”简文十六谓:父曰“二三夫=(大夫)不尚(当)母(毋)

① 刘钊:《古文字构形学》,福建人民出版社 2011 年 5 月,第 337 页。

② 李学勤主编,清华大学出土文献研究与保护中心编:《清华大学藏战国竹简(陆)》,中西书局 2016 年,第 109 页。

③ 王辉:《古文字通假字典》,中华书局 2008 年 2 月,第 466 页。

④ 拙文 http://www.gwz.fudan.edu.cn/SrcShow.asp? Src_ID=2775 的第一楼、第二楼。后王宁先生又在复旦上重申了自己的观点:王宁,《清华简六〈郑武夫人规孺子〉宽式文本校读》,复旦大学出土文献与古文字研究中心网站 2016 年 5 月 1 日 http://www.gwz.fudan.edu.cn/SrcShow.asp? Src_ID=2784。

⑤ 〔汉〕司马迁撰、〔唐〕张守节正义、〔唐〕司马贞索隐、〔宋〕裴骃集解:《史记》,中华书局 1959 年 9 月,第 2083 页。

⑥ 〔汉〕班固撰、〔唐〕颜师古注:《汉书》,中华书局 1962 年 6 月,第 2207 页。

然，二三夫=(大夫)虐(皆)虐(吾)先君䆅(之所)付(守)孙也。虐(吾)先君智(知)二三子之不忈=(二心)，甬(用)歴(历)受(授)之【十六】邦。”这支简的内容是庄公对边父规劝的回答。庄公讲述先君认为此“二三大夫”是值得重用的，先君曾称其为“不二心”，是能以国事相托的忠臣。“不二心”见于《尚书·周书·康王之诰》：“王若曰：‘庶邦侯、甸、男、卫，惟予一人钊报诰：昔君文武丕，平富，不务咎。厎至齐信，用昭明于天下。则亦有熊罴之士、不二心之臣，保乂王家。用端命于上帝，皇天用训厥道，付畀四方。”[①]简文的意思是说此“二三大夫”是“不二心”之臣，因此先君以邦悉授之。另外，李守奎先生曾将“甬歴”直接括注为“用兼”，[②]这一意见也值得我们重视。

以上是笔者一些不成熟的想法，不当之处，敬请方家批评指正。

附记

小文曾在复旦大学出土文献与古文字研究中心网站(2016 年 4 月 20 日)上发表，本文在写作过程中得到徐在国师的指点，谨致谢忱！

(李鹏辉：安徽大学文学院、汉字发展与应用研究中心、
出土文献与中国古代文明研究协同创新中心，230039，合肥)

① 〔汉〕孔安国传、〔唐〕孔颖达正义：《尚书正义》，上海古籍出版社 2007 年 12 月，第 747—748 页。
② 李守奎：《〈郑武夫人规孺子〉中的丧礼用语与相关的礼制问题》，《中国史研究》2016 年第 1 期，第 13 页。

楚文字鬼神祭祀类专字考释四则*

周　翔

提要　楚文字中的五个鬼神祭祀类专字“祀、禞、祈、閔$_1$、閔$_2$”，应分别释读为亡魂、亡灵之“亡”的专字，太高之“高”的专字，祭祀名之“雩”的专字，攻门之“门”的专字，某种门祭的专字。其中，“閔$_1$”与“閔$_2$”属同形异字关系。

关键词　楚文字　鬼神祭祀专字　祀　禞　祈　閔$_1$　閔$_2$

楚人有“信巫鬼，重淫祀”的文化特点，与之相应，楚文字中存在种类和数量都十分丰富的表示鬼神祭祀类概念的专字。今拣选新蔡简、天星观简、包山简、郭店简、清华简等楚文字材料中的此类专字四则加以梳理、考释，以就正于方家。

一　释祀

、新甲三243　趣祷型(荆)～(亡)型(荆)犟(牢)、酉(酒)食；夏～(亡)戠(特)牛、酉(酒)食

新蔡简甲三243号简上列字形，当分析为从示，亡声，系亡魂、亡灵之“亡”的专字。甲三86号简类似的辞例中，与之对应的字作“死”。楚人有尊为国战死者为神灵的传统。屈原《楚辞·九歌·国殇》：“身既死兮神以灵，子魂魄兮为鬼雄。”王逸注：“言国殇既死之后，精神强壮，魂魄武毅，长为百鬼之雄杰也。”

杨华先生认为“荆亡”“夏亡”指平夜君家族中死于荆楚之地和中原之地的亡魂。“荆亡”所享祭规格高于“夏亡”①。宋华强先生以文夫人和子西君用牲为例指出，两人各自都是既用“型牢”，又用“特牛”；有时两人又同用“型牢”和“特牛”。因此很难说“型牢”的规格高于“特牛”，不能据此判定“荆祀”的地位高于“夏祀”②。简文未明言

* 本文为安徽大学博士科研启动经费项目“楚文字专字研究”的阶段性成果。

① 杨华：《新蔡简祭祷礼制杂疏(四则)》，载《简帛》第1辑，上海古籍出版社2006年，第206—208页。

② 宋华强：《新蔡楚简的初步研究》，北京大学博士学位论文，2007年，第252页。

“荆亡”与“夏亡”之死因，不过从祭祀的隆重程度来看，他们很可能是在楚地和中原战死的“国殇”，即楚国在汉水流域作战和进军中原过程中阵亡的将士。因其为国捐躯，被楚人视为神灵加以祭祀，故造从示之专字表示。

二 释禞

禞天星 嬰祷大(太)～(高)戠牛

禞天星 嬰祷大(太)～(高)戠牛

禞天星 嬰祷大(太)～(高)戠牛

天星观简上列字形，当分析为从示，高声，系太高之“高”的专字。《淮南子・泛论》：“飨太高者而彘为上牲。”高诱注：“太高，祖也。”《骈雅・释名称》：“太高，祖先也。”太高为祖先、祭祀对象，故从示专表。古书中还有一“祰”的异体“禞”。《说文・示部》：“祰，告祭也。从示，从告声。”《集韵・晧韵》：“祰，或从高。”当与该字同形异字。

三 释衧

衧新甲三195 嬰祷五山，～(雩)、祟(尝)

新蔡简甲三195号简上列字形，宋华强先生释为“祹”[①]，不仅于字形不合，且与该字后从示尚声的“祟”并列亦不合理，显非。当分析为从示，吁(从口，于声)声。

关于简文中该字的意义及用法，诸家阙释。我们认为当读为“雩”，亦作“翌”或“雩”，祭祀名，系古代求雨的祭祀。《说文・羽部》：“雩，夏祭乐于赤帝以祈甘雨也。翌，或从羽。”《礼记・月令》：“命有司为民祈祀山川百源，大雩帝，用盛乐。乃命百县雩祀百辟、卿士有益于民者，以祈穀实。”郑玄注：“雩，吁嗟求雨之祭也。”此声训可作为该字之读“雩”一有力证据。而此内容之后，《月令》又云：“农乃登黍。是月也，天子乃以雏尝黍，羞以含桃，先荐寝庙。”所谓“尝祭”的实际内涵也正是尝新、尝百谷。《国语・楚语下》：“日月会于龙豵，土气含收，天明昌作，百嘉备舍，群神频行，国于是乎烝尝，家于是乎尝祀。”韦昭注：“尝，尝百物也。”故简文衧、祟并举也恰可与《月令》此处雩、尝两种祭祀连言相对应，进一步证明了该字读为“雩”的合理性。“翌”字在战国文

---

① 宋华强：《新蔡楚简的初步研究》，北京大学博士学位论文，2007年，第253页。

字中鲜见表祭名者，如此说不误，该字就应当是作为祭祀名之“雩”的专字。故简文文意为：祭祷五山，举行雩、尝两种祭祀。

四　释⿵門戈$_1$、⿵門戈$_2$

(1)包233　～(?)于大门一白犬

(2)、上九·陈·一六　女(如)～(门)，女(如)逆～(门)

(3)清二·系·一〇一　晋与吴会为一，以伐楚，～(门)方城

清二·系·一一三　晋自(师)～(门)长城句俞之门

(4)郭·老甲27　～〈闊〉其兑，塞其门

包山简与清华简中有上列字形，诸家释读争议较大，可归纳为以下几种说法：

1. 阀

(1)例，包山简整理者读作“阀”。《广雅·释诂一》：“伐，杀也。”《风俗通义校注》：“太史公记：‘秦德公始杀狗磔邑四门，以御蛊灾’，今人杀白犬以血题门户，正月白犬血辟除不祥，取法于此也。”①

2. 县(悬)

黄锡全先生认为(1)例为“⿵門戈”之讹。此字见于《汗简》、《古文四声韵》、古玺等。《说文》“⿵門戈”读若“县”。后又进一步指出，⿵門戈是一个从斗从戈会意，戈亦声的会意兼形声字。戈属歌部，县(悬)属元部，歌、元对转。至于此⿵門戈是悬、系之义，还是杀牲以血涂门之周围，抑或其它，容进一步研究确定②。何琳仪先生亦认为即《说文》“⿵門戈”之讹变，“读若县”。简文⿵門戈应读“悬”。《说文》“县，系也。”③曾宪通先生认为简文是将白犬⿵門戈(悬)于大门的仪式④。

(2)例，整理者读为“如⿵門戈，如逆⿵門戈”。⿵門戈，从门，戈声。小篆从“斗”，《说文·斗部》：“⿵門戈，试力士锤也，从斗，从戈，或从战省，读若县。”⑤

---

① 湖北省荆沙铁路考古队：《包山楚简》，文物出版社1991年版，第57页。

② 黄锡全：《〈包山楚简〉部分释文校释》，载《湖北出土商周文字辑证》，武汉大学出版1992年；《清华简〈系年〉“从门从戈”字简议》，简帛网2011年12月23日 http://www.bsm.org.cn/show_article.php?id=1604。

③ 何琳仪：《利用汗简考释古文字》，载《古文字研究》第15辑，中华书局1986年，第135页；《包山楚简选释》，《江汉考古》1993年第4期；《战国古文字典——战国文字声系》，中华书局1998年版，第845页。

④ 曾宪通：《包山卜筮简考释(七篇)》，载《第二届国际中国古文字学研讨会论文集》，香港中文大学中国语言及文学系1993年。

⑤ 马承源主编：《上海博物馆藏战国楚竹书(九)》，上海古籍出版社2012年版，第184页。

3.磔

刘信芳先生认为(1)例字从门戈声,读如"磔",或作"矺"[①]。史杰鹏先生认为"戈"和"磔"声母既有喉舌之分,韵部也不是在同部,在没有其他书证之前,不宜认为是通假。《古文四声韵》卷五陌韵有一个"磔"字作"[illegible]",从门从木,怀疑木是戈的讹变,閔也许就是后来的"磔"字,应分析为从门从戈会意。古代有在城门杀狗禳灾的风俗。有可能因为"磔"这种风俗经常是在大门口进行,所以楚人就干脆把此字写成从门旁的字。简文中左尹想通过磔白犬来禳除自己身上的疫鬼,最后占卜的结果是吉祥[②]。

4.閟(闭)

宋华强先生认为(1)例是"閟"字的省写,可读为"伏"。古书中所载祭祀用牲之法,除了"磔",还有"伏"。如《周礼・秋官・犬人》"凡祭祀,共犬牲,用牷物,伏瘗亦如之",郑玄注引郑司农云:"伏谓伏犬,以王车轹之"。贾公彦疏"此谓王将祭,而出国軷道之祭时,即《大驭》所云者是也",孙诒让云"谓磔犬伏于軷壤,以王车轹之而行也"。可知"伏"跟"磔"的区别之处在于后者只是磔之而已,而前者是既磔之,再伏之于軷壤之上,又以车轹之[③]。

郭店简《老子》乙本13号简与(4)例对应的内容作"閟(闭)([illegible])其门,塞其兑",传世本多作"塞其兑,闭其门"。整理者认为(4)例系"闭"字误写[④],学者多从之。李零先生认为是"閟"之误[⑤]。魏启鹏先生认为是"闭"字之异构,以"戈"歫门,会阖闭之意[⑥]。

曹建敦先生认为(2)例是"闭"字之误,闭本意为闭门,引申为阖。简文閔用为引申义,指阵形闭阖,使道不得通,即闭阖阵形,包围敌人。逆,迎也,面向。银雀山汉简《孙膑兵法・地葆》:"绝水、迎陵、逆流、居杀地、迎众树者,钧举也,五者皆不胜。"迎陵,面向高陵;逆流,面向水流,指居于下流。简文"逆閔(閟)",指迎对敌人的包围[⑦]。

---

① 刘信芳:《包山楚简解诂》,艺文印书馆2003年版,第244页。

② 史杰鹏:《包山楚简研究四则》,《湖北民族学院学报》(哲学社会科学版)2005年第3期。

③ 宋华强:《包山简祭祷名"伏"小考》,简帛网2007年11月7日 http://www.bsm.org.cn/show_article.php?id=749。

④ 荆门市博物馆:《郭店楚墓竹简》,文物出版社1998年版,第116页。

⑤ 李零:《郭店楚简校读记(增订本)》,北京大学出版社2002年版,第12页。

⑥ 魏启鹏:《楚简〈老子〉柬释》,载《道家文化研究》第17辑,三联书店1999年,第227页。

⑦ 曹建敦:《上博简(九)〈陈公治兵〉研读札记(一)》,复旦大学出土文献与古文字研究中心网2013年4月3日 http://www.gwz.fudan.edu.cn/SrcShow.asp?Src_ID=2032。

5.衅

陈伟先生认为(包山)卜筮简中的閿字,应是用作门祀之字。《周礼·春官·天府》:"上春衅宝镇及宝器。"郑玄注:"衅,谓杀牲以血血之。"古书似未见衅门之说,此字在楚卜筮简中是否读为"衅",有待进一步证明①。清华简整理者亦认为包山简之閿读为"衅"②。

6.门

(2)例,苏建洲先生认为由(3)例已知读为"门",训为攻城门③。

(3)例,清华简整理者指出:《左传》称鲁定公三年,蔡侯如晋,请伐楚。定公四年春,诸侯盟召陵,本欲伐楚,晋卿求赂不得,改谋中山。蔡、吴、唐伐楚入郢。据简文,吴人入郢之役,晋閿方城。閿字疑从戈门声,为动词"门"专字,训为攻破。《左传》文公三年:"门于方城。"④

陈伟先生认为据《系年》可知(3)例即"门"字。《左传》庄公十八年:"巴人叛楚而伐那处,取之,遂门于楚。"杜预注:"攻楚城门。""閿方城"即攻打方城之门,并不一定有"攻破"的意思⑤。

7.环

黄锡全先生认为从閿省声的庋读若环。环也属元部,是閿可读若县(悬)、环。因此,《系年》的閿,可读如环,意为环攻、围攻⑥。

8.掩

张崇礼先生认为上列各例均应释为掩。从门戈声,本义为掩门、掩闭。《说文》:"庋,屋牡瓦也(据段注)。一曰维纲也。从广,閿省声,读若环"。段注:"屋瓦下载者曰牝……上覆者曰牡。"掩训盖、训覆,乃为常训。庋者,掩也。

《尚书·盘庚上》:"予不掩尔善。"掩,蔽也。《文选·沈约〈学省愁卧〉》:"愁人掩

① 陈伟:《读清华简〈系年〉札记(二)》,简帛网2011年12月21日http://www.bsm.org.cn/show_article.php?id=1598。

② 李学勤主编:《清华大学藏战国竹简(贰)》,中西书局2011年版,第182页。

③ 苏建洲:《初读〈上博九〉札记(一)》,简帛网2013年1月6日http://www.bsm.orR.cn/show_article.phd?id=1776。

④ 同②。

⑤ 陈伟:《读清华简〈系年〉札记(二)》,简帛网2011年12月21日http://www.bsm.org.cn/show_article.php?id=1598。

⑥ 黄锡全:《清华简〈系年〉"从门从戈"字简议》,简帛网2011年12月23日http://www.bsm.org.cn/show_article.php?id=1604。

轩卧。"李善注:"掩犹闭也。"《广雅·释器》:"黈,黄也"王念孙疏证:"《淮南子·主术训》:黈纩塞耳,所以掩聪。《汉书·东方朔传》作黈纩塞耳,所以塞聪。"(4)例"𫔭其兑,塞其门"用此义。

《文选·司马相如〈上林赋〉》:"捷鹓鸓,掩焦朋。"刘良注:"捷、掩,皆执捉蹈藉之称也。"《文选司马相如〈子虚赋〉》:"掩兔辚鹿。"李善注引郭璞曰:"司马彪曰:'辚,轹也。"掩、辚义近。(1)例为掩,与古祭祀用犬之法"伏"相合。

(2)、(3)例释为掩,当训为攻击、攻打。此义应从"覆"义引申而来。《集韵·业韵》:"掩,打也。"《慧琳音义》卷六"掩泥"注引《韵英》:"掩,袭也。"《资治通鉴·汉纪四十一》:"追尾掩截。"胡三省注:"掩,袭也。"此种用法典籍习见,如《左传·文公十二年》:"十二月,戊午,秦军掩晋上军。"《史记·魏豹彭越列传》:"于是上使使掩梁王,梁王不觉,捕梁王囚之雒阳。"又典籍常掩、击同义连用,如《东观汉记》卷九:"(邓)训发湟中秦、胡、羌兵四千人,出塞掩击迷唐于雁谷。"《后汉书·西域列传》:"二年,宪因遣副校尉阎盘将二千余骑掩击伊吾,破之。"《后汉书·马援列传》:"棱发兵掩击,皆禽灭之。"①

按:上引诸家释读聚讼纷纭。张崇礼先生试图以"掩"贯串读通所有用例,其立论的基础是𫔭读为"戉"或𫔭是"戉"之异体。但这种说法缺乏其他实际用例的支撑,况且"戉"训掩也没有直接的文献依据,推论成分较大。因此所谓𫔭的本义为掩门、掩闭之说就不够坚实,据此推出的各种掩的解释是否成立也值得怀疑。而(4)例据乙本13号简显然应该是"閟(闭)"字误写,不涉及通假破读的问题,自应另当别论。然而其他诸说解释(1)—(3)例时明显顾此失彼,无法疏通所有辞例。

---

① 张崇礼:《释"𫔭"》,复旦大学出土文献与古文字研究中心网2013年1月27日http://www.gwz.fudan.edu.cn/srcshow.asp?src_id=2006#_edn6。

该页下有海天(网名)对张文的评论:

𫔭从戈门声,由《左传》的文例来看,《系年》的整理者读为"门"是很有道理的。从戈旁大概跟战争有关。《包山楚简》"𫔭于大门一白犬",𫔭字宋华强先生读为"伏"亦可从。"门",明纽文部;"伏",并纽职部,声韵皆近。《楚居》简7"至焚冒酓(熊)帅(率)自箬(鄀)徙居焚",李家浩先生指出:"《楚居》注释〔三七〕据《国语·郑语》'及平王末……楚蚡冒于是乎始启濮'韦昭注,说'焚冒酓帅'即'蚡冒熊率'。'蚡'或作'盆'、'玢'、'棼'。《国语·郑语》'楚蚡冒于是乎始启濮'之'濮',或作'僰',见《吕氏春秋·恃君》等。上古音'焚'、'蚡'属并母文部,'僰'属并母职部,三字声母相同,韵部字音有关(参看杨树达《积微居小学金石论丛(增订本)·古音咍德部与痕部对转证》),颇疑《楚居》焚冒徙居的'焚'应该读为'僰'。"(《谈清华战国竹简〈楚居〉的'夷宅'及其他》,页138注4)。况且之文二部声韵关系密切,陈剑先生《甲骨金文旧释"尤"之字及相关诸字新释》一文已有详论。而职部是之部的入声韵,所以职文二部声音相近自然也是合理的。比如谢明文先生指出"或"字由[illegible](《合》35913)写为常见的[illegible],其实就是"○"的脱落、移位,其中可能也有"变形声化"的因素。"○"可看作"圆"之初文。圆,匣母文部;或,匣母职部,"之"、"文"两部之字常可相通,而职部是之部的入声。

我们认为，(1)例与(2)、(3)例并非一字，而仅是同形关系。(1)例当分析为从门戈声(亦可能从门从戈)，当如陈伟先生所言是表示某种门祭的专字。至于这一𨳿$_1$是读为阀、悬、磔、伏、衅还是其他尚难遽定。

(2)、(3)例之“𨳿$_2$”则当分析为从戈门声，是为攻门义之动词“门”所造的专字。(2)例所在简文内容是“背军而阵，将军后出焉，名之曰弇行，如𨳿$_2$，如逆𨳿$_2$，如開术，如攻术，如御追，必慎”。可以看出𨳿$_2$与逆𨳿$_2$、開术与攻术、御与追应是三组构成对应关系的动词，都是表攻守关系的作战行为。具体言之，“御追”指防御和追击。“開”字释读尚有争议。术，道路。“開术”据文意推之应是跟“攻术”相反的某种与道路有关的作战，大概跟防守道路有关①。因此，这里的“𨳿$_2$”当指进攻方攻打城门，“逆𨳿$_2$”则指防守方从城门里反攻出来。城门与道路亦可对应，是作战的不同场合。文意是说布弇行阵(阵名)的时候，攻打城门和从城门里反攻，守卫道路和进攻道路，防御和追击，都必须慎重。(3)例言攻打方城、长城句俞的城门，尤其后者的宾语是“长城句俞之门”，很能说明问题。而(2)、(3)例的文意中也看不出有环攻、围攻的意思。

要之，二字不仅意义用法不同，实际构形亦有别，不可混为一谈。将(1)例之“𨳿$_1$”与(2)、(3)例之“𨳿$_2$”分释为两个不同的专字处理，各自的文意都能得到比较通顺的解决。

至于《说文》“𩰫”与二者的关系，亦可作进一步探讨。《说文》言“𩰫”字“读若县”。黄锡全先生指出，《汗简》录《李商隐字略》及《古文四声韵·号韵》录《籀韵》“盗”均作𨳿。盗本从次声。次、县(悬)同属元部。𩰫乃𨳿之讹，𨳿当从戈得声。从读音来看“𩰫”可能与前者有关。目前所见出土文献材料中，只见从门者(还有《玺汇》0734“长𨳿”、《汉印文字征补遗》12·1“𨳿勋”)，不见从斗。疑《说文》据小篆讹误字形认为该字是“从斗，从戈，或从战省”会“试力士锤”意的会意字，又因文献中有用作上述读音的字情况，遂补充“读若悬”以弥合二者矛盾。因此，“𩰫”可能并非仅仅“读若悬”，而本就是表示门祭的从戈得声的专字之讹体。

古书中常见“悬门”这类说法。《周礼·秋官·司寇》：“书而县于门闾。”《夏官司马》：“小宗伯所县，男子之衰冠也，故县于大寝之门外，以示臣民。大仆所县，妇人之首服也，故县于宫门。”《地官·司徒下》：“周知其名与其所宜地以为法而县于邑闾。”

---

① 上博简整理者认为“開”是“开”之古字(《上海博物馆藏战国楚竹书(九)》，第184页)，苏建洲(《初读〈上博九〉札记(一)》)、张崇礼(《读上博九〈陈公治兵〉札记》，复旦大学出土文献与古文字研究中心网2013年1月29日 http://www.gwz.fudan.edu.cn/SrcShow.asp? Src_ID=2009)先生已指出其问题，苏释为“关”，训闭、守。

《左传·僖公二十二年》："邾人获公胄，县诸鱼门。"杜预注："县音玄。"《史记·伍子胥列传》："而抉吾眼县吴东门之上。"前文所谓门祭是否与此风俗有关，因而该义之专字"閔$_1$"或有可能读为"悬"，值得进一步探讨。

（周翔：安徽大学汉字发展与应用研究中心、
出土文献与古代文明研究协同创新中心，230039，合肥）

秦简法律文献用语“柀”补释

刘 信 芳

提要 《秦律》“羣它物当负赏(偿)而伪出之以彼赏(偿)”，整理者读彼为“貱”，《说文》“貱，迻予也”，王念孙有“貤之言移也，移此以益彼也”之解。可知句意为：各种形式的移多以补少，诸种应作赔偿的品物而造假转移其它品种来赔偿。相关句例“吏辄柀事之”“被(柀)出”“柀入钱”“柀入内中”“柀污头北(背)及地”“以彼治(笞)罪”等，均可依王念孙说得到合理解释。

关键词 秦律 柀 移此以益彼

出土秦简法律文献用语“柀”，字或作“彼”“被”，涉及多例律文。部分例句虽历经数十年研究，其释读仍是疑难问题。谨试做补释如下。

一 吏辄柀事之

睡虎地秦简《秦律十八种・仓律》48：“妾未使而衣食公，百姓有欲叚(假)者，叚(假)之，令就衣食焉，吏辄柀事之。”①

整理者注：“妾，可能即隶妾……居延汉简中未成年男女多标明使或未使。未使最高年龄是六岁，如‘子未使女解事年六’，‘子未使女足年六’；使最低年龄是七岁，如‘子使男望年七’。使，役使，七岁以上儿童可以受使作一定的工作。未使，其年龄不满七岁。”又：“事，《史记・靳歙列传》索隐引刘氏云：‘役使也。’本条的意思大约是说，百姓可以向官府借用幼年女奴，女奴长大后，官府只在一定情况下加以役使。一说，柀读为罢，柀事即停止役使。”

以上释读学者多不满意。单育辰认为“柀”读为“颇”，“吏辄柀事之”应理解为“官

---

① 睡虎地秦墓竹简整理小组：《睡虎地秦墓竹简》，文物出版社1990年，第32页。以下凡引简文具编号，不另具页码。

吏则或多或少的役使他”[①]。刘钊认为单育辰的这一意见“很有道理”[②]。

陈伟认为：“官方把向包括‘妾未使’在内的徒隶发放衣食称为‘事’，把因为有民众领养而中止官方提供衣食称为‘柀（罢）事’，大概是合理的。”因考虑到陈剑有读“彼”为“避”的意见，陈伟又说：“将简文‘柀’读为‘辟’，训为‘止’，亦通。”[③]

整理者的解释确实是有问题的。1.“借用”稍有不妥，官府不可“使”幼年女奴，百姓自不可用，“用”不满七岁儿童，也不近人情。此处“百姓有欲叚（假）者，叚（假）之”，“叚”充其量只能解为“借”。已有学者解“叚”为领养，优于“借用”说。但解为“领养”须做必要说明，今人所谓“领养”已改变被领养人的所属关系，但秦律之“叚”明显不能改变被“叚”者的官奴身份。2.“女奴长大后，官府只在一定情况下加以役使”，其实官奴婢的所有权在官府，官府使用长大后的女奴不受“只在一定情况下加以役使”之限制。而且原法条并未包含“女奴长大后”的情况，整理者的解释有添字解经之嫌。

整理者提出的又“一说”“柀读为罢，柀事即停止役使”，按照这一理解，百姓“叚”某官奴，官府则不再具有对此官奴的役使权。在奴隶买卖社会，因“叚”而改变某奴隶的归属权是不能成立的，因而这又“一说”明显不合适。

至于读“柀”为“颇”，解“吏辄柀事之”为“官吏则或多或少的役使他”，“妾未使”的含义是很清楚的，不会出现官吏“或多或少”之“役使”。另外，作为法律用语之“柀”应该有明确的指向，而“或多或少”之“颇”是模糊的，不能准确界定当事人的行为是否合法，因而这一解释可以排除。

笔者认为，对于未及适用年龄的女奴，原本由官府监管并提供衣食，由官府“事之”。某“百姓”既已假某未使“妾”，则“吏辄柀事之”应理解为官府将该未使“妾”的监管权移交给该“百姓”，由该“百姓”在所假期间“事之”。

我们解“柀”为“移”，基本含义上是移此（官府之事）以益彼（“百姓”“事之”）。王念孙曾解貤、貱为“移此以益彼”，说详下。本文对相关句例的解释将以王念孙说为依归。

二　伪出之以彼赏

《秦律十八种·效》174—175：“禾、刍稾积廥，有赢、不备而匿弗谒，及者（诸）移赢

① 单育辰：《秦简“柀”字释义》，《江汉考古》2007年第4期，第83页。

② 刘钊：说张家山汉简《二年律令》中的“颇”，《简帛》第3辑，上海古籍出版社2008年，第234页。

③ 陈伟：《“柀事”与“彼治”》，简帛 www.bsm.org.cn (13/10/14)。

以赏(偿)不备,羣它物当负赏(偿)而伪出之以彼赏(偿),皆与盗同法。"(《效律》33—35律文同)彼,整理者读为"貱",解为"补垫",将"羣它物"句译为"假作注销而用以补垫其它应赔偿的东西"。

单育辰认为"彼"是指示代词,"羣它物当负赏(偿)而伪出之以彼赏(偿)"的意思是"其它各种物品中,应该赔偿的却作假注销,而用作假来注销偿补(空缺)"①。

陈剑曾列举充分例证讨论"彼"与"避"之通假,断言张家山汉简《奏谳书》"毛曰:不能支疾痛,即诬讲,以彼治(笞),罪也"之"彼"当读为"避"。在此基础上,论及本例"以彼赏",认为"彼"字应读为"避"。云:

> 张家山汉简《二年律令·效律》简14有"以避负偿"的说法:"□□□诸诈增减券书,及为书故诈弗副,其以避负偿,若受赏赐财物,皆坐臧(赃)为盗。"如此,"群它物当负偿而伪出之以彼(避)偿"就可解为"其它各种物品应该赔偿的,却作假调出,来逃避赔偿"。②

按:整理者读"彼"为"貱"是正确的,解为"补垫"以及由此而做出的译文则略嫌不准确。《说文》"貱,迻予也",段注:"迻,迁徙也。展转写之曰迻书,展转予人曰迻予。"《广雅·释诂》"貤、貱,益也",王念孙疏证:"貤之言移也,移此以益彼也。"《玉篇》:"貤,貱也。"又《说文》:"貤,重次第物也。"段注:"卖爵者与人,蔓丘陵者层叠兹长,皆重次第之意也。"《汉书·武帝纪》:"日者大将军巡朔方,征匈奴,斩首虏万八千级,诸禁锢及有过者,咸蒙厚赏,得免减罪。今大将军仍复克获,斩首虏万九千级,受爵赏而欲移卖者,无所流貤。其议为令。有司奏请置武功赏官,目宠战士。"应劭曰:"貤音移。言军吏士斩首虏爵级多,无所移与。今为置武功赏官,爵多者分与父兄子弟及卖与他人也。"师古曰:"此说非也。许慎《说文解字》云:貤,物之重次第也。此诏言欲移卖爵者,无有差次,不得流行,故为置官级也。貤音弋赐反,今俗犹谓凡物一重为一貤也。"其实应劭说是正确的,上引王念孙疏证引应劭说而不及"师古曰",已体现出倾向性取舍。武帝针对"受爵赏而欲移卖者,无所流貤"这一现象下令讨论处置政策,职能部门置"武功赏官","武功赏官"的具体条款虽不见载,但贯彻武帝诏令的意图则是可以肯定的,此后必然是受爵赏而欲移卖者,有所流貤。可见"流貤"的含义是按爵之等次、赏之价值而流转,也就是应劭所说"爵多者分与父兄子弟及卖与他人也"。

"者(诸)移赢以赏(偿)不备"与"羣它物当负赏(偿)而伪出之以彼赏(偿)"是相互

---

① 单育辰:《秦简"柀"字释义》,《江汉考古》2007年第4期,第83页。

② 陈剑:《关于〈奏谳书〉的"以彼治罪也"》,www.gwz.fudan.edu.cn 2013/10/11。

联系的法律条文，二者针对的是性质相同的违法行为，只不过前一句是就数量言，移多以补少；后一句是就品种言，移此以益彼，有如拆东墙补西墙。我们不难体会到秦律的严密性，既不允许库房品物出现数量短缺，有一是一；亦不允许类别错乱，一码是一码。明确这一点，学者不难看出，本例"彼"与上一例"柀"的含义相同或相近。

由于本例简文"移"与"彼"是互文关系，整理者读"彼"为"貱"是值得肯定的。以上句例宜译为：(库房粮草)各种形式的移多以补少，诸种应作赔偿的品物而造假转移其它品种来赔偿，都按盗窃罪的法律条文论处。

至于本文上引陈剑提到的张家山汉简《效律》，笔者认为，张家山汉简《效律》与《秦律十八种·效》有联系，二者内容的确具有一定可比性。但秦律"伪出之以彼赏(偿)"是移此以益彼，针对的是粮草管理人员违法行为。汉律"为书故诈弗副，其以避负偿"，其中"为书故诈弗副"适用范围要大得多，已包含了秦律"伪出之以彼赏(偿)"一类犯罪行为，"其以避负偿"则是对此类犯罪行为的定性。用汉律"以避负偿"解释秦律"以彼赏(偿)"有合理因素，但这一解释不利于我们对汉承秦制的深入理解以及对秦律与汉律二者之间细微差别的把握，是有欠缺的。正是基于这一考虑，笔者所做译文与陈剑的译文有所不同。

三 被(柀)出

《秦律十八种》简二六："万石之积及未盈万石而被(柀)出者，毋敢增积。"

整理者注："柀，分、散，详见段玉裁《说文解字注》。"译文为："已满万石的积和虽未满万石而正在零散出仓的，不准增积。"

按：整理者读"被"为"柀"是可以的，但解为"分、散"则可商。秦简《仓律》的粮仓管理大致可分为入仓和出仓。入仓阶段，"入禾者万石一积而比黎之为户"(简 21)，粮食入仓以万石为单位，称为"一积"。"比黎之"是封仓手段。"为户"，整理者解为"设置仓门"。所谓"仓门"是就实物设施言，进入财务管理的层面则体现为现代会计制度的"户头"。出仓阶段，须出完一仓才能另开一仓。简文"万石之积及未盈万石"谈的是入仓出现的两种库存情况，多数是符合标准的"万石之积"，但粮食入仓必然有余数，于是会出现"未盈万石"的个别仓户。"被(柀)出者"则是指已进入出仓阶段的粮仓，凡此"毋敢增积"。秦律的这一规定是很有道理的，出仓与入仓一码是一码，若某粮仓一边出仓，一边入仓，不仅管理混乱，不便统计，而且还会给营私舞弊者留下可乘之机。

现在再来看“被(柀)出者”，整理者解为“零散出仓的”是不合适的。“零散出仓”是粮食出仓的一般情况，秦律无须对此做出特别界定。我们的意见是，被，读为“貤”，粮食出仓无论是“饩”(发放粮食)还是各种形式的调拨，都与王念孙疏证所说“移此以益彼”相符。以上简文的大意是，无论是万石之积还是不满万石而已开仓移出粮食之粮仓，禁止增积。

四 柀入钱

《秦律十八种》简一三八：“凡不能自衣者，公衣之，令居其衣如律然。其日未备而柀入钱者，许之。”

整理者注：“柀入钱，一部份缴钱。”译文：“劳役日数未满而能一部分以现金缴偿的，可以允许。”

按：整理者的解释大致可从，不过仍有不严密之嫌。“不能自衣者”一旦接受“居其衣如律然”，则形成约定，须以劳务抵衣之价值。劳务未满日数“而柀入钱者”，是以现金抵劳务。试举例，设若劳务未满日数为X，每日折算现金为Y，应入钱数为XY。在这一简单明白的算式中，整理者所说“一部分”就明显存在司法解释之歧义。如果理解为对X日的一部分缴钱，官府吃亏，作为国家颁布的法律断然不会出现如此明显的漏洞。整理者的解释语“一部分”既不能落实，我们就有必要对“柀入钱”的解释另做考虑。

笔者认为，本例“柀”仍应读为“貱”或“貤”，当事人移出自己的钱入官府，符合“移此以益彼”的解释条件。至于译文，则似乎可以考虑为：劳役日数未满而以现金补足的，可以允许。

五 直穴播壤，柀入内中

《封诊式》简七七：“其穴壤在小堂上，直穴播壤，柀入内中。内中及穴中外壤上有厀(膝)、手迹，厀(膝)、手各六所。”

整理者读“柀”为“破”，将“柀入内中”译为“是由这里钻进房中的”。这一解释存在以下问题：1.译文“是由这里钻进房中的”缺主语，在原文中也找不到与译文对应的主语。2.译文与“破”没有关联。可见整理者的解释不能自圆其说。

按：以上一段文字是对犯罪现场的勘查，主要线索是打盗洞时墙土的散布状况及案犯在散土上留下的印迹。从盗洞中挖出的土在小堂上，正对盗洞散布，内中一侧亦有墙土“柀入”，内中及盗洞之中、盗洞之外的散土上留有膝迹、手迹各六处。《封诊式》所记现场勘查均为客观记述，因此整理者将“柀入内中”译为“是由这里钻进房中的”是不合适的。若依整理者读“柀”为“破”，理解为盗洞打穿之墙土散入内中，大致可以讲通。不过笔者认为盗洞墙土由原来位置散入内中，正好符合本文上引王念孙疏证“貤之言移也，移此以益彼也”之解释。《诗谱·秦谱》“其封域东至迆山”，孔颖达正义：“迆谓靡迆，境界广被之意。”“柀”可读为“迆”，“迆入内中”指盗洞打穿的墙土靡迆内中。

六 柀污头背及地

《封诊式》简五七：“某头左角刃痏一所，北（背）二所，皆从（纵）头北（背），袤各四寸，相耎，广各一寸，皆臽中类斧，脑角出（頔）皆血出，柀污头北（背）及地，皆不可为广袤；它完。”

整理者读“柀”为“被”，将“柀污头北（背）及地”句译为“污染了头部、背部和地面”，译文不及“柀”字，看来是回避“柀”之释读。

按：“柀”应参上例读为“迆”。句意谓死者被砍，脑部、额角、眼眶下部皆出血，流出的血靡迆污染了头部、背部和地面。血流靡迆，是由此（伤口处）流出而及于彼（头部、背部和地面），与“移此以益彼”相类。

七 以彼治（笞）罪

张家山汉简《奏谳书》118：“毛曰：不能支疾痛，即诬讲，以彼治（笞）罪也。”[①]《二年律令与奏谳书》将此句读为“不能支疾痛，即诬讲，以彼治（笞），罪也。”[②]陈剑的句读及读“彼”为“避”，我们在上文第二条已引及。陈剑的译文为：“毛说：（我因）不能忍受被笞打的痛苦，就诬陷讲，以求避免（又被）笞打，（我这）是有罪的。”张新俊认为：“‘以彼治罪’之‘彼’，显然指的是‘讲’，而非笞掠毛的人。‘治’如字读，‘治罪’一词，

① 张家山二四七号汉墓竹简整理小组：《张家山汉墓竹简〔二四七号墓〕》，文物出版社2001年，第232页。

② 彭浩、陈伟、工藤元男主编：《二年律令与奏谳书——张家山二四七号汉墓出土法律文书释读》，上海古籍出版社2007年，第360页。

典籍习见。"[①]任海林认为"彼"有"诬"的意思[②]。

按：笔者采用整理者的句读如上引。"以彼治（笞）罪"之"彼"如何解释，学者分歧很大，以陈剑读"彼"为"避"为论证详明。倘若《奏谳书》之该则为汉代文书，当采纳陈剑的意见。但黥城旦讲乞鞫案发生在秦王政二年，"彼"宜读为"貱"或"貤"。大意是，毛不能支疾痛，即诬讲，将本该由毛所承受的笞刑转移至由讲承受，以致讲被屈打成招，造成冤案。

虽然我们在现代汉语中很难找到合适的词语来讲清楚"以彼治（笞）罪"的含义，但原文所包含的"移此"（毛之盗牛罪）"以益彼"（讲被诬而受酷刑）则是很明确的。

综上，就个别例而言，读"彼"为"避"可以讲通。本文讨论秦简法律文献用语"柀、彼、被"计七例，其含义相同或相近，具有一致性。基于这一考虑，笔者对《封诊式》简七七"柀入内中"、《秦律十八种·效》174—175"伪出之以彼赏（偿）"、张家山汉简《奏谳书》118"以彼治（笞）罪也"等例的解释与学者有所不同。参照王念孙解"貤""貱"，以"貤之言移也，移此以益彼也"为基本解释模式展开分析。由柀、貤、貱"移此以益彼"之义项，引申而有表流转、表转换的相关用例。在经史文献中已很难检索到"柀"的此类用法，张家山汉简《二年律令》不见"柀"字，《秦律·效》"以彼赏"云云，可能已由张家山汉简《二年律令·效律》"以避负偿"之类取代，并对内容、语序有相应调整，可知秦代文献"柀"的以上用法至汉代已经不用或者说很少再用。

（刘信芳：安徽大学历史系，230039，合肥）

① 张新俊：《张家山汉简〈奏谳书〉字词札记之二》，简帛 www.bsm.org.cn（13/09/12）。

② 任海林：《简论张家山汉简〈奏谳书〉第十七第 118 号简中的"以彼治罪"》，简帛 www.bsm.org.cn（13/10/10）。

周家台秦简“马心”考*

张 雷

提要 通过考察周家台秦简 345—346 简中三个“马”字涵义，即第一和第三个“马”应读为“祃”，第二个“马”应如字读，从而得出“马心”即是用祃祭的方式来治愈心脏病的结论。进而对原简文进行重新断句，理顺了简文的大意。

关键词 马心 祃祭 心脏病

周家台秦简 345—346 简文曰：“马心：禹步三，乡(向)马祝曰：‘高山高郭，某马心天，某为我已之，并□侍之。’即午画地，而最(撮)其土，以靡(摩)其鼻中。”

整理者认为，“马心”疑指马的某种疾病。“心”字或读为“骎”，《说文》：“马行疾也。”则此为使马疾行的方术。“郭”字左似从“京”，即“郭”字误写①。

《秦简牍合集》认为从字形看，应即“丝”字，含义待考②。

今检该字形如下：

我们认为整理者释“郭”可从。

陈斯鹏认为，“马心”当指马匹行为失常，疯狂不听控制的一类病态，并读“天”为“颠”，将原文断为：“高山高郭，某马心，天某，为我已之。”③

我们认为，以上两说可商。345 简第一个和第三个“马”均当读为“祃”。《诗经·

* 基金项目：教育部人文社会科学研究青年基金项目(12YJCZH278)；安徽省高校优秀青年人才支持计划重点项目(gxyqZD2016136)；安徽省高校人文社会科学研究项目重点项目(SK2016A0529)；安徽省哲学社会科学规划项目(AHSKY2014D137)。

① 湖北省荆州市周梁玉桥遗址博物馆：《关沮秦汉墓简牍》，中华书局 2001 年版，第 132 页。

② 陈伟：《秦简牍合集(三)》，武汉大学出版社 2014 版，第 66 页。

③ 陈斯鹏：《战国秦汉简帛中的祝祷文》，http://www.guoxue.com/magzine/xuedeng/xd005/xd005_12.htm。

大雅·皇矣》：“是类是禡。”陈奂传疏：“类、禡皆祭天神及日月山川之神。”简文中的祝辞即有“山、郭、天”等祭祀对象；第二个“马”如字读，即马匹。《说文·示部》：“禡，师行所止，恐有慢其神，下而祀之曰禡。”《汉书叙传下》“类禡厥宗”颜师古注引应劭曰“禡者马也。马者兵之首，故祭其先祖也。”[1]本方祭祀时即下马然后向马的方向祭祀。

我们认为本方和《秦简牍合集》缀合的335、337简一样，也是一条治疗心脏疾病的祝由方。同批简文的“已龋方”也是有两种治疗龋齿的方法，可做旁证。古人认为城郭的保护神为城隍，本方是向山神、城隍、天神祭祀，祭祀内容是祭祀者患有心脏病，希望得到三类神祇的庇护，使疾病得到治愈。简文“并”字后的缺字作：

《秦简牍合集》补为“企”，引《说文》“企，举踵也。”“并企”疑表恭谨[2]。所补“企”字可从，读“恭谨”义也可从，但引《说文》不妥。曹植《求自试表》：“夫临博而企竦。”《文选》吕向注：“企竦，惊立貌。”[3]

侍，《简帛医药文献校释》录作“待”[4]，恐没有细察二字区别，该字原图版作：

整理者释为“侍”当不误，《说文·人部》：“侍，承也。从人，寺声。”段注：“凡言侍者，皆敬恭承奉之义。”

则简文内容可改断为：“马心：禹步三，乡马祝曰：‘高山高郭，某马心；天，某为我已之，并企侍之。’即午画地，而最其土，以靡其鼻中。”

其文义大概为：“用禡祭治疗心脏病：行禹步三步，向马祝祷说道：‘山神、城隍神，向您们进行禡祭，我有心病；天神，您给我治好心病，我会一并恭敬地侍侯您们。’接着进行在地上画十字，并且撮取画过的土，用它涂抹在患者的鼻中。”

（张雷　安徽中医药大学针灸骨伤临床学院，230038，合肥）

---

① 宗福邦、陈世铙、萧海波：《故训汇纂》，商务印书馆2003版，第1610页。
② 陈伟：《秦简牍合集（三）》，武汉大学出版社2014版，第66页。
③ 宗福邦、陈世铙、萧海波：《故训汇纂》，商务印书馆2003版，第90页。
④ 周祖亮、方懿林：《简帛医药文献校释》，学苑出版社2014版，第37页。

益阳兔子山遗址九号井简牍文字补释

蒋伟男

提要 益阳兔子山遗址九号井简牍部分文字未释或漏释。简三·一漏释“以”,简七·四七、七·九五中两个未释字可释为“𧸘”“㨎”。

关键词 兔子山遗址 简牍 文字补释

《文物》2016年第5期,刊发了《湖南益阳兔子山遗址九号井发掘简报》一文(下文简称“《简报》”)。《简报》介绍了兔子山遗址九号井的发掘情况及出土文物信息,并随文公布了17枚简牍的红外照片及154枚简牍释文。[①]“竹简保存情况较差,糟朽、降解严重,多残断和纵向开裂。”[②]因简牍保存状况较差,故其部分文字难于辨识。我们在拜读图版及释文之时有一点粗浅的看法,谨录于下,请方家批评指正。

一

简三·一部分释文作:

……律令当除定者毕矣。元年与黔首更始,尽为解除流罪……

按:此简为一支木牍,媒体及学者称之为“秦二世胡亥文告”“秦二世奉诏登基文告”“秦二世元年文书”等。湖南省文物考古研究所官网曾刊出木牍正反两面的完整图版、释文,并对内容作了简释。[③] 细究《简报》图版,简三·一“元年”之前尚有一字形作(见图版一),《简报》释文漏释。按即“以”字。陈伟先生曾结合此前网上公布

---

① 湖南省文物考古研究所、益阳市文物处:《湖南益阳兔子山遗址九号井发掘简报》,《文物》2016年第5期,第32—48页。文中相关释文、图版皆取自该文。

② 《简报》第42页。

③ 《益阳兔子山遗址出土简牍(一)》,湖南考古官网,http://www.hnkgs.com/show_news.aspx?id=973,2014年12月10日。

的图版对此木牍释文加以校读，并已在“元年”前补“以”字。[1] 张春龙、张兴国二位先生在《湖南益阳兔子山遗址九号井出土简牍概述》一文中，曾吸收了陈伟先生的部分校释意见，但其所作释文并未补出“以”字，[2]《简报》此次公布释文仍漏释“以”。上举简文释文应改为：“以元年与黔首更始，尽为解除流罪……”

二

简七·四七（见图版二）带有楚系文字特点，存四字，《简报》释文为“易事䈪”。按，首字《简报》漏释，末字隶定为“䈪”，字不识，似为人名。简首字原篆为：

A 

A 中部残泐，但轮廓清晰，上部中间为“口”形，两侧垂笔明显，且垂笔上各有两小短横，当即楚文字，即“嗌”字。楚简中“嗌”多用为“益助”“增益”之“益”，但亦用作地名或副词等：[3]

郭店·老乙 3　学者日嗌（益）

郭店·唐虞 19　又（有）天下弗能嗌（益）

郭店·尊德义 21　忠信日嗌（益）而不自智（知）也

上博一·孔子诗论 9　则以人嗌（益）也

上博三·彭祖 7　氏（是）谓（胃）嗌（益）愈

上博六·竞公疟 8　祝亦无嗌（益）

包山 83　嗌（益）昜（阳）公

A 下部虽显模糊，但细究之乃是“贝”旁，如我们推断无误，则 A 即“賹”字，货币、量器中常见，何琳仪先生训为“记物”。[4] 楚简中“賹”亦多见，如：[5]

郭店·老甲 35　賹（益）生曰羕（祥）

上博一·孔子诗论 11　则丌（其）思賹（益）矣

上博一·孔子诗论 21　审（湛）零（露）之賹（益）也

---

① 陈伟：《〈秦二世元年十月甲午诏书〉校读》，简帛网，http://www.bsm.org.cn/show_article.php?id=2259，2015 年 6 月 14 日。

② 张春龙、张兴国：《湖南益阳兔子山遗址九号井出土简牍概述》，《国学学刊》2015 年第 4 辑，第 6 页。

③ 徐在国：《上博文字声系》，安徽大学出版社 2013 年 12 月，第 1851—1852 页。

④ 何琳仪：《释賹》，《古币丛考》，安徽大学出版社 2002 年，第 17—23 页。

⑤《上博文字声系》第 1853 页。

“賹”从“益”声，与上举三形用法相同，A 在简文中也读为“益”。“賹昜”即“益阳”，前举包山简 83 中的“嗌昜”，何琳仪先生释为“益阳”，并指出此“嗌昜”即《汉书・地理志》长沙国的属县。[1] 里耶秦简 8—151、8—1494 作“益阳”。[2]《简报》简三・二、七・九、七・一〇亦作“益阳”。据此，《简报》认为可以肯定战国楚、秦已设益阳县。

此简第三字作：

《简报》释为“事”。按，《简报》所释合于字形，但我们认为此字可读为“吏”。楚文字中史、吏、事三字字形往往雷同，此不烦举例，具体读法也常需结合辞例来判断。[3] 如读“吏”，则简文为“賹昜吏箈”，指“益阳”地方官吏，名“箈”。与此简形制、简文格式相类，《简报》中还有以下三简：

七・四四　芋州公苛□

七・四五　□谿公墅癸

七・四六　龚谿公宋□[4]

“芋州公、□谿公、龚谿公”与包山简等出土楚文献中所习见的楚国地方官长称呼相类，皆是地名后加“公”。由此可见，简七・四七中的“賹昜”指的正是楚国所设的益阳县。

三

简七・九五两面有字，一侧（见图版三）有一字作：

B

《简报》未释。按，B 左侧从手，右侧下部乃是“皿”字的简率写法，兹试举里耶简中从皿之字加以比较：

---

① 何琳仪：《包山竹简选释》，《江汉考古》1993 年第 4 期，第 57 页。

② 湖南省文物考古研究所：《里耶秦简》（壹），文物出版社 2012 年。本文中里耶秦简的字形图片皆取自该书。另《简报》47 页将这两个编号引为 8—147、8—1497，按，这两个编号应为简 8—151、8—1494 的室内出土编号。里耶秦简编号具体对应关系可参里耶秦简博物馆、出土文献与中国古代文明研究协同创新中心中国人民大学中心编著：《里耶秦简博物馆藏秦简》，中西书局 2016 年，第 1 页、第 151 页。

③《上博文字声系》第 435—452 页。

④ 包山简 103、115 有“龚陵公”。

益 8—966 8—1459 正 8—1499 正

尽 8—110 8—757 8—883

盛 8—247 8—478

由上可知，B 右下从皿确无可疑。B 右上部所从，看似“日”形，细审字形应是“水”，其左侧上下各有一个朝右上的短提，右上像水点的短横因书写草率形成了一个折笔，与右下的短横相连，所以给释读带来干扰。故 B 可分析为“从手益声”，隶定为“搤”，《说文》：“搤，捉也。”因简文上下文义残缺，B 具体为何字待考。

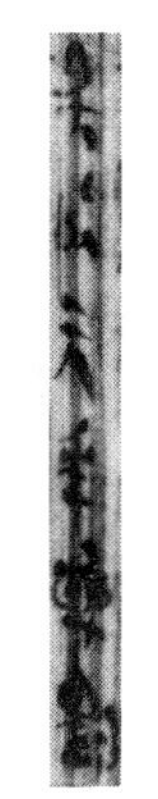

图版一（简八·一局部）

图版二（简七·四七有字部分）

图版三（简七·九五一面）

附记：小文草就之后承徐在国师审阅指正，在此向先生致以谢意！

（蒋伟男：安徽大学文学院、出土文献与中国古代文明研究协同创新中心，230039，合肥）

汉代实物文字校释六则

于 淼

提要 本文对汉代简牍和玺印中的误释、未释字，进行了校订和释读。包括敦煌简中的“縹”、银雀山汉简中的“僄”、凤凰山8号墓和马王堆3号墓遣册中涉及的“绨”、凤凰山167号墓遣册中的“椒”、敦煌简中的“囊”、《增订汉印文字征》中的“腊”、银雀山汉简中的“隘”。

关键词 汉简 汉印 校释

一 释縹、僄

《敦煌简》简634即《马圈湾》简634，释文如下：

籫布巾各一

绢复襦一领①

“绢”字图版作[illegible]，当为“縹”。该字形还见于《尹湾汉简》YM6D12A有“[illegible]丸”、“西郭宝墓”木牍有“[illegible]绮”。“西郭宝墓”木牍中还有“缥绮”，由于“缥”与“緤”形接近，有学者释为“緤”字，②田河将其改释为“缥”，“缥”在文献中多表有青白色之义。③汉代衣物疏中“縹”“缥”常混用，“縹”字乃“缥”字异体。汉隶中从“票”之字常有从“剽”之异体。如：《居延》简511.19有“□驃骓”。“驃”见于《玉篇》：“驃，人姓也。”除此并无其他解释，显然与《居延》简中的“驃”义不符，《居延》简中“驃”通“骠”。汉简帛

① 张德芳：《敦煌马圈湾汉简集释》，第542页。笔者按：“籫”字图版作[illegible]。《敦煌汉简》释为“簪”，更加合理。《说文·竹部》：“籫，竹器也。从竹赞声。读若纂。一曰丛。”“籫”是精母元部字，而“簪”是精母侵部字，二者韵部有别，似不具备通假条件；且汉隶“赞”字皆从“兟”形，而无讹作“死”形者，因此我们更倾向将其看作“簪”形之讹。

② 马怡：《西郭宝墓衣物疏所见汉代织物考》，卜宪群、杨振红主编：《简帛研究二〇〇四》，广西师范大学出版社2006年10月。第248页。

③ 田河：《连云港市陶湾西汉西郭宝墓衣物疏补释》，复旦大学出土文献与古文字研究中心网站论文，2009年9月3日。http://www.gwz.fudan.edu.cn/SrcShow.asp? Src_ID=889

常见“飘风”一词,《马·老子甲》行 138 作“[illegible]风”,《马·老子乙》行 238 作“[illegible]风”,银雀山汉简中多作“剽风”,与《北·老子》同。《北·反淫》篇中作“票风”。“飃”与“蔈刂”也可以看作“飘”和“蔈”的异体。

《银一》有“[illegible]”字,凡两见,下文用△表示:

简 414:“△阵□□车,所以从遗也。”

简 415:“涧(简)练△便,所以逆喙也。”

整理者将该字隶定为“歖”,通“剽”。“歖阵”为“剽风之阵”之省。“歖便”指骁勇敏捷之士卒。[①] 张振泽认为:

> 歖字,字书未见。《说文》:“票,火飞也。”火飞轻疾,故从票之字多有轻疾义,如僄、嫖、慓、剽、骠,古传注多训轻疾。票为字根,僄、嫖等字皆其孳生。[②]

“歖便”有轻疾,便捷之义,并举出《荀子·议兵》中的“轻利僄速”即“简练歖便”。

“[illegible]”字,可分析为从人剽声。汉隶以“人”为左侧形旁的字,或将“人”形写在右侧,其写法与“[illegible]”字所从“人”形相近。如《马·老子甲》行 65 有“[illegible]”字作[illegible]。《马·纵横家书》行 208“僯”字作[illegible],《张·奏谳书》简 152“僯”字作[illegible]。“[illegible]”字当释为“僄”,即“僄”字异体。《说文·人部》:“僄,轻也。”刚好与《荀子·议兵》“轻利僄速,卒如飘风”之语相合。值得一提的是,“轻利僄速,卒如飘风”的异文还见于《史记·礼书》:“轻利剽遬,卒如熛风。”“僄”正写作“剽”。通过银雀山汉简中的[illegible]形,也为“僄”写作“剽”找到了形近而讹的可能。

与“票”互换的声旁“剽”,在魏晋南北朝碑刻中变为“剽”。《龙龛手鉴》收录“骠”的俗字“驃”。《汉魏六朝异体字典》41 页“标”、42 页“骠”、673 页“漂”字头下皆有异体从“剽”。

二 释绨

《凤凰山·M8》简 126、127 内容相似,释文如下:

简 126:“[illegible]囊粢秫米一石一斗”。

简 127:“[illegible]囊稻秫米一石一斗”。

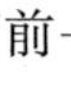

两简中,“囊”前一字,当为同一个字,以往观点皆释为“纯”。从字形上看,该字与

① 银雀山汉墓竹简整理小组编:《银雀山汉墓竹简[壹]》,文物出版社 1985 年 9 月,第 70—71 页。

② 张振泽:《孙膑兵法校理》,中华书局 1984 年 1 月,第 117 页、119 页。

“纯”字不类，遣册中“纯”多用为“衣缘”之义。该字当释为“绨”。《张·遣册》简6有“绨帬一”。“绨”字作。“绨”见于《说文·糸部》：“厚缯也。从糸，弟声。”“绨”字用在衣物类名词前，具有形容词含义，指的是衣物的材质是厚的、丝织品类的。弟、夷古文字中形近音通。从弟的字往往可写作从夷。

马王堆三号墓遣册中有如下字形：

《马·遣三》简228：“禅纵一”。

《马·遣三》简407：“禅纵一”。

《马王堆二、三号汉墓》将两字皆释为“绨”。① 《马王堆集成》将第一字释为“绨”。对第二字未作释写，直接括注“绨”。② 从字形上看，该字当释写为“绫”，乃“绨”字异体，亦用于“禅纵”这一衣物名称之前，表示其材质。

三　释粖

《凤凰山·M167》简52：

“青奇橐一盛”。

字旧释“粖”，《江陵凤凰山西汉简牍》注：“粖即秫（秫）”。③ 我们认为字释为“粖”不确，遣册中“秫”字常见，从未见将禾旁右置者，“秫”用为“秫”仅见于马王堆遣册，也是一个误字。简52中的“粖”乃“林”字之误。“林”字《说文》作“茉”。《说文·艹部》：“茉，茉菉。从艹赤声。”汉隶中或作“椒”。“椒”有一种特殊的气味。《荀子》：“椒兰芬苾，所以养鼻也。”古人认为“椒”能通神，《楚辞》：“怀椒糈而要之。”王逸注：“椒，香物，所以降神。”河南固始侯古堆一号墓春秋晚期至战国初年的墓葬中，曾出土花椒实物。④ 马王堆一号墓曾出土三个香囊。从《凤凰山·M167》简53的内容上看：“青奇囊一盛芬”，同样类型的“青奇囊”内放置的应当是椒。

四　释囊

《敦煌简》简1135：“李君房记告成君齐效卒持葛橐来须成急三必毋亡也”。

---

① 湖南省博物馆、湖南省文物考古研究所编：《长沙马王堆二、三号汉墓》，文物出版社2004年7月，第73页。

② 湖南省博物馆、复旦大学出土文献与古文字研究中心编：《长沙马王堆汉墓简帛集成》第六册，第249页、263页。

③ 湖北省文物考古研究所：《江陵凤凰山西汉简牍》，中华书局2012年，第171页。

④ 固始侯古堆一号墓发掘组：《河南固始侯古堆一号墓发掘简报》，《文物》1981年第1期。

其中"槖"字图版作。汉隶中"槖"字中间部分皆从石,"囊"字在汉隶中或有如下写法:

马·遣三 172	马·二三 107 上	马·二三 106 下

"囊"字从襄得声。以上"囊"字所从"㐮"形或有讹变,当为"囊"字。另外,《敦煌简》简 1147 有"葛",《马圈湾》释为"囊"。[①] 该字似当释写为"襄",通"囊"。《敦煌简》简 1147 中的"葛襄"与简 1135 中的"葛囊"当为一物。

五　释腊

《增订汉印征》187 页有一个未释字作。根据辞例,"张"乃私名玺。该字当为"腊"字异体。"腊"字作为私名,见于《增订汉印征》184 页收录"王腊"私名玺,"腊"字作。

"巤"字在隶书中有如下变体:

A	B	C	D	E
银一 405	马·疗射 11	马·老子乙 52	银二 1937	马·明君 22
北·老子 150		马·经法 31 下	印台墓地	

"巤"形底部或变为"月"形,顶部的点画数量也往往不固定。字形与 C、E 字形皆近,可能是"腊"字的一种不规范的写法。

六　释隘

《银一》简 596:"婴几(岂)婢子才(哉)! 缢而从之?"

该简文内容可与今本《晏子》对读,《晏子春秋校释》引今本作:"婴岂其婢子也哉!其缢而从之也。"[②]该书认为简文与今本皆用"缢"字。实际上,简文"缢"字图版作。

① 张德芳:《敦煌马圈湾汉简集释》,第 659 页。

② 骈宇骞:《晏子春秋校释》,书目文献出版社 1988 年 4 月,第 66 页。

该简字迹完整，左侧并无残笔，其形旁非“糸”，而是“阜”。该字与《银一》简 294 中的“隘”字同形。

“缢”与“隘”同源，“隘”字或训为阻塞、隔绝。《战国策·东周策》：“三国隘秦，周令其相之秦，以秦之轻也，留其行”，高诱注：“隘谓隔绝之。”吴师道补注：“隘、阨字通。”①《释名·释丧制》：“县绳曰缢。缢，阨也。阨其颈也。”《银一》中的“隘”用为“缢”，表阨颈而死。

（于森：扬州大学文学院，225000，扬州）

① 〔西汉〕刘向：《战国策》（上册），上海古籍出版社 1985 年，第 36 页。

《银雀山汉墓竹简〔壹〕·官一》考释三则

洪德荣

提要 《银雀山汉墓竹简〔壹〕·官一》是《孙膑兵法》中的一篇，属于兵学出土文献中记载阵法与战术的文献，可以补充汉代以来传世文献对古阵法与战术记载的不足，并发现其中的古代兵学思想，与唐宋以后对古代兵学的研究与复兴做比较，在传世与出土文献的对比上具有重要价值。本文即针对《官一》的疑难字词及简文残损之处做讨论，提出简407、415、415—416三则简文考释。

关键词 官一 阵法 战术 兵学文献

壹 前言

《银雀山汉墓竹简》出土为八十年代考古及文物发掘的一大盛事，亦为中国考古史上的重大发现之一，其中《孙膑兵法》的重见天日十分重要，其中所载录的篇章包括历史轶事与军事思想，如《擒庞涓》描写孙膑与庞涓在"围魏救赵"的桂陵之战中的事迹，可与《史记》《战国策》相互对照，《见威王》《威王问》由孙膑与威王、田忌间的对话，表达其军事思想；《篡卒》《势备》都是对于作战时所需的具体理论和准备。而当中的《官一》全篇以排比成文，行文颇具特色，内容则有因阵式、地形、情势等不同条件所采取的作战策略，但也因简文稍有残损，部分文字有所残泐，又有许多阵式、地形等专门用词，初读颇为费解，但此类与军事、兵法相关专门用词的研究与考释，对理解先秦兵学的思想内涵与兵学文献用语的组成，都有相当高的研究价值。本文即对《官一》篇中字词、文意尚待深究之处进行三则讨论。

贰 简文字词考释

一 □地□□用方，迎陵而陈(阵)用封，险□□□□圜(简四〇七)

简四〇七有"□地□□用方"、"迎陵而陈(阵)用封"、"险□□□〔用〕圜"之语排比行文,而其中“方”“圜”原整理者已指出是方阵、圆阵,甚确。张震泽认为“迎陵而阵”盖指敌军。[①]

邹浚智据文意补本段缺字为:“平地而阵用方,迎陵而陈(阵)用刲,险地而阵用圜”,疑本段首句“方”所提到的阵法是“方阵”,并引《孙膑兵法·十阵》、《武经总要·卷八·古阵法叙》、古马其顿战阵中关于方阵的记载,认为西方的这种方阵,因需要空间展开,所以多在宽阔的平原地。又第二句提到面对丘陵采取的阵式,借此推敲前一句应是在说明面对非丘陵地—平地所采取的阵式,故将第一句补成“平地用而阵方”。第三句在说明“险□”所需使用的“圜阵”并以为“圜阵”即“圆阵”。并引《武经总要·卷八·古阵法叙》:“四方高利圆,圆利守”定义圆阵。本句首字“险”,指的是要隘。并引《左传·襄公十八年》:“夙沙卫曰:‘不能战,莫如守险。’”视此则知圆阵是用在固守险地的一种消耗敌方实力的阵式。[②]

谨按:本段中的“方”“圜”原整理者早已指出是方阵、圆阵,其说甚确,故可不必另再推论。本段三句亦是与方、圆阵法有关的记载,再加上“刲阵”。以下先对段中提到的词语略做整理。

方、圆二阵为古阵法中的基本阵式,亦见于《银雀山汉墓竹简》收录的《十阵》《十问》篇中,关于阵法内涵的问题,下文将再详论。据此,则“刲”也应是阵名。“刲”,原整理者认为疑当读为“圭”,指圭形之阵。[③] 但《说文》:“刲,刺也。”而“刺”又指尖锐之物,如“竹刺”“芒刺”,则“刲”应指呈尖锐状的阵式。

再看“□地、迎陵、险□”等词,指的是地势,“迎陵”又见《孙膑兵法·地葆》:

> 绝水、迎陵、逆溜(流)、居杀地、迎众树者钧(均)举三四四也,五者皆不胜。三四五[④]

则“迎陵”为不胜之地,不利于作战。《孙子·军争》:“高陵勿向。”又《尉缭子·天官》亦曰:“向阪陈为废军。”

上文曾提到张震泽认为“迎陵而阵”盖指敌军,但笔者认为“迎陵而阵用刲”指的是我方的部队遭遇面对高陵、丘陵地形时,所要采取的策略、阵式,“迎陵”既为不胜之

① 银雀山汉墓竹简整理小组编:《银雀山汉墓竹简〔壹〕》,文物出版社1985年版,第70页。张震泽:《孙膑兵法校理》,中华书局1984年版,第109页。

② 邹浚智:《银雀山汉简〈孙膑兵法·官一〉钩沉》,载《出土文献文字与语法研读论文集》第一辑,(台北)万卷楼图书公司2013年版,第115—117页。

③ 银雀山汉墓竹简整理小组编:《银雀山汉墓竹简〔壹〕》,第70页。

④ 同上书,第61页。

地，军阵在此势必要做出对应的态势，若敌在陵上居高处，己方居下不利于防守、进攻，故以尖锐状的阵式为备。至于对古阵中方、圆二阵内涵的探讨，有助于理解“□地”“险□”两个残字词的意义。

在《银雀山汉墓竹简》中有《十阵》《十问》两篇对于阵法有不少论述，其中也提到了方、圆二阵，如《十阵》篇言：

凡陈（阵）有十：有枋（方）陈（阵），有员（圆）陈（阵），有疏陈（阵），有数陈（阵），有锥行之陈（阵），有鴈（雁）行之陈（阵），有钩行之陈（阵），有玄襄一五三一正之陈（阵），有火陈（阵），有水陈（阵）。

文后亦对各阵法提出解释，其中对方阵的解释为：

枋（方）陈（阵）之法，必薄（薄）中厚方，居陈（阵）在后。中之薄（薄）也，将以吴也。重□其□，将以剸也。居陈（阵）在后，所以□一五三五……

可知方阵具有“必薄（薄）中厚方，居陈（阵）在后”的特点，原整理者也指出薄中厚旁，谓中间人少，旁边人多。《武经总要》前集卷八《裴子法》云：“方阵正而厚。”又云：“方阵行重而厚。佚居者众，用力者寡。”[①]又“重□其□，将以剸也”，“剸”字之意原整理者也指出：“《说文·首部》：‘𩠐，截也。’或体作剸。《广雅·释诂一》：‘𩠐、剸，断也。’《周书·大明武》：‘方阵并功（攻），云何能御？’此处简文云：‘方阵者，所以剸也’，都说明方阵是主攻的。”[②]根据蓝永蔚的研究，方阵是进攻的队形，它的翼侧暴露，易遭敌人攻击，所以当敌人从四面八方压迫过来，方阵被迫转为守势时，便需将疏散的队形收拢为密集的队形，以减少翼侧压力。[③] 但诸家对于阵法和方阵的研究上，并没有进一步细说“中之薄（薄）也”的意义为何。

《十问》中对方阵的记载是：

交和而舍，适（敌）富我贫，适（敌）众我少，适（敌）强我弱，其来有方，擊（击）之奈何？曰：擊（击）此者，或陈（阵）而支之，规而离一五五九之，合而详（佯）北，杀将其后，勿令知之。此擊（击）方之道也。一五六〇

简文中叙述的作战情况是敌强我弱，敌方并采取方阵对战的情况如何面对，“陈（阵）而支之，规而离之”又见于《十阵》简一五五四：

水战之法，便舟以为旗，驰舟以为使，适（敌）往则遂，适（敌）来则戚（蹙），推

---

① 银雀山汉墓竹简整理小组编：《银雀山汉墓竹简〔贰〕》，文物出版社 2010 年版，第 191 页。

② 同上书，第 190 页。

③ 蓝永蔚：《春秋时期的步兵》，（台北）木铎出版社 1987 年版，第 239 页。

攘一五五三因慎而饬之，移而革之，陈（阵）而攴之，规而离之。

原整理者引《孙子·计》"亲而离之"，《太平御览》卷二七〇引作"规而离之"。《淮南子·主术》"若欲规之，乃是离之。"亦以"规"与"离"相对为文。[①] 高诱注云："言嗜欲有所规合，乃是离散也。"则《淮南子·主术》所言与简文的意义有所差距，简文应该与《十阵》简一五五四的内容对比来看，"规而离之"一句，"规"有谋划、谋求之意，"离"即分开、分散，则此句解释为"谋划将敌方离散"。"合而详（佯）北"则是在对战之时佯装败走。"杀将其后，勿令知之"则是自后方袭击敌方，杀其将帅，而不被敌方发觉。《十阵》中的"居陈（阵）在后"初读颇为费解，但对比《十问》所说的"杀将其后，勿令知之"，或可推知"居陈（阵）在后"指将帅位居阵式之后，方阵四方的士卒人数较多，以作为攻击的主力，且方阵行动较为厚重，将帅居阵之后指挥行进作战，因此《十问》才提出能用"杀将其后"的方法应对方阵。

总结以上对方阵的讨论，可以得出几个属于方阵的特点：一是进攻的队形，主攻；二是"薄中厚方，居阵在后"，亦即阵式的中间较为薄弱，但四方厚重，将帅居阵之后。虽然对运用的地形没有做更多的记载，但从方阵是古阵法的基本阵式及需要相当的人力，用以主攻来看，主要施于平地作战的可能性相当高。至于《官一》中"□地□□用方"与下文"险□□□□圜"相对，兵书中可见将地形以"险""易"相对，"易"在兵家中指平坦或对我方安全的地形，如《孙子兵法·行军》："平陆处易，右背高，前死后生，此处平陆之军也"。

而又根据新出的北大西汉简《节》篇中有一段关于古兵佚书《地陈》的记载，其文曰："昜（易）则方之，险则员（圆）之，丘陵则从（纵）之。"正可与本篇相对，因此或可将"□地□□用方"补字为"易地而阵用方"。

至于有关圆阵的记载，《十阵》中关于圆阵主要的叙述已经残去，无法得知《十阵》的解释与《十问》是否相合。但《十问》中的记载为：

兵问曰：交和而舍，粱（粮）食钧（均）足，人兵适（敌）衡，客主两惧。适（敌）人员（圆）陈（阵）以胥，因以为固，毄（击）此奈何？曰：一五五六正毄（击）此者，三军之众分而为四五，或傅而详（佯）北，而示之惧。皮（彼）见我惧，则遂分而不顾。因以乱毁其固。一五五七驷（四）鼓同举，五遂（队）俱傅。天遂（队）俱至，三军同利。此毄（击）员（圆）之道也。一五五八

上引简文叙述的情况是在双方粮食、兵力资源都同等足够的时候，彼此按兵不动，其

① 银雀山汉墓竹简整理小组编：《银雀山汉墓竹简〔贰〕》，第192页。

中一方采取圆阵等待我军时，该如何应对？此时应对之法是将我军分散佯败，借此使敌军阵式分散，自乱阵脚。而《十阵》对于“圆阵”的说明是“员(圆)陈(阵)者，所以槫也。”“槫”，原整理者释为“专”或“团”，引《武经总要》前集卷八《裴子法》云：“圆(指圆阵)胜牡(指牡阵)，犹聚胜散也。”以为圆阵之特点在于“聚”，与简文所说相合。兵力集中则利于固守，故《裴子法》云“圆利守。”又云“圆阵无角，利以坚守”。可证圆阵的性质是以坚守防御为主。

对比回《官一》中的“险□□□□圜”，“险”下字残去，但亦应和“险”字连读指某个地势，兵书中“险”指地势艰危、有重要作战的价值或对我方有危险的地形，如《孙子兵法·地形》：“险形者，我先居之，必居高阳以待敌；若敌先居之，引而去之，勿从也。”属于坚守防御为主的圆阵用于“险”，应是面对我方不利的地形和情势，宜采取坚守以保全战力。而“险”又常和“阻”并举，兵书习见，又据上引北大西汉简《节》篇的简文“险则员(圆)之”，“险□□□□圜”可补字为“险阻而阵用圜”。

附带一说的是“迎陵而陈(阵)用封”本句完整，但其意义前贤说解较少，上文已经提到“迎陵”为不胜之地，不利于作战。而“封”应指呈尖锐状的阵式，此与《十阵》中的“锥行之阵”可能有相似之处，如：

> 锥行之陈(阵)者，所以夬(决)绝也。一五三三

上文之“绝”应为断、隔开。而更详细的叙述为：

> 锥行之陈(阵)，卑(譬)之若剑，末不阅(锐)则不入，刃不溥(薄)则不剸，本不厚则不可以列陈(阵)。是故末必阅(锐)，刃必溥(薄)，一五四一本必鳿(鸿)。然则锥行之陈(阵)可以夬(决)绝矣。一五四二

《十阵》以剑比喻锥行之阵，意象十分具体，此阵需具备“末锐则入”、“刃薄则剸”、“本厚则列阵”三个特质，因此锥行之阵整体看来是安排精锐部队在阵式前端，阵式外围则以较少的兵力以求主攻，“剸”则有截断之意，而阵式的本体还是需要有足够的兵力维持阵式的的构成，锥行之阵整体而言应该是以攻击为主的阵式。“封阵”用在不利于作战的“迎陵”之地，而“锥行之阵”看来是以攻击为主，或可用于突破，两种阵式在性质可能相类。

二　禪祏(亵)蘩(奔)避，所以莠桑(诱蹑)也。(简四一五)

“禪祏”，原整理者读为“啴缓”。“禪”“啴”并从“单”得声，“祏”“缓”古音相近。“啴缓”又作“阐缓”“啴咺”，乃徐缓之意。张震泽释“禪”即单衣，《说文》：“禪，衣不重也。”“祏”，当是括发之括，涉上误从衣也，字亦作髻。“禪括”即单衣光头，是不甲不胄、随随便便的装束。“蘩避”，原整理者释疑当读为“盘辟”，与“啴缓”连读即行军时

故意显示迟缓拖沓之状。张震泽从原整理者释，与“襌括”连读即单衣光头，不甲不胄，行动不整。“莠櫜”，“櫜”原整理者疑当读为“蹑”，全句意即“行军时故意显示迟缓拖沓之状，以引诱敌人追袭。”张震泽从原整理者释，全句意即“单衣光头，不甲不胄，行动不整，示敌无备，诱敌来蹑也。”[①]对本句的解释，笔者曾提出旧说，抄录于下：

先说“襌袥”。“襌”，《说文》：“襌，衣不重也。”即无衬里的衣裳。“袥”，《说文》所无，但可不必如张震泽说是“涉上误从衣也”，“袥”字所从之“衣”为义符，从“舌”得声，“舌”（船母月部）与“埶”（泥母月部）声近韵同可通，《说文》有“絬”字，其字条下引《论语·乡党》：“亵裘长”作“絬衣长”，故“亵”“絬”可通，则“袥”“亵”应可通，“亵”意为“私服”，即贴身的衣服，故“襌袥”可读为“襌亵”，即指兵卒没有严格装束及披甲带胄，衣装随意穿着。而“蘩避”，“蘩”字《说文》所无，先看与其形体相近的几个字，《银雀山〔壹〕·晏子》简619作“声乐蘩充，而世兹（滋）衰”；简621作“蘩饬（饰）降登，以营世君”，两处“蘩”字依文例都应读“繁”为是。[②]《史墙盘》（《集成》10175）有■字，应隶定作“鬕”，其文例为：“鬕媘（祓）多孷（厘）”，“鬕”应读为“繁”，“鬕（繁）媘（祓）多孷（厘）”其意正如《叔向簋》：“降余多福繁孷”。[③]《史墙盘》的“鬕”与本句“蘩”应互为异体，二者皆是从“緐”得声的字。《说文》另有“灥”字，意为“泉水”，从泉，緐声，读若饭。则是个从“緐”得声的形声字，“緐”应为声符。

在此“蘩”或可读“奔”，“蘩”（并母元部）“奔”（帮母文部），《易经·贲》之卦名，《马王堆汉墓帛书》“贲”作“蘩”，蘩从繁声。繁古字作緐。[④] 故“緐”可与“奔”通。“蘩避”可读为“奔避”，意即奔逃、走避之意。“莠櫜”，从原考释者释为“诱蹑”，“蹑”有追随、跟踪之意，如《三国志·卷五十八·吴书·陆逊传》：“抗使轻兵蹑之。”“诱蹑”即引诱敌人跟踪。在先秦兵家中，对于用计引诱敌方的战术也有所记载，如《孙子兵法·行军》：“半进半退者，诱也。”即是以犹疑不定的行进方式来引诱敌方。但除了犹疑不定的行进方式，奔逃躲避也可用于诱敌追击，如《吴子·料敌》：“用兵必须审敌虚实而趋其危。敌人远来新至、行列未定可击，既食未设备可击，奔走可击”。奔走之敌是可以引兵追击的，若我方诈为奔走躲避，亦可发诱敌之效。因此“襌袥蘩避，所以莠櫜也”即没有严格装束及披甲带胄，随意穿着，展露奔逃走避之姿，以诱使敌人追击。

---

① 银雀山汉墓竹简整理小组编：《银雀山汉墓竹简〔壹〕》，第70—71页；张震泽：《孙膑兵法校理》，第118—119页。

② 银雀山汉墓竹简整理小组编：《银雀山汉墓竹简〔壹〕》，第103页。

③ 王辉：《商周金文》，中华书局2006年版，第153页。

④ 张儒、刘毓庆：《汉字通用声素研究》，山西古籍出版社2002年版，第927页。

邹濬智亦针对笔者旧说提出疑问，认为若依此说将“袥”读为“亵”，表内衣，则简文文义必须朝以下二个方向来理解：

其一、“叫战士们将内、外衣（禅）都穿好后佯装逃命。”

其二、“叫战士们或着内衣，或着外衣来佯装逃命。”

视第一种理解，战士们已都将内、外衣穿妥，便显示不出遭人偷袭时的慌张，也就很难诱使敌人夜袭。视第二种理解亦不通人情，因天气或冷或热，夜间休息之战士因以或赤膊或着亵衣；佯装遭到夜袭时，应该或多着外衣，或多着内衣，如要伪装如“禅”“亵”各半，反倒露出马脚。故笔者以为还是张震泽对此段的解释——战士仅披衣括发而未着甲胄——较为合宜。①

谨按：由上引文整理看来，旧说仍有再论的必要。首先，笔者将“禪袥”分别释为“无衬里的衣裳”及“亵”，“亵”意为“私服”，即贴身的衣服。“禪亵”即指兵卒没有严格装束及披甲带胄，衣装随意穿着。其实依笔者所见，“禪亵”的意义在于衣服随意穿着，由此来展露奔逃走避之姿，以诱使敌人追击。因此“禪”“袥”之间应不存在内衣、外衣的穿著问题，而都是没有严格的作战装束。另一个问题是“禪袥（亵）蠹（奔）避，所以莠桑（诱蹑）也”的运用情境。依上引邹濬智的讨论，其说认为与“夜袭”有关，但从本句中其实看不出运用的时间是在日或夜，佯装奔逃与诱敌追击，都和日夜没有一定的关系。

兵书中提到关于夜晚作战的内容有《孙子兵法·军争》：“故夜战多火鼓，昼战多旌旗，所以变人之耳目也。”《吴子·应变》：“凡战之法，昼以旌旗旛麾为节，夜以金鼓笳笛为节。”在夜间作战使用火鼓扰乱敌方耳目，使用金鼓等发出声响以引导队伍。《官一》中也有“夜退以明简”、“夜敬（警）以传节”、“顺明到声，所以夜军也。”而与诱敌有关的则是《孙子兵法·始计》：“兵者，诡道也。故能而示之不能，用而示之不用，近而示之远，远而示之近。利而诱之。”《孙子兵法·行军》：“半进半退者，诱也。”《吴子·论将》：“其将愚而信人，可诈而诱。”主要以利及犹豫不定的行动诱敌。由上大致可以知道诱敌与否似乎和日夜关系不大，也与季节冷热没有直接的牵涉。因此“禪袥（亵）蠹（奔）避，所以莠桑（诱蹑）也”主要还是指以没有严格装束及披甲带胄的随意穿着，展露奔逃走避之姿，以诱使敌人追击，类似《孙子兵法·行军》“半进半退者，诱也”。

三　坚陈（阵）敦□，所以攻槥也。（简四一五—四一六）

“坚陈（阵）”一词，先秦兵书见之，如《六韬·犬韬·战步》：

武王问太公曰：“步兵车骑战奈何？”太公曰：“步兵与车骑战者，必依丘陵险阻，长兵强弩居前，短兵弱弩居后，更发更止。敌之车骑虽众而至，坚阵疾战，材

① 邹濬智：《银雀山汉简〈孙膑兵法·官一〉钩沉》，第113—114页。

士、强弩，以备我后。”

又《吴子·应变》：

武侯问曰：“左右高山，地甚狭迫，卒遇敌人，击之不敢，去之不得，为之奈何?”

起对曰：“此谓谷战，虽众不用。募吾材士与敌相当，轻足利兵以为前行，分车列骑隐于四旁，相去数里，无见其兵，敌必坚陈(阵)，进退不敢。”

从引文可知“坚阵”指的是对阵式加以增强、牢固，偏向防守加强守御的态势，以反击敌方。“敦”，后字残甚，张震泽认为可能是“旅”字；傅振伦认为疑是“卒”字；李京认为是“军”字，据文义而补。①

谨按，《左传·昭公二十三年》：“请先者去备薄威，后者敦陈整旅”，杜注：“敦，厚也。”②“敦陈”意谓厚实、加强其军阵。《银雀山〔贰〕·十阵》有“鼓噪敦兵，以埶(势)助之”③，“敦兵”之意应与“敦陈”相去不远，都指厚实、加强其军阵。可见在目前所见与兵家相关的文献中，“敦某”之词当与军阵、士兵有关，而再由的残画来比照诸家之说：

	旅	卒	军
	《马王堆·春秋事语》89	《银雀山〔壹〕》简 411	《银雀山〔壹〕》简 417

对比后可见残笔的笔画和“旅、卒、军”三字不类，仅与“军”字右上相类，再看简 415 上残笔的位置：

① 张震泽:《孙膑兵法校理》，第 119 页；傅振伦:《孙膑兵法译注》，巴蜀书社 1986 年版，第 78 页；李京:《齐孙子兵法解》，中国书店 1990 年版，第 233 页。

② 杨伯峻:《春秋左传注》，中华书局 1981 年版，第 1446 页。

③ 银雀山汉墓竹简整理小组编:《银雀山汉墓竹简〔壹〕》，第 189—190 页。

残笔的位置相较于同简上的其他字，显得较小，应是墨迹残损，造成简文较小不清。笔者认为此字疑是“刃”，试比较字形如下：

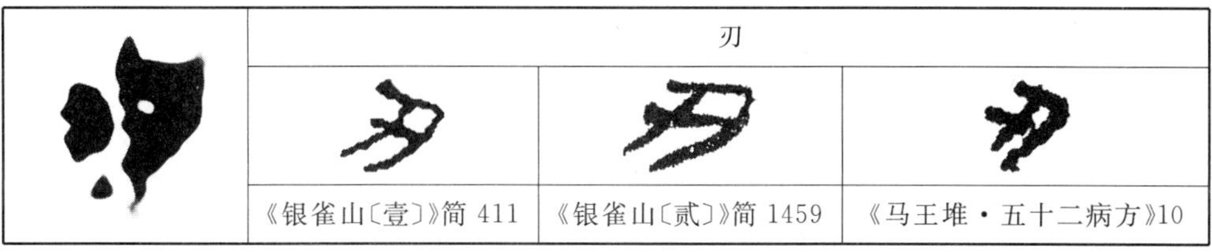

	刃		
	《银雀山〔壹〕》简 411	《银雀山〔贰〕》简 1459	《马王堆·五十二病方》10

其实不难发现残字右上的笔画和“刃”相同，左旁的残画正是“刃”字笔画交叉的部分。因此“坚陈(阵)敦□”当补字为“坚陈(阵)敦刃”，此句应可和《银雀山汉墓竹简〔贰〕·十阵》“鼓噪敦兵”相互参照，“刃”可以指称兵器，“坚陈(阵)敦刃”当指厚实、坚强军阵，整理兵器，整体提升部队的战力。

至于“攻槥”，“槥”字张震泽隶定为“菉”[1]，但细审图版，简文作：

应从整理者说释作“槥”。“槥”见于《说文·木部》，释为：“槥，棺椟也。从木，彗声。”在典籍中指“棺木”之意，与简文之意不合，当求另解。“槥”可通“衛”，“槥”从“彗”得声(匣母月部)；“衛”从“韦”得声(匣母微部)，声同韵近。[2]《六韬·守土》：“日中必彗”，“彗”《银雀山〔壹〕》竹简本作“衛”。《银雀山〔壹〕·六韬》简 664：“日中必衛”，整理者释为“熭”。[3] “衞”为“衛”之异体，形与“衛”之《说文》小篆作“衞”同。则“攻槥”可读“攻衛”，从词语的组成来看，“攻”应为动词，“衛”则应该是个名词，可指担任防护、守备工作的人或部队，如《左传·文公七年》：“文公之入也无卫，故有吕、郤之难。”[4]又《六韬·豹韬·分险》：“凡险战之法，以武冲为前，大橹为卫；材士、强弩，翼吾左右。”或指边境驻兵防敌之处，如《周礼·春官·巾车》：“革路，龙勒，条缨五就，建大白以即戎，以封四卫。”

综上所论，“坚陈(阵)敦刃，所以攻槥(衛)也”全句意即“厚实、坚强军阵，督理兵器，是用来进攻敌方的守卫之人(或军事据点)。”

---

① 张震泽：《孙膑兵法校理》，第 119 页。

② 张儒、刘毓庆：《汉字通用声素研究》，第 902 页。

③ 银雀山汉墓竹简整理小组编：《银雀山汉墓竹简〔壹〕》，第 112 页。

④ 杨伯峻：《春秋左传注》，第 558 页。

叁 结语

出土文献中对于阵法的记载，补上了对古阵法的认识。阵法起源甚早，但对阵法的记载与探讨自汉之后几乎断绝，至唐代有复苏之势，而到宋明两代重新复兴、重建，《银雀山汉墓竹简》的出土就多少补上了中间的阙漏。而《孙膑兵法》的重见天日，是出土文献研究史上的重大成就，也因无传世文献可堪对照，在研究上增添不少难度。本文所讨论的《官一》篇正如张震泽所说："本篇文章体例迥异于他篇，辞句尤多诘屈难解。"或如骈宇谦说："但因用词生僻，比喻较多，文意难懂，有不少内容尚需进一步研究。"本文所提出的三则讨论建立在前贤研究的基础上，提供一些新的观点，期望能为日后先秦兵书中的字词与研读有所帮助。

附记

小文写作蒙本师许学仁先生指导及徐在国先生的鼓励，于此特申谢忱。

参考文献

[1]银雀山汉墓竹简整理小组编：《银雀山汉墓竹简〔壹〕》，文物出版社 1985 年版。

[2]张震泽：《孙膑兵法校理》，中华书局 1984 年版。

[3]邹浚智：《银雀山汉简〈孙膑兵法·官一〉钩沉》，载《出土文献文字与语法研读论文集第一辑》，(台北)万卷楼图书公司 2013 年版。

[4]银雀山汉墓竹简整理小组编：《银雀山汉墓竹简〔贰〕》，文物出版社 2010 年版。

[5]蓝永蔚：《春秋时期的步兵》，(台北)木铎出版社 1987 年版。

[6]王辉：《商周金文》，中华书局 2006 年版。

[7]张儒、刘毓庆：《汉字通用声素研究》，山西古籍出版社 2002 年版。

[8]傅振伦：《孙膑兵法译注》，巴蜀书社 1986 年版。

[9]李京：《齐孙子兵法解》，中国书店 1990 年版。

[10]杨伯峻：《春秋左传注》，中华书局 1981 年版。

（洪德荣：北京师范大学珠海分校文学院，519087，珠海）

利用出土文献研究上古音的“系联比较法”

赵 彤

提要 利用出土文献研究上古音往往会遇到“本字”不明的问题，“本字”不明就无法确定其中古的音韵地位，研究也就没有了基础。“系联比较法”通过出土文献中的“字形”与后世通行文字中的“字”的关系和谐声关系对“字”进行系联，排列同一系联组中的“字”的中古音，找出对应规律，参照历史比较法构拟上古音。

关键词 出土文献 上古音 系联比较法

出土的先秦至汉代的文献资料中保存了丰富的上古音信息。这些资料越来越受到上古音研究者的重视。利用出土文献资料研究上古音一般是沿用针对传世文献资料的方法，从分析其中的谐声、假借和通假等现象入手。然而出土文献的用字情况比较复杂，简单照搬这一方法会遇到一些困难，因此有必要对利用出土文献研究上古音的方法进行一番检讨。

一 出土文献用字的复杂性

出土文献使用的文字系统与后世通行的文字系统不同。具体而言，就是二者没有完整的传承关系。出土文献中使用的文字有的没有传承下来，有的虽然传承下来了，但是在用法上同先前并不完全对应。因此，以后世通行文字系统为出发点，就会看到出土文献的用字呈现出复杂性：

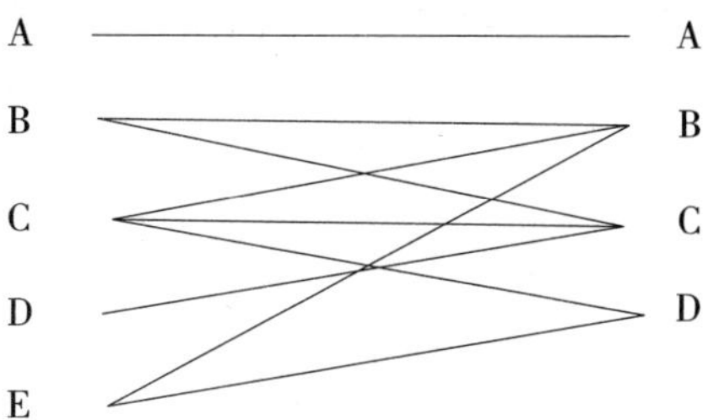

上图左边的 A、B、C、D、E 代表出土文献中的五个字，右边的 A、B、C、D 代表后世通行的四个字，连线代表二者在用法上的对应关系。其中的 A、B、C、D 传承到了后世，E 却没有。不论传承与否，两个系统之间的字都呈现出多对多的关系，即出土文献中的一个字可能对应后世的若干个字，后世的一个字也可能在出土文献中使用不同的字来表示。[①] 这种用字的复杂性给利用出土文献研究上古音提供了便利。因为用字不同，从后世眼光来看就是“通假”，那么就可以利用这种通假关系来考察上古音。不过这种用字的复杂性也给利用出土文献研究上古音带来一些困难。

首先，出土文献中那些没有传承下来的字当然是不见于后世字书、韵书的。其中有的字可以通过分析字形和用法推断出其所代表的“本字”。[②] 比如郭店楚简《老子甲》简 36：“持与亡孰疠？”“疠”可以确定所代表的就是“病”字。[③] 又如楚简中常见的“逵”字，据赵平安(2000 年)的研究就是“逃逸”的“逸”字。可是还有不少字难以确定“本字”。比如楚简中常见的“虐”字，多用作“吾”，如《老子乙》简 7：“虐所以有大患者，为虐有身。”又有用作“乎”的，如《六德》简 42—43：“君子明虐此六者。”从字形和用法上难以确定“虐”代表哪个“本字”。又如楚简中的“悔”(也可以隶定为上下结构)。有用作“谋”的，如《老子甲》简 25：“其未兆也，易悔也。”又有用作“悔”的，如《语丛三》简 31：“知始者寡悔。”还有用作“诲”的，如《六德》简 21：“又从而教悔之。”这个字可以确定是从心母声，但是究竟对应哪个“本字”也难以确定。对于能够确定“本字”的字，我们就可以根据中古的韵书确定其音韵地位。而对于那些难以确定“本字”的字，当然也就无法确定其中古的音韵地位。没有中古的音韵地位，研究其上古音也就失去了基础。

其次，有的字虽然与传世字书、韵书中的某个字字形相同(或者只是隶定后的字形相同)，但是实际上并没有传承关系，只是同形字而已。比如“壴”字，《广韵》中句切，引《说文》“陈乐也”。而楚简中的“壴”多用作“矣”，如《老子丙》简 12：“则无败事壴。”这个“壴”是“喜”的省写，与字书、韵书中的“壴”不是一字。又如“箸”字，《广韵》迟倨切，匙箸。即筷子。楚简中“箸”字一般用作“书”，如《性自命出》简 15：“诗、箸、礼、乐。”这个“箸”与字书、韵书中“箸”也只是同形字。有时是不是同形字可能会有争

---

① 本文不使用“词”的概念。“词”是一个语言单位，“字”是一个书写单位。汉语中的“词”和“字”并不完全对应，所以用“词”的概念不容易说清楚。有的学者使用“音义”这个概念，可以参考陈斯鹏(2011)。

② “本字”指其意义与构形理据相一致。

③ 本文取材全部出自《郭店楚墓竹简》，以下只称篇名。考释多参考陈伟等(2009 年)，一般采用宽式释文，除了要讨论的字以外均转写成通行字。

议。比如《语丛一》简38—41:“《诗》所以会古含(今)之诗也者,《春秋》所以会古含(今)之事也。”楚文字中常有添加羡符“口”的,所以这个所谓的“含”字也可能就是“今”的一种异体,那么跟字书、韵书中的“含”就是同形字了。对于同形字如果不加以辨析,考察音韵关系就缺乏牢靠的基础。而同形字的辨别有时又不那么容易,这就又给我们的研究造成了困难。

二 系联比较法

针对上文指出的出土文献用字的复杂性给上古音研究造成的困难,我们提出一种“系联比较法”。由于有不少字音义并不明确,我们就把出土文献中使用的字称为“字形”。我们要读懂出土文献,首先需要把“字形”转换为后世通行文字系统中的“字”。所以我们在这里区分了两个概念,“字形”用于出土文献的文字系统,“字”用于后世通行的文字系统。“系联比较法”的基本思路是:根据“字形”与“字”的关系和谐声关系对“字”进行系联,如果出土文献中的一个“字形”对应后世文字中的若干个“字”,那么这些“字”就可以系联为一组;同理,如果一个声符出现在若干个“字形”中,那么这些“字形”所对应的“字”以及这个声符本身所对应的“字”也可以系联为一组。“字”是就后世通行的文字系统而言的,所以每一个“字”都可以从字书或韵书中找到其相应的音韵地位,这样就避免了无法确定音韵地位的问题。可以系联起来的一组“字”在语音上应当存在某种关系,比较它们的中古音,找出对应规律,就可以仿照历史比较语言学的方法来拟测上古语音。下面举例说明系联比较法的操作程序。

郭店楚简中“母”声字的使用情况如下:[①]

字形	字	用　　例
母	母 məu	《老子甲》简21:“可以为天下～。”
悔	谋 mjəu	《老子甲》简25:“其未兆也,易～也。
	悔 xuɒi	《语丛三》简31:“知始者寡～。”
	诲 xuɒi	《六德》简21:“又从而教～之。”
海	海 xɒi	《老子甲》简2:“江～所以为百谷王。”

以上三个字形都从“母”声,它们对应的“母、谋、悔、诲、海”五字可以系联为一组。

郭店楚简中“昏”声字的使用情况如下:

① 字形采用隶定形式,字后的音标是中古音,据郭锡良《汉字古音手册》(增订本),商务印书馆2010年。

字形	字	用　　例
昏	昏 xuən	《老子甲》简 30:“民多利器,而邦滋～。”
	问 mǐuən	《鲁穆公问子思》简 1:“鲁穆公～于子思曰。”
	闻 mǐuən	《鲁穆公问子思》简 8:“吾恶～之矣。”
惛	惛 xuən	《性自命出》简 64:“忧欲敛而毋～。”
緡	昏 xuən	《老子丙》简 3:“邦家～乱。”
	緡 mǐěn	《缁衣》简 29:“王言如丝,其出如～。”
䎽	闻 mǐuən	《老子丙》简 5:“听之不足～。”

同样,可以把“昏、问、闻、惛、緡”五字系联为一组。

把这两组字的中古音排列出来,就会发现声母存在晓母 x-和明母 m-两类:

x-:悔诲海昏惛

m-:母谋问闻緡

这里的两个声母出现同一系联组当中,所以我们假定它们上古属于一个大类。按照历史比较法的原则,后代有区别的音类在前代同样应该有区别,所以这里出现的晓母和明母两类在上古就存在区别。这种区别在上古可能是声母不同,也可能是韵母不同,还可能是声母、韵母都不同。从韵母的角度我们找不到明显的语音条件和合乎音理的演变方式。董同龢(1944 年)和李方桂(1971 年)主张这里的晓母字上古是个清鼻音 * hm-。按照这个意见,这里的两类字上古都是双唇鼻音,只是清浊不同,所以常常谐声、通假。清鼻音不易保持,所以后来演变成清擦音。清鼻音的构拟是一个比较可取的方案。

以上关于清鼻音的构拟是着眼于这些字在后代有两种演变,一种变为明母,一种变为晓母,所以必须假定它们在上古就是两种不同的形式。但是从楚简的情况来看,一个字形可以同时表示 * hm-和 * m-两种声母的字,所以我们更倾向于在当时的楚方言中 * hm-变成了 * m-,两类是同音的。① 那么,* hm-和 * m-两种形式并存是当时的通语或者更早一个时期的共同汉语中的情况。另外,还需要注意,* hm-声母的字只是晓母字的一部分,那些只同明母发生关系的晓母字才是来自 * hm-声母的。

三　结语

使用系联比较法可以避开由于“本字”不明而无法确定音韵地位的困难,也可以避免有时会纠缠不清的是否通假的问题。同时,系联比较法的关键在于发掘系联组

① 关于这个问题请参见赵彤(2011 年)。

中所呈现出的语音对应规律，所以对于那些零星的不规则现象，在将对应规律归纳出来之后自然可以予以排除。

在运用系联比较法时，我们强调从中古音出发，这一点在声母的研究上尤其重要。这是因为上古音是我们要研究的对象，它本身还是个未知数，而中古音由于有韵书和韵图，音类是基本确定的，结合方言和域外汉字音构拟出来的系统也是大致可靠的。以中古音为出发点，基础才更牢靠。研究上古的韵部有《诗经》用韵的材料，清代学者的研究已经奠定了良好的基础。上古声母问题则分歧较多，所以在声母的研究上更要强调以中古音为出发点，这样才能够避免先入为主。

利用出土文献资料研究上古音还需要注意材料的同质性。绝对同质的材料是没有的。文字有保守性，前代的形声字或者假借字到了后代仍然可以使用。不同文字系统之间也可能互相渗透，比如出土的战国楚简中也可能包含楚系文字之外的成分。此外，还有语流音变、同义换读甚至讹误等特殊现象。对于这些异质的成分，一方面需要仔细加以甄别；另一方面，如果材料足够多，当我们把对应规律排列出来的时候，异质的成分也容易辨认出来。

参考文献

[1]陈斯鹏:《楚系简帛中字形与音义关系研究》，中国社会科学出版社 2011 年。

[2]陈伟等:《楚地出土战国简册[十四种]》，经济科学出版社 2009 年。

[3]董同龢:《上古音韵表稿》，中央研究院历史语言研究所 1944 年。

[4]荆门市博物馆:《郭店楚墓竹简》，文物出版社 1998 年。

[5]李方桂:《上古音研究》，商务印书馆 1980 年。

[6]赵平安:《战国文字"遊"与甲骨文"{坴}"为一字说》，《古文字研究》第 22 辑，中华书局 2000 年。

[7]赵彤:《战国楚方言音系》，中国戏剧出版社 2006 年。

[8]赵彤:《能否根据楚系文献重建上古楚方言音系》，《语言学论丛》第 44 辑，商务印书馆 2011 年。

（赵彤：北京大学中国语言文学系，100871，北京）

北朝佛教石刻俗字例释

梁春胜

提要　北朝佛教石刻多俗字，给现代学者的整理和研究造成一定的困难。本文选取其中的15个俗字试做考释。

关键词　北朝　佛教石刻　俗字　考释

以造像记为中心的北朝佛教石刻，是研究北朝佛教文化的重要材料。但这一时期的佛教石刻俗字繁夥，给现代学者的整理和研究造成一定的困难。本文选取其中的15个字试做考释，不当之处请方家指正。

1. 北凉沮渠安周造像记："爰有含[灵独]悟之士，韬日月于方寸，具十虎（號）以降生。"（《校注》3/90[①]）

按："韬"拓本作"[illegible]"，《西陲石刻录》[②]、《鲁迅》（2/1/65[③]）录作"韬"，《增订碑别字》释作"韬"[④]，《碑别字新编》承之[⑤]，是也。如魏穆亮妻尉氏墓志"瑶琴韬轸"之"韬"作"[illegible]"（《北图》4/82[⑥]），魏皇甫驎墓志"至韵韬玄"作"[illegible]"（《校注》4/282），魏张玄墓志"咸韬松户"作"[illegible]"（《北图》5/151），皆其比。"韬日月于方寸"，即敛藏日月于心中，比喻佛之心胸极为光明坦荡。《新疆访古录》卷一录作"[illegible]"[⑦]，非是。

---

① 毛远明：《汉魏六朝碑刻校注》（简称《校注》），线装书局2009年5月。斜线前面的数字表册数，后表页数。下同。

② 罗振玉：《西陲石刻录》，《石刻史料新编》第2辑第15册，新文丰出版公司1979年6月，第11031页下栏。

③ 鲁迅：《鲁迅辑校石刻手稿》（简称《鲁迅》），上海书画出版社1987年7月。第一个斜线前的数字表示函数，两斜线间的数字表示册数，第二个斜线后的数字表示页数。下同。

④ 罗振鋆、罗振玉：《增订碑别字》，《罗振玉学术论著集》第二集，上海古籍出版社2010年12月，第710页。

⑤ 秦公：《碑别字新编》，文物出版社1985年7月，第438页。

⑥ 北京图书馆金石组：《北京图书馆藏中国历代石刻拓本汇编》（简称《北图》），中州古籍出版社1989年5月。

⑦ 王树枏：《新疆访古录》，《石刻史料新编》第2辑第15册，第11489页下栏。

2. 魏姚伯多造像记："清信胡㥁女供养。"(《校注》3/291)

按："㥁"拓本作"惡"，《百品》释作"恶"(5[①])，是也。如北凉沮渠安周造像记"瞬息之恶"的"恶"作"悪"(《北图》2/125)，魏李玄墓志"公乃去恶就善"作"悳"(《校注》7/198)，皆其比。六朝时人往往取恶名以压不祥，如魏高树解伯都等造像记有"高恶子"(《校注》3/353)，西魏陈神姜等造像记碑阴有"维那刘恶女"(《北图》6/12)，用意相同。魏常文远等造像记有"清信女宋悳女"(《北图》3/121)，"悳"显然也是"恶"字。俗书"德"右旁与"恶"皆可写作"悳"形，一般认为"恶"写作"悳"是由"德"去掉左旁而来，用意跟以"㝵"("得"去掉左旁)为"礙"相类[②]。《校注》将姚伯多造像记的"惡"录作"㥁"，字形失真。此处的"㥁"《校注》无说，但他处皆以为"德"字，释字亦误。笔者所见北朝石刻中的"悳"形，无一例外皆当释作"恶"。例如东魏敬显儁碑阴"州都郭悳毦"(《校注》7/262)，"悳"拓本作"悳"，《百品》录作"恶"(103)，是也，《周书》卷一有人名"拔也恶毦"[③]，是其比。《校注》《魏补》(74[④])皆以为"德"字，非是。北齐宋买等造像记题名有"宋悳虫"(《校注》9/268)，"悳"《百品》录作"恶"(227)，是也。《校注》以为"德"字，亦非。"虫"《校注》所据拓本残泐不清，《百品》所收拓本则比较清晰，作"虫"，《百品》录作"虫"，是也。《校注》录作"虫"，疑是"惠"，皆非。"恶毦""恶虫"取名之意相似。北齐张龙伯兄弟等造像记"息悳仁"(《校注》8/241)，"悳"拓本作"悳"；北齐段恭安等造像记"趙悳洛"(《校注》9/273)，"悳"拓本作"悳"。二字亦应是"恶"字。《齐周》将二字皆释作"德"(155、255[⑤])，非是。

魏仇臣生造像记："积善成道，累壼灭身。"(《校注》5/275)"壼"拓本作"悳"，《校注》以为同"㥁"，即"德"字，其说非是。《百品》(62)、《魏补》(505)释作"恶"，是也。"累恶灭身"与"积善成道"正相反，若作"累德灭身"，则不合情理。魏张安世造像碑"侄壼仁"(《校注》5/34)，"壼"拓本作"悳"，显然也是"恶"字，《校注》释作"德"，亦非。北朝常见以"恶仁"为名者，如东魏吕昇欢等造像记有"邑主吕恶仁"(《魏补》583)，北齐标异乡义慈惠石柱颂有"李恶仁"(《校注》9/107)，北齐陈神忻等造石室记有"轮王主张恶仁"(《百品》178)，隋代有成恶仁墓志[⑥]，皆其例。

---

① 颜娟英：《北朝佛教石刻拓片百品》(简称《百品》)，中研院历史语言研究所2008年5月。

② 裘锡圭：《文字学概要》，商务印书馆2013年7月，第138页。

③ 〔唐〕令狐德棻等：《周书》，中华书局1971年11月，第9页。

④ 韩理洲：《全北魏东魏西魏文补遗》(简称《魏补》)，三秦出版社2010年12月。

⑤ 韩理洲：《全北齐北周文补遗》(简称《齐周》)，三秦出版社2008年6月。

⑥ 罗新、叶炜：《新出魏晋南北朝墓志疏证》，中华书局2005年3月，第516页。

北周圣母寺四面像碑："邑子雷奴悥。"(《校注》10/183)"悥"拓本作"悳"，乃是"悳"字俗写，同"德"。其字楷定应作"悳"，《校注》录作"悥"，失真。同碑下文"邑子昨和石悥"(《校注》10/184)，"悥"据拓本亦当录作"悳"，同"德"。

《汉魏六朝碑刻异体字典》将魏仇臣生造像记的"悳"、东魏敬显儁碑的"悳"、北齐段恭安等造像记的"悳"、北齐张龙伯兄弟等造像记的"悳"，并收入"德"字头下(154①)，皆非。

3. 魏比丘法雅等造九级浮图碑："還于秦汉魏晋，奕世公弼，参思九五。"(《百品》17)

按："還"拓本稍有残泐，剔除泐痕其字作"遝"，乃是"遝"字俗写。俗书"罒"旁常写作"罒"形，如北齐张龙伯兄弟等造像记"为亡父母敬造石象(像)六勘(龛)，遝及七世所生、己身、因缘眷属，亡者生天，见存安隐"，"遝"作"遝"(《校注》8/241)，吐鲁番出土古写本《孝经》"治国者不敢侮于鳏寡"之"鳏"作"鳏"②，《龙龛手镜·鱼部》"鳏"俗作"鳏"(165③)，《角部》"鳏"俗作"[illegible]"(511)，皆其例。"遝""逮"为通用字，《尔雅·释言》："逮，遝也。"④此处"遝及"同义连文，义同"逮及"。魏兴平皇兴五年造像记："愿在先会，得[悟]▨累消豁，获无生忍，遝□▨乘六神通，随心任适。"《校注》云："'遝'字不识，待考。"(《校注》3/251)今按其字亦当是"遝"字。

因"遝""逮"为通用字，故"遝"的俗字"遝"常被误认作"逮"字。如《可洪音义》谓"逮"或作"遝"(《可研》407⑤)，《龙龛手镜·辵部》谓"逮"俗作"遝"(493)，都是误以"遝(遝)"为"逮"字。《汉语大字典》承《龙龛手镜》以"遝"同"逮"⑥，当订正。《汉魏六朝碑刻异体字典》将张龙伯兄弟等造像记的"遝"收入"逮"字下(141)，亦非。

4. 魏比丘法雅等造九级浮图碑："懿矣杨宗，得其宜与，应儁而不谬，犹绍沮涞矣。"(《百品》17)

按："涞"拓本作"涞"，当是"漆"字俗书。魏公孙猗墓志"膝前有欢"之"膝"作"膝"(《北图》5/49)，《可洪音义》"漆"或作"涞"(《可研》629)，皆其比。《诗·大雅·

---

① 毛远明：《汉魏六朝碑刻异体字典》，中华书局 2014 年 5 月。

② 中国文物研究所等：《吐鲁番出土文书[壹]》，文物出版社 1992 年，第 232 页。

③ 〔辽〕释行均：《龙龛手镜》(简称《龙龛》)，影印高丽本，中华书局 1985 年 5 月。

④ 〔清〕阮元校刻：《十三经注疏》，中华书局 1980 年 10 月，第 2583 页上栏。

⑤ 韩小荆：《〈可洪音义〉研究——以文字为中心》(简称《可研》)，巴蜀书社 2009 年 10 月。

⑥ 汉语大字典编辑委员会：《汉语大字典(第二版)》，崇文书局、四川辞书出版社 2010 年 4 月，第 4147 页右栏。

绵》："绵绵瓜瓞，民之初生，自土沮漆。"毛传："兴也。绵绵，不绝貌。瓜，绍也。瓞，瓝也。民，周民也。自，用。土，居也。沮水、漆水也。"郑笺："瓜之本实，继先岁之瓜必小，状似瓝，故谓之瓞。绵绵然若将无长大时。兴者，喻后稷乃帝喾之胄，封于邰。其后公刘失职，迁于豳，居沮漆之地，历世亦绵绵然。至大王而德益盛，得其民心，而生王业。故本周之兴，云于沮漆也。"[①]"沮漆"即本此。杨氏出自姬姓，"犹绍沮漆"，谓其犹能继承先祖功业也。

5. 魏王守令造像碑碑阳："录生王□□。"（《校注》5/27）

按："□□"拓本作"[illegible]"，《校注》疑是"二云"二字，不可从。毛志刚认为"[illegible]"只占了一个字格，应只是一个字，其说是也；但又将"[illegible]"与李祈年墓志的"[illegible]"联系起来，认为李祈年墓志的"[illegible]"是"老"字，"[illegible]"亦应是"老"字，其说则非[②]。李祈年墓志为伪刻早有定论，其字形"[illegible]"乃是比照《玉篇》"老"古文作"[illegible]"伪造。王守令造像碑的"[illegible]"，当从三从虫，应是"蚕"的俗字。吐鲁番出土某家失火烧损财务账"蚕种十薄"之"蚕"作"[illegible]"，请奉符勅尉推觅逋亡文书"侄蚕得前亡▨"之"蚕"作"[illegible]"[③]，皆其比。《魏补》其字缺录（480），盖不识；《北朝佛道造像碑精选》录作"寅□"二字（129[④]），亦非。《汉魏六朝碑刻异体字典》根据毛志刚的意见，将此字收入"老"字下（504），非是。

魏樊奴子造像记碑阳："亡兄樊[illegible]供养。"[⑤]"[illegible]"剔除泐痕当作"[illegible]"。此造像记碑阴拓本残泐较甚，《金石萃编补遗》卷一有录文，云："亡兄[illegible]，前统军，躬故，增北地太守。"[⑥]毛凤枝按语云："[illegible]字碑中两见，不可识。"今按其字亦应是"蚕"的俗字。

魏锜麻仁造像碑："□□王龙玉。"（《校注》5/126）"龙"拓本作"[illegible]"，亦当是"蚕"字。此字《魏补》因不识而缺录（492），《北朝佛道造像碑精选》亦释作"龙"（132），非是。"玉"拓本作"[illegible]"，《魏补》录作"王"，是也。同碑下文"申妻□□□"，三缺字《鲁迅》摹录作"张[illegible]王"（2/1/124），"[illegible]"也应是"蚕"字。《魏补》释作"蚩"，非是。

6. 魏元悦修治古塔碑铭："夫非善莫能崇洪业，匪恶无以坠苦津。要藉因兴以感

---

① 〔清〕阮元校刻：《十三经注疏》，第 509 页中栏。

② 毛志刚：《〈汉魏六朝碑刻校注〉补正》，《古籍整理研究学刊》2012 年 1 期，第 73 页。

③ 中国文物研究所等：《吐鲁番出土文书[壹]》，第 98、100 页。

④ 陕西省耀县药王山博物馆等：《北朝佛道造像碑精选》，天津古籍出版社 1996 年。

⑤ 京都大学人文科学研究所藏石刻拓本资料（南北朝部分），网址 http://kanji.zinbun.kyoto-u.ac.jp/db-machine/imgsrv/takuhon/type_a/html/nan0356a.html。

⑥ 〔清〕毛凤枝：《金石萃编补遗》，《石刻史料新编》第 2 辑第 2 册，第 1503 页下栏。

杲,假修行而招缘。"(《校注》5/248)

按:"杲"拓本稍有残泐,据文意当是"果"字俗讹。"感果"为佛教语,指由所作的业因,必召感应得果报。如东魏李显族等造像记:"成因感果,须达未足为殊;得报获益,祇陁岂曰非譬。"(《校注》7/319)北齐舜禅师造像记:"二仪覆载,万品有缘。受业各异,感果相牵。"(《校注》9/350)皆其例。"果"俗书或与"杲"相混,如魏崔混墓志"术穷炙輠"之"輠"作"𫐏"(《校注》7/213),北齐宋买等造像记"托菓于娑罗"之"菓"作"𦵧"(《北图》7/183),敦煌俗字"果"或作"杲""菒"(《敦典》143[①]),"窠"或作"窠"(《敦典》221),皆可比参。《校注》照录原形而无说,不妥。

7.魏僧智等造像记碑阳:"副当阳主昝元智""斋主张羊妻昝一心侍佛""供养主昝陈万"。(《百品》74)

按:"昝"拓本皆作"昝"形,乃是"昝"字俗写,"昝"为姓氏用字。魏伏君妻昝双仁墓志"昝"作"昝"(《北图》5/29),唐昝斌墓志"昝"作"昝"(《北图》18/25),《王二・感韵》"昝"作"昝"[②],皆其比。同碑碑阴"邑子昝忧免""邑子昝高仁""邑子昝清""邑子昝显洛""邑子昝亟"(《百品》75),"昝"亦皆当改作"昝"。同碑左侧题名"邑子昝長寬",右侧题名"邑子昝客□""邑子昝□□"(《百品》76),"昝"拓本作"昝",亦是"昝"字俗写。

东魏张法寿息荣迁等造像记:"大炬如來主昝寄保。"(《百品》88)"昝"拓本作"昝",《鲁迅》摹录作"昝"(2/2/244),亦是"昝"字。

西魏巨始光等造像碑:"邑子昝留买""邑子昝义兴""维那昝辉和""邑子昝榆和"。(《百品》109)"昝""昝"拓本残泐不清,《鲁迅》分别摹录作"昝、昝、昝、昝"(2/3/540—543),《魏补》皆释作"昝"(662),是也。

8.东魏中岳嵩阳寺碑:"禅师乃构千善灵塔一十五层,始就七级,缘荖中止。"(《校注》7/136)

按:"荖"拓本如此,《校注》以为"老"的俗字,不可从,北朝石刻"老"未见有写作"荖"者。严可均《全后魏文》卷五八[③]、《百品》(86)录作"差",是也。魏元子直墓志

① 黄征:《敦煌俗字典》,上海教育出版社2005年5月。

② 周祖谟:《唐五代韵书集存》,中华书局1983年7月,第483页。

③〔清〕严可均:《全上古三代秦汉三国六朝文》,中华书局1958年12月,第3804页下栏。

"福极参差"之"差"作"𫝀"(《北图》4/169),北齐韩山刚造碑像记"照用万差,缘起殊状"作"𫝀"(《北图》7/142),皆其比。佛教有所谓"因缘"说,"因"指产生结果的内在直接原因,"缘"指资助因的外在间接条件。"缘差"的"差"是乖舛义,"缘差"指外在条件不利(从而导致事情未成功)。此处"缘差中止"指因外在条件不利,从而导致塔未建成而中止。隋吉藏撰《法华义疏》卷七:"或有所得或无所得者,行善因得善果为有所得,行无记因不得果为无所得。又定得果为有所得,缘差不得果为无所得也。"[①]隋灌顶撰《隋天台智者大师别传》:"秦孝王闻风延屈,先师对使而言:虽欲相见,终恐缘差。"[②]其中"缘差"义同,皆可比勘。章红梅《汉魏晋南北朝碑刻同形字辨识》《试析汉魏六朝石刻中的同形字》二文[③],以及毛远明、章红梅《汉魏晋南北朝碑刻同形字举证》一文[④]同误。

9.东魏道俗九十人等造像记:"自非洞解虚宋,焉能□斯玄猷者哉。"(《校注》7/343)

按:"宋"拓本作"宗",《校注》以为"宋(寂)"字,非是;《百品》录作"宗"(115),是也。东魏崔混墓志"人伦宗慕"之"宗"作"宗"(《校注》7/213),西魏法超造像记"体解空宗"作"宗"(《校注》8/171),北齐宋买等造像记"宗尚庄老之谈"作"宗"(《北图》7/183),皆其比。六朝石刻中"宋"未见这样的写法。"虚宗"指佛法,"虚"是玄虚之义。佛法博大精深,冲虚玄妙,非常人轻易所能把握;且佛教传入中国后,与老庄玄学合流,倡导性空、本无之说,否定世俗观念。故佛法遂被目为"虚宗"。缺字拓本作"[illegible]",据字形轮廓应是"悟"字。"玄猷"谓先圣之道,此处指佛教义理。全句谓若非透彻理解佛法,则不能参悟其深奥义理。下文铭文部分"自非觉者,熟(孰)悟玄经",语意相同,亦用"悟"字,可以比参。

东魏道颖等造像记:"以斯微福,仰为皇帝陛下、师僧父母、内外眷属,挺姿遐延,尊荣极世,俱契真宋,神超八解。"(《校注》8/31)"宋"拓本作"宗",亦当是"宗"字俗写。"真宗"指佛教宗旨,佛教徒称其所信奉者为真实之宗旨,故称。《校注》疑是"宋(寂)"

---

① 〔日〕大正一切经刊行会:《大正新修大藏经》第 34 册,新文丰出版公司 1983 年,第 555 页上栏。

② 〔日〕大正一切经刊行会:《大正新修大藏经》第 50 册,第 194 页下栏。

③ 章红梅:《汉魏晋南北朝碑刻同形字辨识》,《四川理工学院学报》2005 年 2 期,第 72 页;章红梅:《试析汉魏六朝石刻中的同形字》,《西南科技大学学报》2005 年 3 期,第 7 页。

④ 毛远明、章红梅:《汉魏晋南北朝碑刻同形字举证》,《中国文字研究》第六辑,广西教育出版社 2005 年 10 月,第 112 页。

字，非是。

北齐潘景晖等造像记："冲寂妙绝，超越是非。"（《百品》231）"寂"拓本作"宗"，《校注》录作"宗"（9/298），是也。"冲宗"指佛法，与"虚宗"同义，"冲"是冲虚、玄妙之义。《百品》以其字为"宗"，同"寂"，亦非。

北齐兴圣寺四十人等造像记："若夫玄旨深邃。妙迹难寻。冲寂迥□。非圣不会。"（《百品》251）"寂"拓本有残泐作"宗"，亦当是"宗"字。《八琼室金石补正》卷二二录作"宗"[①]，非是。《费县金石志》卷上[②]、《百品》皆录作"寂"，盖亦误以其为"宗"字。

10. 北齐张世宝等造塔记："又愿合邑诸人，师僧父母，归真悟忈，逮及有形，咸同福庆。"《校注》云："忈，字书不载。似'忍'的俗字，但不能确定。待考。"（《校注》8/272）

按："忈"拓本作"忈"，其字确是"忍"字。"刃"旁俗书或与"丑"相混，如魏孝文帝吊比干文"纫蕙芷以为绅兮"之"纫"作"纽"（《北图》3/21），敦煌俗字"釼（剑）"或作"鈕"（《敦典》188），《集韵·有韵》"㓹（𥝩）"作"𥝩"[③]，皆其例。魏樊奴子造像记"悮（悟）无生忍"之"忍"作"忈"（《校注》6/368），敦煌俗字"忍"或作"忈"（《敦典》339），《可洪音义》或作"忈"（《可研》653），P. 3155《孔子备问书》"诈認他贵人是亲二"之"認"作"䛁"[④]，"忍"及"忍"旁写法相同，是其切证。"归真悟忍"是佛教语。"归真"指回归真如，达到涅槃境界。"悟忍"指悟得无生法忍，无生法忍谓观诸法无生无灭之理而谛认之，安住且不动心。

11. 北齐标异乡义慈惠石柱颂："犹若纯陁之□，□□□穷。舍利香积，曾何云媿。"（《校注》9/107）

按："媿"拓本稍有残泐，剔除泐痕其字作"娓"，乃是"媲"字俗写。如北齐李君妻崔宣华墓志"媲水争流"之"媲"作"娓"（《北图》7/123），北齐赫连子悦墓志"媲金山之铣出"作"娓"（《校注》10/30），隋王楚英墓志"媲许同规"作"娓"（《北图》9/6），皆

---

① 〔清〕陆增祥：《八琼室金石补正》，《石刻史料新编》第1辑第6册，新文丰出版公司1982年，第4343页上栏。

② 〔清〕李敬：《费县金石志》，《石刻史料新编》第3辑第26册，新文丰出版公司1986年7月，第176页上栏。

③ 〔宋〕丁度等：《集韵》，中华书局2005年5月，第125页上栏；杨宝忠：《疑难字续考》，中华书局2011年4月，第492页。

④ 上海古籍出版社、法国国家图书馆编：《法藏敦煌西域文献》第22册，上海古籍出版社2002年9月，第52页上栏。

其比。“舍利香积，曾何云媲”，盖指邑义所造塔寺之美，舍利塔、香积寺亦非其比。《定兴县志》卷一六[①]、《百品》(197)释文同误。《齐周》释作“愧”(45)，亦非。

12.北齐郭显邕造经记：“秉業自护，爱惜浮囊。处泥不污，粲若明珠。”(《校注》9/214)

按：“業”拓本作“𬞟”，当是“禁”字俗写。魏王遗女墓志“虽离禁隶”之“禁”作“𬞟”(《北图》4/110)，魏青州刺史元湛墓志“握笔禁省”作“𬞟”(《北图》5/102)，东魏道瓒碑记“纤理靡损，持禁带浮”作“𬞟”(《北图》6/155)，皆其比。“秉禁”即持戒，如南朝梁慧皎《高僧传》卷八“释智顺”条：“少而聪颖，笃志过人。虽年在息慈，而学功已积。及受具戒，秉禁无疵。陶练众经，而独步于《涅槃》《成实》。”[②]是其例。北凉昙无谶译《大般涅槃经》卷一一《圣行品第七》：“譬如有人带持浮囊欲渡大海，尔时海中有一罗刹，即从其人乞索浮囊。其人闻已即作是念：‘我今若与，必定没死。’答言罗刹：‘汝宁杀我，浮囊叵得。’……菩萨摩诃萨护持禁戒亦复如是，如彼渡人护惜浮囊。”[③]“秉禁自护，爱惜浮囊”即本此。《齐周》其字缺录(244)，《百品》录作“榮”(217)，亦非。

13.北齐董洪达等造像记：“茫茫法水，眇眇零津。惠流旡外，化被微尘。”(《校注》9/315)

按：“旡”拓本作“旡”，《潜研堂金石文跋尾》卷三释作“天”[④]，《金石萃编》卷三四、《金石文字辨异》卷二则释作“无”[⑤]。《校注》以前说为优。今按其字当是“无”字。六朝石刻中“无”字的这种写法很常见，如魏奚智墓志“故无任焉”之“无”作“旡”(《北图》3/98)，东魏安村道俗一百余人修塔记“莫不尽化还无”作“旡”(《百品》89)，西魏巨始光等造像碑“体绝有无”作“旡”(《百品》104)，皆其例。六朝石刻中“天”则未见这样的写法。“无外”就是没有例外的意思，“惠流无外”谓佛法普度众生，没有例外。如东晋佛陀跋陀罗、法显译《摩诃僧祇律》卷一：“王德被无外，祚隆永无穷。”[⑥]梁僧佑《弘明集》卷六释道恒《释驳论》：“美济当时，化流无外。”[⑦]魏杜文庆等造像记：“大慈广被，化

① 〔清〕杨晨：《定兴县志》，《石刻史料新编》第3辑第23册，第611页下栏。

② 〔日〕大正一切经刊行会：《大正新修大藏经》第50册，第381页中栏。

③ 〔日〕大正一切经刊行会：《大正新修大藏经》第12册，第432页中栏。

④ 〔清〕钱大昕：《潜研堂金石文跋尾》，《石刻史料新编》第1辑第25册，第18768页上栏。

⑤ 〔清〕王昶：《金石萃编》，《石刻史料新编》第1辑第1册，第597页上栏；〔清〕邢澍：《金石文字辨异》，《石刻史料新编》第1辑第29册，第21617页上栏。

⑥ 〔日〕大正一切经刊行会：《大正新修大藏经》，第22册第228页中栏。

⑦ 同上书，第52册第37页上栏。

潭(覃)无外。"(《校注》5/264)皆可比勘。《百品》录作"旡"而无说(241),亦未妥。

魏邑义信士女等五十四人造像记:"慈被十方,泽流天外。"(《校注》3/263)"天"拓本作"兀",亦当是"无"字。

《汉魏六朝碑刻校注》将董洪达等造像记的"死"、邑义信士女等五十四人造像记的"兀"皆收入"天"字下(878),非是。

14. 北齐彭城王高湝修寺碑:"若夫一念小善,犹居忉利之上;两钱轻拖,仍成罗汉之果。"(《百品》182)

按:"拖"拓本作"拖",据文意当是"施"字俗写。如晋王闽之墓志"妻吴兴施氏"之"施"作"柂"(《校注》3/2),敦煌俗字"施"或作"拖"(《敦典》364),《可洪音义》"施"或作"拖"(《可研》672),皆其比。"两钱轻施,仍成罗汉之果",用金财比丘之典。据《贤愚经》卷二《金财因缘品》,过去九十一劫毗婆尸佛出世时,有一贫人,以卖薪所得两钱供养佛,由是九十一劫间恒手握两钱而生,随取随在,更无穷尽。至释迦时,生为舍卫国长者之子,及长出家,得罗汉道,称为金财比丘[①]。

15. 北齐杨暎香等造像记:"法炬开朗,惠照阎浮。净持三昧,竞舍箪□。皮纸应化,骨笔□流。劫云将尽,天衣未怀。"(《百品》244)

按:"净"拓本作"[illegible]",《鲁迅》录作"争"(2/4/814),是也,"争"与"竞"对文同义。"箪"拓本作"[illegible]",其下缺字拓本作"[illegible]",《鲁迅》录作"单眸"二字,其义待考。"怀"拓本作"怀",当是"休"字俗写。如魏侯刚墓志"至有休假"之"休"作"怀"(《北图》5/36),魏马鸣寺根法师碑"□化城之休止"作"怀"(《校注》5/173),《可洪音义》"休"或作"怀"(《可研》753),皆其比。此处"浮、眸、流、休"皆为尤韵字,正谐韵。佛经中或以天衣拂石喻指时间之长久。后秦竺佛念译《菩萨璎珞本业经》卷二:"譬如一里二里乃至十里石,方广亦然,以天衣重三铢,人中日月岁数,三年一拂此石乃尽,名一小劫。若一里二里乃至四十里,亦名小劫。又八十里石,方广亦然,以梵天衣重三铢,即梵天中百宝光明珠为日月岁数,三年一拂此石乃尽,名为中劫。又八百里石,方广亦然,以净居天衣重三铢,即净居天千宝光明镜为日月岁数,三年一拂此石乃尽,故名一大阿僧祇劫。"[②]后秦鸠摩罗什译《大智度论》卷五:"'劫'义,佛譬喻说:'四十里石山,有长

① 〔日〕大正一切经刊行会:《大正新修大藏经》,第4册第358页中栏。

② 同上书,第24册第1019页上栏。

寿人百岁过，持细软衣一来拂拭，令是大石山尽，劫故未尽。'"[①]"劫云将尽，天衣未休"即本此，指时间之无有穷尽。东魏凝禅寺三级浮图碑："无言之论，拂石记年；沙童之说，弹指为证。"(《校注》7/223)北齐刘氏造像记："昔巨石虽广，拂轻衣如尚销；真迹圣容，历芥城如[永]固。"(《百品》234)北齐周荣祖等造像记："天衣拂石，消[尽]为难；腾谷盘山，本自不易。"[②]皆用此典。

北齐法仪兄弟八十人等造像记："孔女伾。"(《校注》8/397)"伾"拓本作"伾"，亦当是"休"的俗字。《可洪音义》"休"或作"伾"(《可研》753)，是其比。东魏敬显儁碑阴有"胡女休"(《百品》101)，北齐刘碑造像记有"邑子赵女休"(《百品》160)，亦以"女休"为名，可以比勘。《百品》(151)、《齐周》(190)亦照录原形而无说。

(梁春胜：河北大学文学院，071002，保定)

---

① 〔日〕大正一切经刊行会：《大正新修大藏经》，第25册第100页下栏。

② 胡海帆、汤燕编：《1996—2012北京大学图书馆新藏金石拓本菁华》，北京大学出版社2013年1月，第116页。

德藏吐鲁番出土《玉篇》残页考*

张 磊

提要 上世纪初，德国探险队在新疆吐鲁番地区高昌故城收集到两件刻本《玉篇》残页，编号分别为 Ch. 2241(T I D 1013)和 Ch. 1744(T Ⅲ T 399)，前者所存内容为卷 26 末尾至卷 27 起始部目，后者仅存卷首总目部分的 20 个部首。从字体等方面来判断，Ch. 2241 应为宋刻本，而 Ch. 1744 的时间下限应是北宋真宗大中祥符五年(1012 年)，很可能是宋前所刻，这是目前所知最早的《玉篇》刻本。同时通过早期刻本《玉篇》的比较，探讨刻本系统的宋刊、元刊以及泽存堂本之间的源流关系。

关键词 德藏 玉篇 宋刻 源流

《玉篇》，梁大同九年(543 年)顾野王(519—581 年)撰，一般称为原本《玉篇》，今存 7 卷残卷。原本《玉篇》成书之后，又经历过三次大的修改：第一次是萧恺删改本(约 550—551 年完成)。① 第二次是唐高宗上元元年(674 年)，有南国处士富春孙强的增字减注本以及《玉篇抄》②一类的节本流行。第三次是北宋真宗大中祥符六年(1013 年)，陈彭年、吴锐、丘雍等奉敕进行重修，更名为《大广益会玉篇》(即今本《玉篇》)。在前两类大多亡佚的情况下，大广益会本《玉篇》广泛流行于世。

宋本《玉篇》的版本和刊刻时间，一直是学界关注的重要问题，前贤时彦多有论述。③

---

* 本文是国家社科基金项目“《新撰字镜》与古写本辞书比较研究”(14CYY027)阶段性研究成果之一。

① 《梁书·萧子显传》所附《萧恺传》云：“先是时，太学博士顾野王奉令撰《玉篇》。太宗嫌其书详略未当，以恺博学，于文字尤善，使更与学士删改。”

② 日本宽平三年(891 年)前后藤原佐世所撰《日本国见在书目录》中，即载有“《玉篇抄》十三卷”(贾贵荣辑：《日本藏汉籍善本书志书目集成》，北京图书馆出版社 2003 年 6 月，第 10 册，第 461 页)。又《四部丛刊初编》所收南宋楼钥《攻媿集》卷七八《跋宇文廷臣所藏吴彩鸾〈玉篇钞〉》一文云：“既谓之‘钞’，窃谓如《北堂书钞》之类，盖节文耳，以今《玉篇》验之果然。不知旧有此钞而书之耶，抑彩鸾以意取之耶？”从敦煌出土的一些文献来看，唐代确有《玉篇》的传抄本，参见张涌泉《敦煌经部文献合集》关于《玉篇抄》的题解和校录，中华书局 2008 年 8 月，第 3801—3809 页。

③ 黄孝德：《〈玉篇〉的成就及其版本系统》，《辞书研究》1983 年第 2 期；陈建裕：《〈玉篇〉版本研究》，《西藏大学学报》1999 年第 2、3 期。

上世纪初，德国探险队在新疆吐鲁番地区高昌故城收集到两件《玉篇》残页，编号分别为Ch.2241(T I D 1013)和Ch.1744(T Ⅲ T 399)，均为刻本，原件的照片后来由王重民先生从柏林带回，收藏在中国国家图书馆。与传世的宋本、元本相比，残页虽在内容上相同，但在分卷、用字等方面颇有差异，具有重要的文献价值。现略做考证，以就教于方家。

一　吐鲁番本《玉篇》残页叙录

现将这两件残页的情况描述如下：

(一)Ch.2241(T I D 1013)，见《王重民向达所摄敦煌西域文献照片合集》，[①]如图1所示。27.4×14.2cm，版框高23.5cm，存13行，刻本，高昌故城出土。荣新江《吐鲁番文书总目(欧美收藏卷)》定名为"玉篇·部目"，并说："中国国家图书馆善本部藏有王重民1935年所获照片，据补原编号。以照片所摄刻本与原件相比较，下端失掉一角，所缺恰好是下栏边框的刻线。"[②]残页反切皆作"某某反"。起"□(韍)□(音)秘。弓□□(绁也)。 韣都盍反。热韣韣"，讫"□(句)俱□部四□□□□(百六十三)"，所存内容为卷26末尾至卷27起始部目，但卷27与他本《玉篇》内容不同。冈井慎吾、[③]高田时雄[④]等先生皆谓此残页为宋刻本《玉篇》，且冈井慎吾认为该残页是对大广益会本有影响的底本。

图1

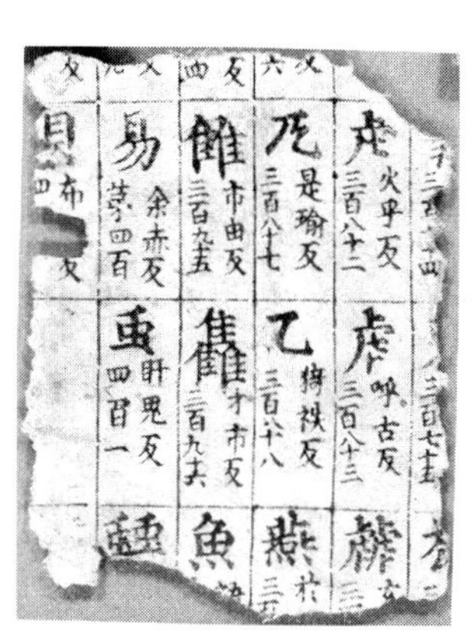

图2

① 国家图书馆善本特藏部编：《王重民向达所摄敦煌西域文献照片合集》，北京图书馆出版社2008年4月，第11241页。

② 荣新江：《吐鲁番文书总目(欧美收藏卷)》，武汉大学出版社2007年10月，第184页。

③ 〔日〕冈井慎吾：《重松教授将来の切韵及び玉篇の写真につきて》，《斯文》第十九编第九号，1937年。

④ 〔日〕高田时雄：《敦煌本〈玉篇〉补遗》，载《敦煌·民族·语言》，中华书局2005年12月，第318—327页。

（二）Ch. 1744（T Ⅲ T 399），见IDP网站，如图2所示。7.7×5.9cm，存6行，刻本，土峪沟遗址出土。反切皆作“某某反”。残存卷首总目部分20个部首。荣新江《吐鲁番文书总目（欧美收藏卷）》定名作“玉篇·部目”。[①] 兹录文如表1左栏（中栏和右栏简称详后）：

表1　刻本《玉篇》部目之比较

残　页	泽存堂、国图藏宋刻、元刻1	元刻2
□□□反三百七十四	㲋丑略切第三百七十四	三百七四 㲋丑略
□□□反三百七十五	兔他故切第三百七十五	三百七五 兔他故
禸□反三□□□□（百七十六）	禸仁九切第三百七十六	三百七六 禸仁九
虍火乎反三百八十二	虍火乎切第三百八十二	三百八二 虍火乎
虎呼古反三百八十三	虎呼古切第三百八十三	三百八三 虎呼古
虤玄□反三百□□□（八十四）	虤胡犬切第三百八十四	三百八四 虤胡犬
□（乌）□□反□□□□（三百八十）六	乌于乎切第三百八十六	三百八六 乌于乎
几是瑜反三百八十七	几是俞切第三百八十七	三百八七 几是俞
乙猗袟反三百八十八	乙于秩切第三百八十八	三百八八 乙于秩
燕于□□（反）三百□□□（八十九）	燕于见切第三百八十九	三百八九 燕于见
□□□反□□□□（三百九十）四	瞿忌俱切第三百九十四	三百九四 瞿忌俱
雠市由反三百九十五	雠市由切第三百九十五	三百九五 雠市由
雥才市反三百九十六	雥才市切第三百九十六	三百九六 雥才巾
鱼语□□（反）□□□□□（三百九十七）	鱼语居切第三百九十七	三百九七 鱼语居
□□□反□□□（三百九十）九	鼠式与切第三百九十九	三百九九 鼠式与
易余赤反第四百	易余赤切第四百	四百 易余赤
虫盱（盱）鬼反四百一	虫吁鬼切第四百一	四百一 虫吁鬼
䖵□（反）□□□（四百二）	蚰古魂切第四百二	四百二 蚰古魂
□□□反□□□（四百七）	卵力管切第四百七	四百七 卵力管
贝布□反四□□（百八）	贝布外切第四百八	四百八 贝布外

对照泽存堂本《玉篇》可知，Ch. 2241卷27的卷次划分与今本存在较大差异。诸本《玉篇》韦部皆在卷26，卷27起始为第425号糸部（原本《玉篇》亦是糸部）；惜Ch. 2241的韦部仅存末尾“韢”“韣”两条，故卷次部第不详，紧接其后的是卷27第425号长部，然而他本长部却在卷29第444号。冈井慎吾认为残页“应该是在偶然中将宋本第29卷的内容接续上去，并命名为第27卷，对于这一判断，我们可以根据从第425个部首开始就改变序号这个线索推断出来”，[②]冈井氏的看法大致是对的。但笔

① 荣新江：《吐鲁番文书总目（欧美收藏卷）》，武汉大学出版社2007年10月，第145页。

② 〔日〕冈井慎吾：《重松教授将来の切韵及び玉篇の写真につきて》，《斯文》第十九编第九号，1937年，第33—43页。此处高田时雄《敦煌·民族·语言》亦引用之，原文译作“当视为其应作第廿九卷处偶然接续之而署第廿七卷，自四百二十五更数者”（中华书局2005年12月，第324页），译文晦涩难懂，今试作重译。

者认为 Ch. 2241 卷 27 起始的部首是长部,这应该是编者有意为之,即改变了原有的部首次序,以至于打乱了自原本《玉篇》以来的分部次序,并非偶然为之,是宋刻《玉篇》中较为特殊的一个版本。当然,由于 Ch. 2241 内容残泐过甚,这仅是一种推测。

又"虽"字残页音"盱鬼反",日本空海(774—835 年)《篆隶万象名义》作"盱鬼反",残页"肝"当是"盱"字之误,而他本《玉篇》部目则作"吁鬼切"。[①] 虽然"盱""吁"同音,但只要将部目与正文"虽"字的反切进行比较就会发现,此处"吁"当为"盱"字讹省。

二 吐鲁番本《玉篇》残页刊刻的时间

关于 Ch. 2241 和 Ch. 1744 两件残页的刊刻时间,可以从字体和用字两方面来考察。

(一)宋刻字体。Ch. 2241 欧体特征明显,字形略长(如"书、隶、齐"等字),瘦劲秀丽,笔画转折轻细有角;[②]Ch. 1744 字头用颜体,小字近于欧柳之间,刊刻严谨整饬,均符合宋代版刻的特点。但两件残页似非同一刻工所刊,试比较二者皆有的"反""余"等字。

(二)用字特点。(1)Ch. 1744 号"虎"及"虎"旁作"虍"。按唐张参《五经文字·虎部》云:"虍,缘讳,故省一画。"部内所收七字皆省末笔,以避唐太祖李虎名讳。清顾炎武《金石文字记》卷五:"凡经中虎字皆缺末笔作虎琥號虢贙彪虒褫字,皆同避太祖讳。"[③]如《开成石经·周易》中的"虎"字正作"虍",《唐张从古墓志》作"虍",《后唐毛璋妻李氏墓志》作"虍",其下部构件皆与"卜"相近。敦煌写本中亦有此字形,如 P. 2758《韵书摘字》:"虓,音哮。""虓"原卷作"[illegible]",虎旁下部作"卜"形。再如 S. 2071《切韵笺注·豪韵》:"號,哭。""號"字原卷作"[illegible]",右下部亦作"卜"。清周广业《经史避名汇考》卷十六谈及太祖讳时说:"缺笔非始石经,当时写本尽然。"[④]可谓至论。因此,上揭 Ch. 1744 中的"虍",很可能是唐讳在刻本中的遗留,[⑤]甚至就是宋代之前所刻。

---

① 泽存堂本、元刻 1 以及元刻 2 卷 25 正文"虽"下反切上字皆作"盱"不误。

② 张树栋、庞多益、郑如斯:《中华印刷通史》,印刷工业出版社 1999 年 9 月,第 141 页。

③ 〔清〕顾炎武:《金石文字记》,《石刻史料新编》第 1 辑第 12 册,新文丰出版公司 1977 年,第 9276 页。按,刻本《金石文字记》中的避讳字形省去的是构件"几"上部横画,非末笔,据《五经文字》及开成石经,当以缺末笔者为准。

④ 〔清〕周广业:《经史避名汇考》,北京图书馆出版社 1999 年 5 月,第 994 页。

⑤ "虎"缺末笔的避讳字形在后代碑刻中亦有存留,如北宋淳化元年(990 年)《温仁朗墓志》:"咸谓公射虎之妙,待时之杰者也。"其中"虎"字作"[illegible]",亦沿用唐讳。

然而“虎”字篆文作“虍”，隶变或作“虍”（《四部丛刊》影宋本《龙龛手镜》虎部多作此形），如包山楚简 2.149 作“虍”，故从“卜”之“虍”也可能是“虎”的隶变形体之一。为谨慎起见，将残页中的“虍”视作早期刻本的典型用字，当无疑义。（2）“虫”和“蚰”隶定或作“虿”“䖵”，后两字在雕版印刷之前的写本中较前两字为常见。但宋代雕版印刷盛行之后，就笔者所统计的《四部丛刊》而言，则两者皆有之。因而 Ch. 1744 中的“虿”和“䖵”应是早期写本用字在刻本中的遗留。

又，在敦煌写本中，双行注文的后一行如果字数过多，发生过于拥挤或所留空间不够用的情况时，抄手会有意识地删减一些“可有可无”的字词，[①]这种现象在刻本中同样存在。如 Ch. 1744 易部云“余赤反苐四百”，序号前有“苐”字，[②]其余因序号数过长而略去“苐”字，而泽存堂、国图藏宋刻、元刻 1 的序号前皆有“第”字。故早期《玉篇》刻本的部目序号前或有“苐(第)”，或无“苐(第)”，后来才统一加上了“第”字。

（三）不避宋始祖讳。Ch. 1744“虤”字音“玄□反”（“玄”下部略残，日本空海《篆隶万象名义》及昌泰年间〈898—901 年〉昌住《新撰字镜》皆音“玄殄反”，可资比勘），而国图藏宋刻本、泽存堂本、元刊本皆音“胡犬切”，疑此处“虤”字反切上字本当作“玄”，至北宋真宗大中祥符五年（1012 年），赵氏为避始祖赵玄朗名讳[③]而改作同纽之“胡”字，且上揭二号反切皆作“某某反”而非“某某切”，这是早期字书、韵书所习用的音切术语。因此，Ch. 1744 刊刻时间的下限应在北宋真宗大中祥符五年（1012 年），这也是目前所知最早的《玉篇》刻本。

三　刻本《玉篇》之比较

刻本《玉篇》版本众多，冈井慎吾在《玉篇の研究》中就列了宋本 3 种，元本 12 种，明本 11 种，清刻本 4 种。[④] 为便于找出残页与各本之间的差异，笔者选取几种较有代表性的版本，具体说明如下：

（一）宋刻本：

1. 吐鲁番出土宋刻残页：Ch. 2241，存 13 行，行 36 字左右，注文双行小字，上下

---

① 张涌泉：《敦煌写本文献学》，甘肃教育出版社 2013 年 12 月，第 499—506 页。

② 次第之第本作“弟”，俗写作“苐”，进而又回改作“第”，到了唐代“苐”又被看作是“第”的俗字。参见张涌泉《字形的演变与用法的分工》，《古汉语研究》2008 年第 4 期。

③《续资治通鉴》卷三十载，大中祥符五年十月戊午，九天司命上卿保生天尊降于延恩殿，“天尊曰：‘吾人皇九人中之一人也，是赵之始祖，再降，乃轩辕皇帝。’辛未，躬谢太庙六室。诏：‘圣祖名上曰玄，下曰朗，不得斥犯。’”

④〔日〕冈井慎吾：《玉篇の研究》，汲古书院 1969 年 8 月。

单边。

2. 国家图书馆藏宋刻本(简称“国图藏宋刻”):存卷首,半页 11 行,行 19 字左右,注文双行小字,白口,双黑鱼尾,四周双边。

3. 日本宫内厅书陵部藏宋宁宗年间(1195—1224 年)刊本,存三册。按,此本书影极少,冈井慎吾《玉篇の研究》中收有 2 页书影,但非目录页。日本真福寺另藏有宋刊一册,存卷 15(残)—20,如图 3 所示。据严绍璗先生介绍,真福寺本与宫内厅书陵部所藏系同一刊本,[①]《真福寺文库展》中公布了 2 页书影,[②]可窥一斑。此本半页 10 行,行 24 字左右,注文双行小字,白口,单鱼尾,左右双边,卷末正文之下有“×卷终”字样,次行续刻次卷首题。

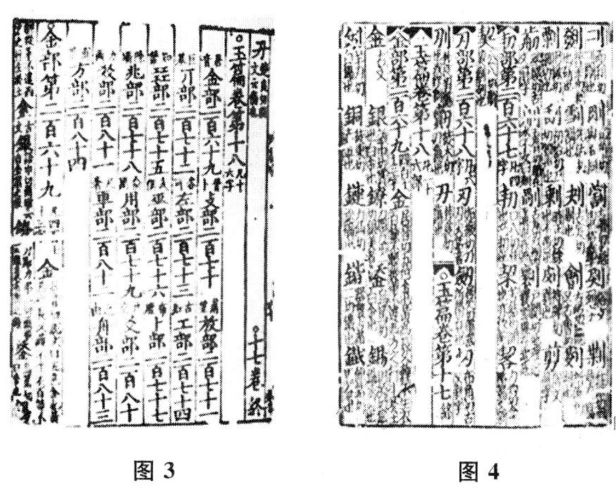

图 3　　　　图 4

(二)日本内阁文库所藏宋末元初建安刻本(简称“宋末元初刻”):存卷 6—15、卷 24—30,半页 11 行,行 20 字左右,注文双行小字,细黑口,单黑鱼尾,四周双边。日本公文书馆有书影公布。此本字体与南宋建本颇为相似,究竟宋刻还是元刻尚有争论,[③]此从严绍璗先生定为宋末元初刻本。

(三)元刻本(元刻本卷 29 无分卷目录,故改用卷首总目):

1. 日本内阁文库所藏元刊本(简称“元刻 1”):如图 4 所示,卷 1—30 整帙,半页 12 行,行 20 字左右,注文双行小字,细黑口,双黑鱼尾,左右双边,有书耳,卷末正文之下有“玉篇卷第×卷终”字样,次行续刻次卷首题。日本公文书馆有书影公布。

2. 中国国家图书馆藏元延佑二年(1315 年)圆沙书院刻本(简称“元刻 2”):卷

---

① 严绍璗:《日藏汉籍善本书录》,中华书局 2007 年 3 月,第 267 页。

② 〔日〕名古屋市博物馆:《真福寺文库展》,1984 年。

③ 〔日〕冈井慎吾:《玉篇の研究》,汲古书院 1969 年 8 月,第 321—322 页。

1—30 整帙，半页 12 行，行 21 字左右，注文双行小字，黑口，双黑鱼尾，四周双边，收入《中华再造善本》。另，京都大学图书馆藏元至正二十六年（1366 年）南山书院刊本（日本庆长九年〈1604 年，当明万历三十二年〉覆刻，京都大学附属图书馆有书影公布）与圆沙书院本完全相同，圆沙书院本个别残损文字据南山书院本补。又《四部丛刊》所收建德周氏藏元建安郑氏刊本，除“章”的反切上字作“啇”外，余与圆沙书院本略同，故下文不再列举。

以下分别从内容和版式上对上述刻本《玉篇》进行比较，Ch. 2241 中的缺字用“□”号表示，据他本补出时在其后加括号注明；为便于排版，原书卷次、部第数字改为阿拉伯数字；残页与诸本内容存在差异时用黑体表示。

表 2　刻本《玉篇》内容之比较

泽存堂	残页	国图藏宋刻	宋末元初刻	元刻 1	元刻 2
卷第 26	不详	卷第 26	卷第 26	卷第 26	卷第 26
鞑音秘。弓绁也。	□（鞑）□（音）秘。弓□□（绁也）。	不详	鞑音秘。弓绁也。	鞑音秘。弓绁也。	鞑音秘。弓绁也。
韣都盍切。热韣韣。	韣都盍反。热韣韣。	不详	韣都盍切。热韣韣。	韣都盍切。热皃。	韣都盍切。热韣韣。
卷第 29	卷第 27	卷第 29	卷第 29	卷第 29	卷第 29
除良 长 444	□（长）除良 425	长除良切 444	除良 长 444	长除良切 444	444 长除良
呼骂 匕 445	匕呼骂 426	匕呼骂切 445	呼骂 匕 445	匕呼骂切 445	445 匕呼骂
必以 匕 446	匕必以 427	匕必以切 446	必以 匕 446	匕必以切 446	446 匕必以
必以 比 447	□（从）□□ 428	比必以切 447	必以 比 447	比必以切 447	447 比必以
疾龙 从 448	从疾龙 429	从疾龙切 448	疾龙 从 448	从疾龙切 448	448 从疾龙
牛林 乑 449	𠈌午林 430	乑牛林切 449	午林 乑 449	乑牛林切 449	449 乑牛林
巨用 共 450	共巨用 431	共巨用切 450	巨用 共 450	共巨用切 450	450 共巨用
余至 异 451	异余至 432	异余至切 451	余至 异 451	异余至切 451	451 异余至
所几 史 452	史所几 433	史所纪切 452	所几 史 452	史所纪切 452	452 史所纪
章移 支 453	支章移 434	支章移切 453	章移 支 453	支章移切 453	453 支章移
平表 𠬪 454	𠬪平表 435	𠬪平表切 454	平表 𠬪 454	𠬪平表切 454	454 𠬪平表
女涉 𦘒 455	𦘒女涉 436	𦘒女涉切 455	女涉 𦘒 455	□□□切 455	455 𦘒女涉
以出 聿 456	聿以□ 437	聿以出切 456	以出 聿 456	聿以出切 456	456 聿以出
式余 书 457	书式余 438	书式余切 457	式余 书 457	书□余切 457	457 书式余
徒戴 隶 458	隶徒戴 439	隶徒戴切 458	徒戴 隶 458	隶徒戴切 458	458 隶徒戴
口閒 臤 459	臤口间 440	臤口间切 459	口间 臤 459	□□□□ 459	459 臤口间
子合 帀 460	帀子合 441	帀子合切 460	子合 帀 460	帀子合切 460	460 帀子合
尺述 出 461	出尺述 442	出尺述切 461	尺述 出 461	出尺述切 461	461 出尺述
止贻 之 462	之止贻 443	之止贻切 462	止贻 之 462	之止贻切 462	462 之止贻
所京 生 463	生所京 444	生所京切 463	所京 生 463	生所京切 463	463 生所京
丁丸 端 464	端丁丸 445	端丁丸切 464	丁丸 端 464	端丁丸切 464	464 端丁丸

（续表）

泽存堂	残页	国图藏宋刻	宋末元初刻	元刻 1	元刻 2
公丸毌 465	毌公丸 446	毌公丸切 465	公丸□465	毌公丸切 465	465 毌公丸
舒欲束 466	束舒欲 447	束舒欲切 466	舒欲束 466	束舒欲切 466	466 束舒欲
公混橐 467	橐公混 448	橐公混切 467	公混橐 467	橐公混切 467	467 橐公混
于非□468	□于非 449	□于非切 468	于非□468	□于非切 468	468□于非
胡拳貟 469	貟胡拳 450	貟胡拳切 469	胡拳貟 469	貟胡拳切 469	469 貟胡拳
在兮齐 470	齐在兮 451	齐在兮切 470	在兮齐 470	齐在兮切 470	470 齐在兮
各丹干 471	□(干)□□ 452	干各丹切 471	各丹干 471	干各丹切 471	471 干各丹
五坚幵 472	幵五坚 453	幵五坚切 472	五坚幵 472	幵五坚切 472	472 幵五坚
普见片 473	片普□ 454	片普见切 473	普见片 473	片普见切 473	473 片普见
仕良床 474	床仕良 455	床仕良切 474	仕良床 474	床仕良切 474	474 床仕良
武俱毋 475	□(毋)□□ 456	毋武俱切 475	武俱毋 475	毋武俱切 475	475 毋武俱
口勒克 476	克口□ 457	克口勒切 476	口勒克 476	克口勒切 476	476 克口勒
普折丿 477	□(丿)□□ 458	丿普折切 477	普折丿 477	丿普折切 477	477 丿普折
余制厂 478	厂余制 459	厂余制切 478	余制厂 478	厂余制切 478	478 厂余制
夷力弋 479	□(弋)□□ 460	弋夷力切 479	夷力弋 479	弋夷力切 479	479 弋夷力
以支乁 480	□□□ 461	乁以支切 480	以支乁 480	乁以支切 480	480 乁以支
居月亅 481	□□□ 462	氏居月切 481	居月亅 481	汁居月切 481	481 汁居月
俱遇句 482	□(句)俱□ 463	句俱遇切 482	俱遇句 482	句俱遇切 482	482 句俱遇

如表 2 所示，Ch. 2241 与他本相较，最大的差异是卷次部第不同以及字头、反切、部首序号的排列方式等，例如：

“匕”为“化”字初文，国图藏宋刻及两种元刻同，而 Ch. 2241、宋末元初刻本、泽存堂本皆误作“匕”，盖因字形相近所致。清铁珊《增广字学举隅》卷一：“匕 匕，上音彼，左不出头；下古化字。”可参。然细观国图藏宋刻本，卷 29 起始的八个部首，当为后人所补抄，疑原刻亦误作“匕”。

“㐺”为疑母字，《篆隶万象名义》与泽存堂《玉篇》等皆音“牛林切”，而 Ch. 2241 和宋末元初刻本反切上字则误作“午”。又 Ch. 2241 的字头作“㐺”，也与他本不同。

“史”字的反切，Ch. 2241、泽存堂本、宋末元初本以及《篆隶万象名义》皆作“所几切/反”，他本作“所纪切”。“几”字《广韵》为旨韵，“纪”为止韵，《广韵》旨止同用。

“亅”字 Ch. 2241 残泐，泽存堂与宋末元初本作“亅”无误，而他本则误为“氏”或“汁”（元刻本总目误，正文不误）。盖因“亅”音居月切，刻工不察正文属字，或以其当为“氒”字之残而臆改（“亅”通“氒”。《说文》：“亅，读若橜。”容庚《金文编》谓“氒”为“橜”和“厥”之古文），例如以广益本《玉篇》作为底本的金邢準《新修絫音引证群籍玉篇》正作"乒",进而又省作"氏"(如宋濂跋本《刊谬补缺切韵·月韵》居月反"氒"字作"乌",与此形近,可参),而"氏"左侧笔画因与氵旁相近,故又讹作"汁"。[①] 其演变过程为:亅→氒→氏→汁。从这条差异可以清楚地看到,宋末元初刻本与泽存堂本应属于一个系统,国图藏宋刻本与两种元刻则是另一系统,且传承痕迹明显。

再从版式上来看几种《玉篇》的差异:

表 3 刻本《玉篇》版式之比较

	原本《玉篇》	泽存堂	残页	国图藏宋刻	宋刻(宫内厅)	宋末元初刻	元刻 1	元刻 2
卷首总目有无方格	不详	有	有	有	不详	不详	无	无
各卷卷首目录	有	有	有	不详	有	有	无	无
卷末"卷终"字样	无	无	不详	不详	有	无	有	无
各部首首题上有○或▀号	无	有○	不详	不详	有○	有○	有▀	有▀○
部目内部排列顺序	字头+序号+反切	反切+字头+序号	字头+反切+序号	字头+反切+序号	反切+字头+序号	反切+字头+序号	字头+反切+序号	序号+字头+反切

从表 3 可以看出,诸本在版式上主要有以下差异:(1)早期的宋刻本(包括泽存堂本)卷首目录均有方格(如图 2 所示),每部占一格,元刻以后则全无。(2)在宋末元初刻本以前(包括原本《玉篇》),各卷卷首均有本卷目录,到了元刻则将此项省去。(3)原本《玉篇》卷末有尾题"玉篇卷第×",而宋刻(宫内厅)和元刻 1 卷末皆有"×卷终"字样,这应该是早期刻本《玉篇》继承并改造了写本《玉篇》的体例,到了张士俊翻刻时,则很可能有意将此项省去。[②] (4)"○"或"▀"(又称鱼尾号)主要用于辞书的分部,[③]"▀"多出现在元刻中,元刻 1 和元刻 2 又以花鱼尾的形式出现。

再从部目内部排列顺序来看,除原本《玉篇》的排列方式与刻本皆不同外,元刻以前主要流行 A、B 两种体式,这两类不同的体式可以作为分辨《玉篇》版本系统的重要

---

① 如《慧琳音义》卷十五《大宝积经》卷百十六音义:"暵澈,缠列反。""澈"字《高丽藏》刻本作"𢿱",左侧水旁"𠄌"与"氏"字左侧笔画"𠄌"极为相近。再如《龙龛手镜·水部》(高丽本缺,用《四部丛刊》影宋本)诸多从氵之字都刻作"𠄌"。反之,"氐"旁(常与"氏"旁相混)左侧笔画也易讹变而类于"氵"旁,如《龙龛手镜·人部》"低"字俗写或作"㐌",中间与"氵"似同的笔画即"氏"旁左侧笔画。

② 泽存堂本在卷 10、20 和 30 卷末有尾题"玉篇卷第×",应是删而未尽者。

③ 管锡华:《中国古代标点符号发展史》,巴蜀书社 2002 年 10 月,第 175 页。

旁证：

A 类：字头＋反切＋序号，如 Ch. 2241 和国图藏宋刻。

B 类：反切＋字头＋序号，如宋刻（宫内厅）、宋末元初刻本以及以宋刻为底本的泽存堂本。这一体式与同时期的宋刻《广韵》（如北宋版《广韵》、《钜宋广韵》）韵目内部排列顺序一致。

到了元代，体式更加多样。既有依照 A 类“字头＋反切＋序号”的元刻 1，也有另起炉灶的“序号＋字头＋反切”，如流传较广的元刻 2，这应当是对 A 类体式所做的改进，实用性也更强。当然，“序号＋字头＋反切”这一体式并非元刻 2 首创，此前唐写宋濂跋本《刊谬补缺切韵》、蒋斧本《唐韵》、S. 2071、P. 3696A《切韵笺注》、P. 2011《刊谬补缺切韵》等韵书早已有之，元刻 2 以及同时期的元刊本《广韵》只是承用先例而已。

四　结论

通过对早期刻本《玉篇》部目、内容、版式等方面的比较，可以得出如下结论：

（一）Ch. 2241 和 Ch. 1744 二号均为早期《玉篇》刻本，但似非同一刻工所刊，或非同帙。Ch. 2241 是宋刻中较为特殊的版本，其底本与国图藏宋刻本应同出一源。冈井慎吾得出残页“是宋本即大广益会本的有影响的底本”①的结论虽然无误，但不够精确。从源流上说，Ch. 2241 直接影响的应是元刻一系的《玉篇》，而不是宫内厅宋刻本或泽存堂本。另外从用字特点来看，Ch. 1744 很可能是宋前所刻，其时间下限应是北宋真宗大中祥符五年（1012 年），这是目前所知最早的《玉篇》刻本。

（二）泽存堂本的底本是宋刻无疑，即朱彝尊所谓“宋椠上元本”，森立之《经籍访古志》中谓张士俊翻雕的底本是真福寺或宫内厅书陵部所藏宋本，②杨守敬《日本访书志》也说此本“款式全与泽存堂本同”。然而正如冈井慎吾所指出的，泽存堂本除了张士俊校改过外，还存在一些与宋本极为重要差别，如所附《五音之图》中，宋本“征韵”泽存堂本作“真韵”、宋本“郢韵”泽存堂本作“引韵”，如果二者原本即是如此，说明

① 〔日〕冈井慎吾：《重松教授将来の切韵及び玉篇の写真につきて》，《斯文》第十九编第九号，1937 年，第 33—43 页。

② 森立之：《经籍访古志》，贾贵荣辑《日本藏汉籍善本书志丛刊》，北京图书馆出版社 2003 年 6 月，第 150 页。

真福寺或宫内厅书陵部所藏宋本不太可能是泽存堂本的底本。① 从上文表 2 和表 3 可以看出，泽存堂本的底本在形式上与宋末元初刻本更为相近。②

（三）几种元刻本的底本应与国图藏宋刻本属于同一类型。此外，圆沙书院、南山书院及《四部丛刊》所收元本刊刻不精，错误较多，如“㕦”字反切下字误“閒”为“聞”，“毌”误为“母”，“亅”误为“汁”等。

最后，将早期刻本《玉篇》的版本源流梳理如下：

A 类：

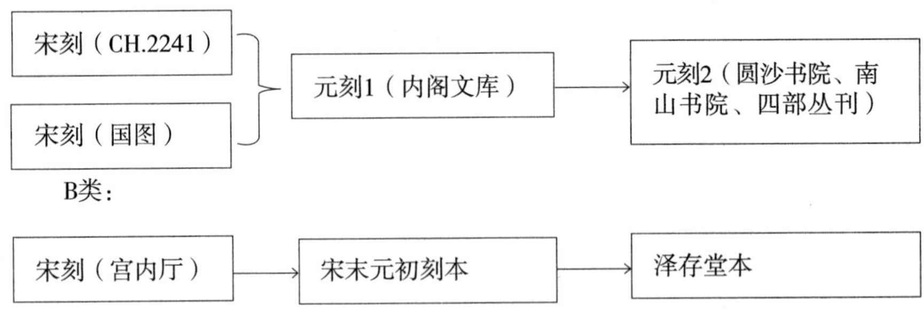

（张磊：浙江师范大学人文学院，321004，金华）

① 〔日〕冈井慎吾：《玉篇の研究》，汲古书院 1969 年 8 月，第 278 页。

② 承蒙复旦大学冯先思博士见告，泽存堂本和曹寅楝亭五种所刻《大广益会玉篇》依据的底本均为宫内厅书陵部所藏宋本，只不过泽存堂本改动较多。

《汉语大字典》难字释义商补*

何茂活

提要 《汉语大字典》所收难字众多，有些难字释义不够清晰。主要表现为两种情况，一是照录故训，释义未明；二是字际关系揭示不清。文章选取“㔟、庘、箒、㯕、亍、厎、豖、𢓬、侗、俥、氹、伔、仢、㑳”等14例难字予以考释，以做补苴。

关键词 汉语大字典 难字 释义 修订

因历史原因，汉字中有大量繁难字，因缺乏典型而足够的书证而音义晦冥，令人困惑。有的仅见于古代字书、韵书，或知其音而阙其义，或音义俱不可确考。有的虽见于经典，但因用例过少，或故训材料用语古奥，而致今人产生误解。《汉语大字典》（以下简称“大字典”）收录的有些繁难字，限于各方面条件，也未能确考其音义，给读者以尽可能准确有效的信息。现试摭取其中14例予以考释，以图小补于该辞书，并对相关文献词语的训释解读提供点滴帮助。

一 㔟

大字典匚部“㔟”字条释义：①

> 田器。《説文·匚部》：“㔟，田器也。”段玉裁注：“《艸部》曰：‘莜，薅田器也。’㔟與莜音義皆同，蓋一物也。”《廣雅·釋器》：“㔟，畚也。”王念孫疏證：“《説文》：畚，蒲器也。畊屬，所㠯盛種。”

此处释义照录《说文》，具体所指令人费解。从所引故训看，“㔟”与“莜”音义皆同，属于一字之异体。经查大字典，“莜”音项（一）diào下释义为：“草编田间用器。

* 本文为国家社科规划基金西部项目“河西汉简文字形义考论”（13XYY010）、河西学院汉语言文字研究所2016年度自立项目“《汉语大字典》疑难字考释”（ZL2016003）。

① 本文讨论以《汉语大字典》第二版为准，一、二版不同者酌予说明。

《说文·艸部》:‘莜,艸田器。’王筠句读:‘田间之器,率以綮秸为之,故曰艸。’”“草编田间用器”等的说法仍不明晰。查《说文·艸部》,“莜”的完整释义为:“莜,艸田器。从艸,條省声。《论语》曰:‘以杖荷莜。’”①

再看大字典对“蓧”音项(一)diào 的释义:②

> 竹编农器,用以除草。《論语·微子》:“子路從而後,遇丈人,以仗荷蓧。”何晏注:“包(咸)曰:‘蓧,竹器。’”皇侃疏:“籮篼之屬。”邢昺疏:“《説文》作莜。芸田器也。”唐李商隱《贈田叟》:“荷蓧衰翁似有情,相逢携手繞村行。”

“竹编农器,用以除草”的含义也较模糊。“用以除草”的说法很容易让人理解为锄、铲一类的农具,可是这种农具怎么可以“竹编”呢?

在翻检大字典时,我们又发现,“匯”“篠”二字亦为上述诸字的异体。“匯”字条释义:

> 同“蓧”。古代一种芸田的竹器。《集韻·嘯韻》:“蓧,《説文》:‘艸田器。’引《論語》‘以杖荷莜’。亦作匯。”《字彙·匸部》:“匯,治田器。”

“篠”字条下义项❸:“通‘蓧’。芸田器。北周庾信《竹杖赋》:‘终堪荷蓧,自足驱禽。’”③

“蓧”还有一个异体字为“盄”。大字典释义为:

> 同“蓧”。古代除草农具。《玉篇·皿部》:“盄,草器。與蓧同。”《集韻·嘯韻》:“莜,《説文》:‘艸田器。’或从條,亦作盄。”

以上诸字头下释义,无论是“田器”“芸田器”“草器”“艸田器”,还是“草编农器”“古代除草农具”,对现代读者而言,均不够明晰直截。其他语文辞书也大体如此。仅就“蓧”字而论,《辞源》释为“古代耘田用的竹器”;④《辞海》释为“一种竹器,古代芸田所用”;⑤《古汉语常用字字典》释为“一种竹制的芸田除草农具”。⑥ 均让人不得要领。

正因为现行工具书中对“蓧”及相关诸字释义含混,所以学界对此多有争论。

---

① 今本《论语》作“蓧”,声旁不省。

② 大字典本条释文中有误字,“仗”为“杖”之误。第一版不误。

③ “终堪荷蓧”之“蓧”本作“篠”,大字典第二版误排为“蓧”,第一版不误。参〔北周〕庾信撰,〔清〕倪璠注,许逸民整理《庾子山集注》,中华书局 1980 年 10 月,第 41 页。

④ 辞源修订组、商务印书馆编辑部:《辞源》(修订本·建国 60 周年纪念版),商务印书馆 2009 年 9 月,第 2950 页。《汉语大词典》释义与此同。

⑤ 辞海编辑委员会:《辞海》(1999 年版缩印本),上海辞书出版社 2000 年 1 月,第 1684 页。

⑥ 王力等编:《古汉语常用字字典》(第 4 版),商务印书馆 2005 年 9 月,第 82 页。

杨伯峻先生释为"古代除田中草所用的工具"，并译"以杖荷蓧"为"用拐杖挑着除草的工具"；[①]有学者认为"'蓧'不是'草编的田器'或'竹器'之类的劳动工具，而是铁铸的耘田工具……应该是现代使用的旱田除草工具薅锄，或者说是薅锄的原始型工具"；[②]还有学者索性解释为"锄一类农具，长柄，在田间站着锄草用的"。[③] 只有于智荣等先生的讨论深得本旨，认为"蓧"为"一种中间带横梁的盛器"。[④] "以杖荷蓧"就是以手杖挑着除草时盛杂草的筐具。其实，在上文所引古人所作的一些训释中，这个问题的答案已很明晰，只是没有引起人们的重视罢了。比如《广雅·释器》"𠥑，畚也"；王筠《说文句读》"田间之器，率以䋣秸为之"；皇侃《论语义疏》"篠，竹器名……箩篚之属"等，都说明此物为田间所用的草编或竹编的筐具。

"𠥑""蓧"等字在辞书中的释义或照录故训，或语焉不详，究其原因，大概有两个方面：

其一，未能正确理解故训的含义（或者说未能恰当转译故训用语），尤其是其中的"器"字。《说文·㗊部》："器，皿也。象器之口，犬所以守之。"可见"器"之本义为器皿，亦即盛器。以此可知"耘（芸）田器"即除草时所用筐具，"艸田器"即草编的田间所用筐具，"草器"与"艸田器"略同，不过仅言材质而未及用途。因古今词义有别，今人往往将"器"理解为机器、器械、武器等，而较少理解为器皿、容器，因此"芸田器"之类的说法极易让人误解为锄具。作为现代辞书，释义行文应用现代汉语，以免导致疑惑和误解。

其二，未能将相关异体字联系起来，借助其构形原理解读字义。根据上述讨论，"𠤷""𠥑""𥁞"及"蓧""篠"均为同字之异体，后二字形旁"艸"与"竹"只能提供关于此类器物材质方面的信息，而前三字则清楚地显示了它的形制和功用——《说文·匚部》："匚，受物之器，象形。读若方。𠤬，籀文匚。"《六书故·工事三》："匚，器之为方者也。"可见从"匚"之字，多表示容器，狭义地说则为方形器具。《说文》中从"匚"之字，多以"器"释之，如："匡，饮（飤）器，筥也"；"匪，器，似竹筐"；"𠥏，古器也"；"𠥂，田器也"；"匫，古器也"；"匬，瓯，器也"；"匯，器也"；"匰，宗庙盛主器也"。至于"𥁞"字从"皿"则更加明确地显示了它的意义类别。

此外，"莜""蓧"二字，大字典释义中另有一个音项为 dí，释义为"盛种器"。这一

① 杨伯峻译注：《论语译注》，中华书局 1980 年 12 月，第 196 页。

② 赵庸谦：《试说〈荷蓧丈人〉中的"植杖而芸"与"以杖荷蓧"》，《孔子研究》2006 年第 3 期，第 111 页。

③ 雒江生：《论语以杖荷蓧解》，《教学研究》1982 年第 1 期，第 29 页。

④ 于智荣、李立：《〈论语〉"蓧"字解诂》，《孔子研究》2007 年第 6 期，第 118 页。

义项也可证明其为筐具的意义——无论盛放种子，还是盛放耘田所得的杂草，其用虽异，而其物略同。有农村生活经验的人都知道，农人所用工具器物，并无严格的用途分工，一物多用者比比皆是。

综上所述，“㔸”“㔸”“㿽”以及“蓧”“篠”均为同字之异体，所指之物为田间所用盛器无疑，大字典及相关语文辞书的释义当予改订。

二　庉

广部“庉”字条音项(一)dùn 义项❸：“室中藏。《集韵·混韵》：‘庉，室中藏。’”

此字释义同样采取了照录故训的方法，读者理解仍有困难，不如改为“室内贮粮之所”。藏，此处音 zàng，《玉篇·艸部》：“藏，库藏。”《说文·仓部》：“仓，谷藏也。”段玉裁注：“谷藏者，谓谷所藏之处。”

甘肃肩水金关 1973 年出土汉简中有一实例可证“庉”的意义：在编号为 73EJT24:247 和 73EJT 24:268 的两支残简缀合而成的《所寄张千人舍器物记》中，有“小米庉一，并取其盖……大庉一……窜二、白革骑勒一、大去闾八，居米庉中，复、参靳、亶带各一，居米庉中”诸句。[①] 其中的米庉、大庉，均为上述盛放粮食的筐具。

《说文》有“庉”字，但非“室中藏”之意，而为“楼墙”。与“室中藏”之意相当的是“笹”。《说文·竹部》：“笹，篅也”。朱骏声《说文通训定声》：“字亦作‘囤’。”《急就篇》：“笹篅箯筥籅箅篝，篨箄箕帚筐箧篓。”颜师古注：“笹、篅，皆所以盛米、谷也。以竹木簟席，若泥涂之则为笹；笹之言屯也，物所屯聚也。织草而为之则为篅，取其圆团之然也。”“庉”“笹”今作“囤”。《集韵·混韵》：“笹，《说文》：‘篅也。’或作囤、篒。”《玉篇·囗部》：“囤，小廪也。”《六书故·工事二》：“囤，囷类，织竹规以贮谷也。”

现代甘肃方言可为上述故训提供明证。在河西走廊汉语方言中，此类贮粮之器称“囤子”，多以芨芨草编织而成，或圆或方，高约 1.5 米左右，可贮粮数百斤。一般置于室内，以防雨淋及鼠、鸟之害；凉州方言称室内放置的以木板制成的层叠式仓具为“藏”(zàng)，正可作为“庉，室中藏”之确证。天水张家川等地称用麦秸编织的贮粮用具为“篅”。

---

① 何茂活：《肩水金关汉简〈所寄张千人舍器物记〉名物词语考释》，《鲁东大学学报》2014 年第 3 期，第 71—75 页。

总括上述讨论，“庘”实即“笹”“囤”。大字典“庘”字释义当参考“笹”“囤”二字之释义改订为“室内贮粮之所”或“室内储存粮食的器具”。

三 筩

竹部“筩”字条音项（三）dòng：“候管。《集韵·董韵》：‘筩，候管。’”

这里照录故训，很可能是因为编撰者没有弄清“候管”为何物。经查《辞海》《辞源》及《汉语大词典》，均未收录“候管”一词。通过进一步搜检，结果在《雍正诗文注解》一书中得到了答案。该书所录《雍邸集》诗《长至日》，首二句为“候琯灰初动，曈昽旭日临。”魏鉴勋注解：“候琯：亦作候管，律管。古时将测音律的12个长短不同的竹管，各盛上灰，排列地中，因各节令地气变化不同，不同律管中的灰，各按节令而飞动，因此通过不同律管中灰的飞动，便可以测出不同的节令。”[①]循此线索，在《汉语大词典》中又查到“律管”“灰管”二词，释义为：

【律管】亦称“律琯”。……古代亦用作测候季节变化的器具。《梦溪笔谈·象数一》引晋司马彪《续汉书》：“候气之法，于密室中，以木为案，置十二律琯，各如其方，实以葭灰，覆以缇縠，气至则一律飞灰。”[②]

【灰管】亦作“灰琯”。❶古代候验节气变化的器具。以葭莩之灰置于律管，故名。《晋书·律历志上》：“又叶时日于晷度，效地气于灰管，故阴阳和则景至，律气应则灰飞。”[③]

可见“候管”即“律管（琯）”，也称“灰管（琯）”，为“历家用以候气”（《汉语大词典》“琯”字条）的管状器物，或以竹制，或以玉雕，故而字或从“竹”，或从“玉”。

那么“候管”何以称“筩”呢？“筩”为“筒”的本字，即竹筒，亦即竹管。《说文·竹部》：“筩，断竹也。”《韩非子·说疑》：“不能饮者，以筩灌其口。”不过此义旧读平声，据《广韵》为徒红切（tóng），今读上声。作为候管之意的“筩”见于《集韵》，音杜孔切，今读dòng。二者读音虽异，而其意则通——皆为竹筒（或以玉制，材质有别）。加之

---

① 〔清〕胤禛著，魏鉴勋注释：《雍正诗文注解》，辽宁古籍出版社1996年3月，第61页。

② 汉语大词典编辑委员会：《汉语大词典》（第三卷），汉语大词典出版社1989年3月，第955页。与之相关的还有“律琯”“律候”等词条，兹不赘。

③ 汉语大词典编辑委员会：《汉语大词典》（第七卷），汉语大词典出版社1991年6月，第28页。另有“灰琯、灰律、灰动、灰除、灰吹、灰飞冲素、灰燧”等词条，均可参考。此外，该词典“候”字条下有“候气”“候灰”等词条，亦足证明“候管”“灰管”之义。

“箽”“管”同义，故而候管可得称“箽”。现代名物词语中“筒”“管”二字仍可互易，如：气管子—打气筒；双管猎枪—双筒猎枪；旱烟管—旱烟筒。

总括以上讨论，我们认为，大字典“箽”字音项（三）dòng 的释义可改为：“候管。古人以葭莩之灰置于律管，测候季节变化，故称。也称灰管。《集韵·董韵》：‘箽，候管。’”

四 ⿱冈巢

木部“⿱冈巢”字条：

⿱罓巢 jiāo《字彙補》側交切。

抄网罗。《字彙補·网部》：“⿱罓巢，抄羅也。”

此释义令人费解，“抄罗”及“抄网罗”均不明何意。“抄罗”一词不见于《辞海》《辞源》及《汉语大词典》等，“抄网罗”更不待言。

经查考比证，“⿱冈巢”实为“⿱罓巢”（上作“罓”，同“罒”，即“网”）的讹写，是从《字汇补》承袭而来的。GBK 字符集中有“⿱罓巢”而无“⿱冈巢”。为讨论方便，以下作“⿱罓巢”。

⿱冈巢，实即“罺”字。大字典“罺”字条注音为 cháo，释义为：

捕魚小網。也指用罺捕魚。《爾雅·釋器》：“罺謂之汕。”郭璞注：“今之撩罟。”郝懿行義疏：“按：撩罟，今謂之抄網也。”《廣韵·肴韵》：“罺，抄網。”

《字汇补》释“⿱罓巢”之“抄罗”与《广韵》释“罺”之“抄网”正好可以互证，“⿱冈巢”下之释义亦当改订为“捕鱼小网”，同时指明“同‘罺’”。

其实除“⿱罓巢”、“罺”二字形外，大字典所录至少还有以下二字为其异体。其一为网部“⿱罒巣”字：

⿱罒巣同“罺”。《集韻·效韻》：“罺，小網。”《正字通·网部》：“罺，罺本字。”

其二为木部“樔”字，音项（二）chāo 释义为：

同“罺”。捕鱼用的小网。《爾雅·釋器》“罺谓之汕”清郝懿行義疏：“罺者，樔之或體也……撩罟，今謂之抄網也。”《詩·小雅·南有嘉魚》“烝然汕汕”毛傳：“汕汕，樔也。”鄭玄箋：“樔者，今之撩罟也。”

“⿱罓巢、罺、⿱罒巣、樔”诸字，从构形原理上看，“罓”与“罒”皆为“网”的变体，或亦作“冈”（“⿱冈巢”中之“冈”为“罓”之讹）。故知此字之意与网有关。“樔”字从木，或因此类小网有木柄之故。而各字中的“巢（⿱巛⿱臼木）”字，则为其声旁。“⿱巛⿱臼木”是“巢”的本字。小篆作[illegible]，隶定作⿱巛⿱臼木，省作“巢”。《字汇·巛部》：“⿱巛⿱臼木，古巢字。”

此外,“抄网”“抄罗”之“抄”,正字当为“橾(㨝、藮、蔌)”。大字典“橾”字头音项(二)chāo 下义项❶❷:

❶取;水中捞物。《廣雅·釋詁一》:“橾,取也。”王念孫疏證:“《衆經音義》卷四引《通俗文》:‘浮取曰橾。’”《文選·張衡〈西京賦〉》:“橾昆鮞,殄水族。”李善注引薛綜曰:“橾、殄,言盡取之。”

❷同“鈔”。叉取。《集韻·爻韻》:“鈔,《説文》:‘叉取也。’或作橾。”

可见“橾”有水中捞取之意,此义又可写作“钞”。《集韵·爻韵》:“钞,《说文》:‘叉取也。’或作剿、抄、橾。”

最后讨论一下大字典对上述诸字的注音问题。“橾”“橾”均见《集韵·肴韵》,分属庄交切和初交切,大字典注今音为 chāo,是妥当的。罺,《广韵》有二音:一为平声肴韵侧交切,一为去声效韵初教切,大字典据前者注今音为 cháo,未妥。“侧”属庄母,为清声母字,清声母平声字今音当为阴平,故应为 chāo。罙,据《字汇补》为侧交切,与“罺”的平声音切完全相同,大字典注今音为 jiāo,亦未当,应改为 chāo。如此则上述诸字读音完全相同,从而为它们的字间关系提供了证明。

总括以上讨论,“罙、罺、䍜、橾”等字均为同字之异体,而故训所谓“抄网”“抄罗”之“抄”实即“橾”字。只不过前四字为名词,而“橾”为动词。大字典在解释“罙”字时应指明其与其他异体字的关系,以便使读者了解字际关系,准确理解其读音及形义。现试改“罙”字条释文如下:

罙 chāo《字汇补》侧交切。

同“罺”。捕鱼小网。《字汇补·网部》:“罙,抄罗也。”按:罙,为“罙”的讹写。抄,同“橾”,浮取之意。[①]

五 亍

一部“亍”字义项❶:“步止。《说文·彳部》:‘亍,步止也。’”

释义“步止”完全照录《说文》,读者不明其意。《说文·彳部》:“彳,小步也”;“亍,步止也,从反彳。”《汉语大词典》“彳亍”条释义为:“小步走,走走停停貌。《文选·潘岳〈射雉赋〉》:‘彳亍中辍,馥焉中镝。’张铣注:‘彳亍,行皃,中少留也。’”结合以上训

---

① 大字典无“罙”字头。如作此改订,须增加该字头并作相应解释。

释，可知所谓“步止”当指乍行乍止，即走走停停，与“小步”（即慢行）意义相仿。因此建议“亍”字释义改为“走走停停，犹‘踟蹰’”之类。

六 厎

厂部“厎”字条：

厎 pí《集韻》蒲糜切，平支並。

水斜流。《集韻·支韻》：“厎，水邪流。”

此字的字形及释义均源自《集韵》。查《集韵校本》，确如此。但校记云：“陈（鳣）校：‘即𠂢字之讹。见《卦韵》普卦切，同。从反。’”[①]按：“从反”当为“从反永”。《说文·𠂢部》：“𠂢，水之衺流别也。从反永。”𠂢、永二字篆作𣲖、𣱵，故云𠂢从反永。

再查《集韵·卦韵》，“𠂢”下释曰：“水分流也。”“分流”“衺流别”以及“邪流”显然都是一个意思，可见“厎”是“𠂢”的讹写。就音切而论，“厎”为蒲糜切，“𠂢”为匹卦切，一为並母，一为滂母，读音相近，当为一声之转，其中或有方言因素。参考上引《集韵》校注，应将“厎”字认定为“𠂢”字之讹。

此外，大字典据《集韵》“水邪流”，释义为“水斜流”，一字之差，其意大乖。“邪流”指分流，即与主道相别；而“斜流”则易让人理解为方向上的偏斜不正。建议今后修订时，将整条释文改为：“河水分流。《集韵·支韵》：‘厎，水邪流。’按：此字实为‘𠂢’的讹写。”

七 孒

一部“孒”字：

孒 jué《廣韻》九勿切，入物見。

无左臂。《廣韻·物韻》：“孒，無左臂也。”

孒，实为“孓（孒）”的异体。《广韵·物韵》九勿切“孒”下一字即为“孓”：“孓：上同。《说文》作此。”而《说文·了部》“孓”篆作𡤼，或隶定为“孓”，今作“孒”。《说文》对此字的解释亦为“无左臂也”。可见“孒”与“孓（孒）”为同字之异体。大字典“孒”字条下当予指明。

---

① 赵振铎校：《集韵校本》（全三册），上海辞书出版社 2012 年 12 月，上册第 68 页，下册第 41 页。

八 䶢

八部“䶢”字条：

䶢 yuè《字彙補》弋灼切。

汤中瀹。《字彙補·八部》：“䶢，湯中瀹。”

这里照录故训“汤中瀹”，释义不够明晰。其实“䶢”“瀹”音义俱同，当属异体，而“瀹”又作“淪”，本字为“鬻”。《说文·䰜部》：“鬻，内肉及菜汤中薄出之。”《集韵·药韵》弋灼切：“鬻，《说文》：‘内肉及菜汤中薄出之。’通作淪、瀹。”“䶢”与“鬻（淪、瀹）”音义俱相合，当为同字之异体。

上述故训中的“汤”指的是热水、沸水。《说文·水部》：“汤，热水也。”而今人所谓“汤”则为菜汤、肉汤、面汤之类。大字典释“䶢”为“汤中瀹”，易使现代读者产生误解，不如改为“将肉、菜放进沸水中快速烫、煮”。今甘肃河西方言称此烹饪方法为 luè，盖其音转。

九 侗

人部“侗”字条音项（一）tōng 之义项❶：“长大。《说文·人部》：‘侗，大皃。’《字汇·人部》：‘侗，长大也。’《论衡·气寿》：‘太平之时，人民侗长。’”

大字典照录《字汇》释义，易使读者误读“长”为 zhǎng。据所引书证，实应读作 cháng。《汉语大词典》“侗”字头下有“侗长”“侗侗”二词，前者书证有章炳麟《原变》：“浸益其智，其变也侗长硕岸而神明。”后者书证有唐人寒山《诗》之一〇〇：“见罢头兀兀，看时身侗侗。”可见“侗”确为形容词“长（cháng）”之意。

十 倠

人部“倠”字条义项❷：“女字。《广韵·魂韵》：‘倠，女字。’”

大字典照录《广韵》释义，一般读者理解起来有一定困难。实际在大字典其他各部，此类情况处理得很好，如女部对所有故训为“女字”和“女名”的字（前者约 170 多例，后者约 30 多例），均释为“女子人名用字”。如：“妐，女子人名用字。《集韵·漾韵》：‘妐，女字。’”“奵，女子人名用字。《集韵·青韵》：‘奵，女名。’”此外，宀部“蹇”字和月部“塍”字的释义也采取了这种格式。全字典中，只有“㑘”字的释义照录了“女字”。这种情况大概是由于分部编纂，未能协调统一所致。

十一　㐟、㐻、㐰、㑐

此四字均见于大字典第二版人部（第一版此四字均未收）。先看“㐟”字条：

㐟 yī《龍龕手鑑·元部》：“㐟，音衣。”

此字当为“衣”之异体。衣，篆作𧘇，或亦作“㐽”。《字学三正·体制上·古文异体》：“㐽，衣。”[1]据《隶辨》，字又作衣（娄寿碑）、衣（魏上尊号奏）。[2]“㐟”字之形与以上诸字略同。《龙龛手鉴》谓此字“音衣”，实际应当是在指明正字。古代字书中此类情况不乏其例。即以《龙龛手鉴》而论，人部“㐻”字，注曰“音竹”，实际等于说“同竹”。竹，篆作𥫗，隶书或作个个（刘熊碑）等，故知“㐻”即“竹”字。惜乎大字典在“㐻”下也仅照录了《龙龛手鉴》之“㐻，音竹”，而未直接释为“同‘竹’”。另如“㐰”字，《改并四声篇海·人部》引《搜真玉镜》：“㐰，音從。”从字形分析，此字显然是“从”的异体。从，篆作𠂱，隶定作“从”。但依⺅旁侧立又可作“亻”之例，作“㐰”亦无不可，故而二者实为异体。大字典仅引故训“音從”而未指明“同‘从’”，不免令人遗憾。

“㑐”的情况也与上述诸字类似。大字典释义为：“㑐，shí《改并四声篇海·入部》引《川篇》：‘㑐，音食。’”其实此字当即“食”字。试看大字典所录以下诸字及其故训：

㑐　《集韵·职韵》：“食，古作㑐。”

𩛏　《正字通·食部》：“𩛏，俗𩚁字。”

𩚁　《字汇·食部》：“𩚁，食本字。”

“㑐”与以上诸字字形相近，字音相同，当属同字之异体。大字典在“㑐”字头下当可注明“同‘食’”。

总之，我们认为，㐟、㐻、㐰、㑐四字分别为衣、竹、从、食的异体，大字典应在引述故训的基础上直接指明其正字。

回顾以上诸例的考论辨析，我们可以发现，大字典在上述难字的释义中存在的问

① 转引自台湾“教育部异体字字典”（http://dict2.variants.moe.edu.tw/variants/）。“㐽”字头下有叶键得氏所作研订，至为详审，兹不赘引。另外，“㐽”字又同“亦”，见《龙龛手鉴·亠部》，与此无涉。

② 〔清〕顾蔼吉撰集：《隶辨》，中国书店1982年3月，第71、508页。

题主要表现为两个方面：

一是照录故训，释义不明。如“㔸，田器”“庝，室中藏”“箳，候管”“亍，步止”等。有的在故训的基础上稍加改动，结果释义仍不清晰，如“罺，抄网罗”是在故训“抄罗”的基础上改造的，可是经此一改，愈加费解。“𠂢，水斜流”是在故训“水邪流”的基础上改造的，而这一改动很可能源自编撰者对“邪”字的误解，因此改还不如不改。

当然上述情况的产生，在一定程度上也是情有可原的。由于种种原因，今人不能确知故训含义的情况比比皆是，大字典在必要时采取照录故训办法也是无奈之举，同时也体现了一种审慎的态度。比如以下诸例照录故训即属迫不得已：“优，五谷精如人白发。《龙龛手鉴·人部》：‘优，五谷精如人白发也。’”“𠆲，草巷。《改并四声篇海·入部》引《川篇》：‘𠆲，草巷也。’”“仛，人所竖。《集韵·陌韵》：‘仛，人所竖也。’”限于各方面条件，这些故训所指的确切含义我们已很难确考，因此大字典宁可保留故训，也不轻遽转译，这种态度亦值得肯定；相比于擅改臆断的做法，甚至是难能可贵的。从这个意义上说，关于大字典疑难字的研究，其实还任重道远。

二是字际关系揭示不清，未能将难字与相应的异体字（尤其是习用字，或可称为正字）联系起来。比如“㔸、𠫲、盕、蒢、篨”“庝、笗、囼”“箳、筒”“罺、罺、罺、樔”“抄、摷”“𠂢、𠂢”“庅、庅、庅、庅”“亥、孑、孓”“䉮、汋、瀹、䰒”等。对于难字而言，如能指明其相应的正字，则其音义便不言自明了。当然这项工作须建立在切实可信的训诂材料的基础之上，不可妄加系联。我们的意见只是根据故训及传统字书、韵书的体例特点，尽可能准确地判断字际关系，并予适当反映。通过字际关系的恰当解释，为读者提供更加有效的帮助。

当然，确解故训、确考正字这样的工作对于一部大型工具书来讲，虽然非常重要，但却不是它的主要任务。这就要求我们广大语言文字工作者在使用字典、辞书时多加留意，及时发现问题，予以补正。本文试论数例，略表芹献之忱，或有错谬自是之处，敬望批评。

参考文献

[1] 汉语大字典编辑委员会：《汉语大字典》（第二版），崇文书局 2010 年。

[2] 汉语大字典编辑委员会：《汉语大字典》（第一版），湖北辞书出版社 1993 年。

[3] 辞源修订组，商务印书馆编辑部：《辞源》（修订本·建国 60 周年纪念版）》，商务印书馆 2009 年。

[4] 辞海编辑委员会：《辞海》（1999 年版缩印本）》，上海辞书出版社 2000 年。

[5] 汉语大词典编辑委员会，汉语大词典编纂处：《汉语大词典》，汉语大词典出版社 1986—1993 年。

[6] 赵振铎校：《集韵校本》（全三册）》，上海辞书出版社 2012 年。

[7]〔清〕顾蔼吉撰集：《隶辨》，中国书店 1982 年。

[8]〔汉〕许慎撰，〔清〕段玉裁注：《说文解字注》，浙江古籍出版社 1998 年。

（何茂活：河西学院文学院，734000，张掖）

谈“六书三耦”说的虚与实*

张 宏 国

提要 徐锴提出“六书三耦”说，是对许慎《说文解字》进行系统研究的开创者。“六书三耦”的虚实分类对于后人研究具有很大启发意义。第一耦中象形指称实物，“有形可象”，属于“实”；指事“不可图画”，属于“虚”。第二耦中形声字意音相成，表达对象概念具体，属于“实”；会意字“无形可象”，属于“虚”。第三耦中转注字之间意义相关联，字数增加，属于“实”；假借字之间虽音同，但意义不关联，且字数未增，属于“虚”。“六书三耦”说的虚实划分折射出中国传统哲学虚实观影响之深远。

关键词 “六书三耦”说 分类 虚实观

一 引言

汉字是平面的可解析的二维结构，可以被分解成不同的组成部分。传统文字学对汉字结构和使用的研究历史久远。形成于东汉时期的，被王宁先生称之为“中国传统文字学的灵魂”①的“六书”理论距今已有近2000年历史。

“六书”一语始见于战国时期的《周礼·保氏》，所谓“保氏掌谏王恶，而养国子以道，乃教之以六艺：一曰五礼，二曰六乐，三曰五射，四曰五驭，五曰六书，六曰九数”，但“六书”具体内容并未论及。到了东汉时期，汉字研究出现了班固、郑众和许慎的“六书”三家说。其中，班固《汉书·艺文志》使用“六书”名称，“赋予其与文字学研究相关的学术内涵”②。郑众注《周礼》，认为“六书”为象形、会意、转注、处事、假借、谐

* 本文得到2016年安徽高校人文社会科学研究重点项目“现代汉语‘X了’结构多维研究”(SK2016A007)和安徽大学博士科研启动经费(J01003249)的资助。

① 党怀兴、宋元明：《六书研究》，中国社会科学出版社，2003年，第1页。

② 韩伟：《论六书研究的历史分期及其学术蕴涵》，《深圳大学学报》人文社会科学版，2007年第5期，第128—133页。党怀兴：《宋元明六书学研究》，中国社会科学出版社，2003年，第1页。

声,其中新造“处事”“会意”与“谐声”三种名称,分别与班固的“象事”“象意”和“象声”替换。许慎《说文解字》则将“六书”具体称为“指事、象形、形声、会意、转注、假借”,并对“六书”理论做了全面的阐述。就三家学说而言,《说文》影响更为深远。清代戴震曾如此评价:“班、郑二家虽可以广异闻,而纲领之正,宜从许氏。”①

后代众多学者致力于研究《说文》,如南唐徐铉、徐锴兄弟校注《说文》。尤其是徐锴,“是文字学史上全面系统研究《说文》的第一位学者”②,首开阐发“六书”之风,对《说文》倾注了毕生精力,撰写《说文解字系传》,提出了著名的“六书三耦”说。“六书三耦”说将六书按“虚实”两两分组,凸显三耦之间、各耦之内各书的不同特点,这对后代“六书”研究者不无启发意义。徐锴“六书三耦”说的虚实分类标准蕴涵着中国古代哲学中的虚实观。

二 中国古代哲学中的虚实观

“虚实”是中国传统哲学中的重要范畴,其他的理论范畴如有无、阴阳、真假、形神、动静、情景、内外、显隐、远近、浓淡、疏密、详略、奇正等在表义上均有交叉融合的特点。③ 古人评论虚实,有云:有者为实,无者为虚;有据为实,假托为虚;客观为实,主观为虚;具体为实,抽象为虚;显者为实,隐者为虚;有行为实,徒言为虚;当前为实,未来为虚;已知为实,未知为虚。④

先秦诸子,尤其儒家、道家讲究阴阳相生、虚实相辅、有无相成的辩证之道,用有无、虚实概念来概括事物之间既相互对立又相互依存的关系。《论语》曰:“质胜文则野,文胜质则史,文质彬彬,然后君子。”《孟子》曰:“可欲之谓善,有诸己之谓信,充实之谓美。”孔孟注重“实”。相比之下,老子把“道”视作有与无的统一而归宗于无。《道德经》称“道可道,非常道;名可名,非常名。无名,天地之始;有名,万物之母。故常无,欲以观其妙;常有,欲以观其微”,强调“虚实结合”的哲理取向。《庄子》强调“无”和“虚”的重要性,所谓“人皆取实,己独取虚”“休则虚,虚则实,实则伦矣”。

王振复先生指出“先秦老庄之学崇无而越有;先秦孔孟执有而弃无。”⑤由此可

① 〔清〕戴震:《戴震集》,上海古籍出版社,1980年,第77页。

② 黄德宽、陈秉新:《汉语文字学史》,安徽教育出版社,1990年,第111页。

③ 谢伟:《虚实相生》,中南大学硕士论文,2007年,第9页。

④ 易琳:《虚实相生 尽显风流——浅析古典诗词中的虚与实》,《长沙师范专科学校学报》,2006年第4期,第67—70页。

⑤ 王振复:《中国美学的文脉历程》,四川人民出版社,2002年,第375页。

见，中国古代哲学对“虚实”“有无”的阐释多种多样，具有无限的包容性和多义性。我们可以用蒲震元先生的一句话简单明了地对传统哲学的虚实观做个概括：“实以目视，虚以神通；实由知觉，虚以智见；实处就法，虚处藏神；实以形见，虚以思进”。①

“中国传统哲学中的‘虚实’之说大于并先于美学和艺术理论中的‘虚实’之说。”②虚实哲学观在古典美学、文学、建筑、中医、军事等理论中都有运用和体现。其中，《黄帝内经》在阐述疾病理论时认为“百病之生，实则泻之，虚则补之”，“补其不足，泻其有余，调其虚实”，“夫实者，气入也，虚者，气出也；气实者，热也，气虚者，寒也。”换言之，虚实疾病是某种物质的多少而产生的疾病，少为虚证，多了就是实证。③

中国传统哲学虚实观也蕴藏着丰富的语言学思想。老子的“名实”思想强调虚实结合，形成了比较系统的语言观，一方面肯定了语言的积极作用，表明人类的认识和交流离不开语言；另一方面对语言的消极作用做了预见性的超前论述，指出语言不能穷尽事物的本相，必须借助语言之外的直观体悟去领略万物的“奥妙”。④ 庄子的“名实观”主要讲的是“名”“实”二者分开的问题，“名”是人类对客观世界的主观认识，而“实”则表示的是客观事物本身，“名”不等同于“实”，且“名止于实”。换言之，“名”要根据“实”来命名，“名”不能超出或者偏离“实”，必须符合“实”的情况，具有一定的理据性。同时，“名”与“实”也存在“异名同实”的现象，即名称不同，所指事物却是相同的。在这个意义上来讲，庄子的“名实观”与现代语言学之父索绪尔的能指与所指理论有相通的语言观，都揭示了语言的任意性。正如索绪尔在《普通语言学教程》所言：“牛”这个所指的能指在国界这边可以用这个语音形式，在国界那边却是用其他的语音形式。⑤ 庄子曾在《外篇·天道》用“牛”和“马”举例表达过类似的观点：“昔者子呼我牛也，而谓之牛，呼我马也，而谓之马。”此外，庄子更多地注意到语言的局限性，强调“道不可言”、“言不尽意”，认为语言无法描述“道”，更是无法表达“意义”。这样的语言观无不反映着中国传统虚实哲学观的深邃影响。

三 虚实观与“六书三耦”说

徐锴《说文解字系传》从形义结合的不同特点出发，以表意的虚实为标准对“六

① 蒲震元：《中国艺术意境论》，北京大学出版社，1999年，第33页。

② 张方：《虚实掩映之间》，百花洲文艺出版社，2005年，第7页。

③ 刘吉科：《〈内经〉疾病虚实理论现代研究》，《中国中西医肿瘤杂志》，2011年第1期，第139—144页。

④ 黄尚文：《老子的名实思想、语言观及其影响》，《零陵学院学报》，2004年第5期，第54—56页。

⑤ 索绪尔：《普通语言学教程》，商务印书馆，2008年，第102—103页。

书”进行分类，提出“六书三耦”说，“首次打破了人们对六书的平面的孤立的认识，对六书进行归类，揭示其间的内在联系”。[①] 下面我们重点分析“虚实”概念在“六书三耦”说中的具体表现。

(一)象形与指事

在“六书三耦”说中，第一耦是象形与指事。他判断的依据是：

“凡指事、象形，义一也。物之实形有可象者，则为象形，山川之类皆是物也。指事者，谓物事之虚无不可图画，谓之指事。形则有形可象，事则有事可指，故上下之义无形可象，故以丄丅指事之，有事可指也。故曰象形、指事，大同而小异。”

在徐锴看来，象形和指事“大同”表现为均以“物”为对象，这使得将象形和指事归为一类有了基础。同时，象形和指事存在“小异”：象形描摹的是“实”物，是具体的有形可像的物体；指事所指向的是“虚”物，是“不可图画”的。

用象形法构成的文字，符号来源是客观物体和形貌。象形构形方式可摹写所指对象相关物体的整体特征(如日、月)、局部特征(如羊、牛)和体表特征(如女、子)，也可描摹物体的动态特征(如水、欠)。有些物体不具备明显特征，或本身比较细微，难以据此构成书写符号的，古人依托相关主体来构形描绘出该物体(如齿、雨、果)。总之，象形文字所指的对象是客观物体，其形状和动态都是客观存在的，往往能够看得见摸得着，是实实在在的东西。但同时我们应该认识到，汉字的象形思维并非对对象完全的直接临摹，而是通过思维转换过的对象的形象，造成了一种像与不像之间的距离感。

指事构形有三种情况。第一种是以象形为基础，加上指示性符号构成的，如刃、本，这种指事字可谓“加体指事”，是一种虚实结合的造字方法。第二种指事造字是指因为读音相近，借音加附指示性符号的，如“又—尤”“止—之”“白—百”。此外，指事造字还可由抽象符号组合而成，如上、下。显然，后两种指事造字情况符号化特征明显，属于“虚无”造字方法。

我们需要注意，有些指事字是在象形字基础上加附指事符号的，所以这些指事字造字并非完全“虚”。其次，指事字中指示性符号是抽象的，是虚的概念，只起到“指事”作用，这些指示性符号要和象形字中一些描摹物体形态但直接参与构形的构件区

---

① 张秋霞:《论徐锴〈系传〉对六书的开创性研究及其影响》,《乐山师范学院学报》,2008年第7期,第70—73页。

分开。如“牟”中,“厶”是摹写牛在鸣叫时出气的形态,这不是抽象的指事符号。《说文解字》对“牟”的注解为:牟,牛鸣也。从牛,象其声气从口出。这是一个象形字。

(二)会意与形声

第二耦是会意与形声。徐锴如是界定:

“会意亦虚也,无形可象,故会合其意。以字言之,止戈则为武,止戈戢兵也;人言必信,故曰比类合谊,以见指㧑。形声者实也,形体不相远,不可以别,故以声配之为分异。若江河同水也,松柏同木也,江之与河,但有所在之别,其形状所异者几何?松之与柏,相去何若?故江河同从水,松柏皆作木,有此形也,然后谐其声以别之,故散言之则曰形声。”

徐锴把会意和形声归在同类,是因为这两种造字法都是由两个或两个以上的成字构件组成。会意字是“会合其意”,形声字是“以声配之”,“合”与“配”的组字特点是第二耦共同点的基础。徐锴认为“形声会意相类,形声实而会意虚。”

徐锴认为会意字往往表示复杂的事物和抽象的概念,这些事物和概念“无形可象”,属于“虚”的范畴。如,“武”会合“止”和“戈”之意;“信”会合“人”和“言”之意,谓之诚也。

徐锴指出形声字的目的是“形体不相远,不可以别,故以声配之为分异”。形声字常表示具体的事物,如“江河松柏”。即使较为抽象的概念如“恩忧怒恨”等,也可以“通过形旁表示它们总的类别和意义范畴,再通过声符的运用,在同类事物中划分出具体的事物”。①

“形声实而会意虚”的观点在后人研究中产生了质疑。王筠《说文释例·六书总论》提出“故以六书分为三耦论之,象形实指事虚……会意实形声虚”,其中第二耦“会意实形声虚”与徐锴的“形声实而会意虚”分类相反。王筠认为会意字由“二字、三字”构形,意义完备,为“实”,而形声“不能皆备”,为“虚”。

综上,徐锴第二耦的虚实分类在于会意字和形声字表示的意义为抽象还是具体,抽象的为虚,具体的为实。而王筠的虚实观本质在于会意字和形声字的意义是否完备,是否能够自我显现,完备的为实,不完备的为虚。两人都是以意义作为虚实划分的出发点,但对意义的具体处理方式不同导致会意字和形声字虚实属性的不同。

我们认为形声字构形方式主要是由代表形旁的独体字或字符和代表声旁的字符

---

① 古敬恒:《“六书三耦”说与汉字的形体分析》,《徐州师范学院学报》哲学社会科学版,1995年第4期,第75—79页。

组合创造出新字。形声字形声相益，意音相成，具有表意和标音的双重本质。在这个意义上，我们赞成“形声实而会意虚”的主张。

(三)转注与假借

第三耦是转注和假借，本质上，它们不是造字方法，而是涉及用字的方法。所以徐锴把它们归为一类。他说：

> 江河可以同谓之水，水不可同谓之江河；松柏可以同谓之木，木不可同谓之松柏。故曰散言之曰形声，总言之曰转注。谓耆、耋、耄、寿皆老也，凡五字。试依《尔雅》之类言之：耆、耋、耄、寿，老也；又老、寿、耋、耄、耆可同谓之老，老亦可同谓之耆，往来皆通，故曰转注。

转注和假借虽都是用字方法，但也有不同点。徐锴认为“转注则一义数文”，同一个词可以分化出几个不同的字形，其意义可以互相解释、补足。根据徐错的看法，转注与形声相类，同属“老”旁的“耆、耋、耄”都表示“老”，是“一义数文”分化的结果。由于转注与形声相类，它的意义也应当是“实”的，有关的转注字可以互相解释。而假借是“一字数用”，用同一字形记录几个意义互不关联的词，因而应当是“虚”的。可见，徐锴对转注和假借虚实分类的标准在于所用之字意义之间是否关联，关联者为实，无关联者为虚。

许慎在《说文解字・自叙》中说：“转注者，建类一首，同意相受，考老是也。”“假借者，本无其字，依声托事，令长是也。”因此，如果考察到假借字读音相同，那么事实上假借字在语音方面也不是绝对没有联系的。

此外，从汉字发展历程来看，转注、假借字不是一成不变的，它们之间可以互相转化，假借字可以变成转注字，转注字也可以变成假借字。只不过，从先秦两汉以来，假借字转化为转注字是大量的、主要的，但也有转注字转化为假借字的现象。产生这种现象的主要原因，是为了节制汉字字数。[①] 若以汉字数量有无增加为考察依据，转注法增加了汉字字符的数量，则为“实”，而假借法则不增加汉字的数量，为“虚”。

四 结语

“六书三耦”说分层认识的观念对后来的文字学家很有启发。郑樵《通志・六书略》说：“象形、指事，文也；会意、谐声、转注，字也；假借，文、字俱也。”戴震则把前四

---

① 王伯熙：《六书第三耦研究》，《中国社会科学》，1981年第4期，第167—184页。

书与后二书区别开来，提出“四体二用”说。这些分类无不受徐锴“六书三耦”说的影响。

“六书三耦”说中包含的虚实观对后人也很有影响。胡朴安《六书浅说·六书通论》也主张“六书可分三耦论之，象形实，指事虚。”胡韫玉《六书浅说·六书之次第》以虚实为标准，辨明指事应当在象形之后，形声应当在会意之后的理由。

当然，“六书三耦”说有的论述尚不够明晰，如会意、形声孰实孰虚，人们存有不同看法。此外，因为诸多的历史局限，徐锴对于《说文》中一些字的分类从今天来看是值得商榷的。但无疑他是“最早地对六书定义提出了新见解的文字学家，此后开启了历代对六书的再阐释。”[①]我们要辩证看到“六书三耦”说“虚实”分类的开创性做法，也从中可以看到中国传统哲学虚实观的影响之深远。

（张宏国：安徽大学大学外语教学部，230039，合肥）

---

① 余国庆：《说文学导论》，安徽教育出版社，1995年，第113页。

城镇初中汉字教学现状与语文教师汉字教学能力调查研究*
——以河北省为例

李冬鸽

提要 通过对河北省9个市34所县城、乡镇初中的44名语文教师的问卷调查,发现如下问题:城镇初中生错别字情况比较严重;教师逐渐开始认识到教学中的不重视汉字学知识的缺失是学生错别字多的重要原因;初中语文教师分析汉字结构的能力、利用汉字学知识进行汉字教学的能力都十分不理想。多角度、多层次地提高教师对汉字教学的重视程度,对城镇初中语文教师进行专业再培训,加强高师汉字教学与中学汉字教学的衔接,编纂适合初中教师的汉字分析工具书是有效解决问题的策略。

关键词 城镇初中 汉字教学现状 汉字教学能力 解决策略

2011年,笔者曾经以河北邢台某县5所初中的学生为研究对象,以他们的平时作文和考场作文作为分析材料,系统梳理他们的错别字情况,并编制《初中汉字教学调查问卷》,调查该县全部49名初中语文教师,发现大部分教师没有意识到汉字教学与学生的错别字有关系,没有认识到汉字学理论的重要性,不能在教学中很好地运用汉字学理论。① 有鉴于语文教师在汉字教学中的主导作用以及目前对汉字教学的广泛关注,我们在其基础上,进一步调查城镇初中汉字教学现状与语文教师的汉字教学能力。

此次采用的方法仍然是问卷调查。除去学校名称、教师所教年级、教龄等基本信息外,问卷包括四部分:一是汉字教学现状的调查,全部是选择题;二是教师对学生错别字原因的分析,主观题;三是对教师分析汉字结构能力的测查,在详细出示示例的前提下要求被试教师用“六书”中的前“四书”分析10个汉字的结构;四是对教师运用汉字理论纠正学生错别字能力的测查,在给出详细示例的前提下要求教师给出10个

---

* 本文为河北省高等学校人文社会科学研究项目语言文字专项(YWZX201328)的研究成果。

① 郑莉、李冬鸽:《城镇初中生错别字与初中汉字教学调查研究》,《河北师范大学学报》(教育科学版)2013年第12期。该文被人民大学复印报刊资料全文转载,见于《初中语文教与学》2014年第4期。

错别字的教学策略。此次问卷的设计与之前相比主要在如下三方面有所拓展：1.当时的问卷以选择题为主，对于教师教学能力与教学方法的测试是依赖教师对自己的评价，如“您在教学中是否将汉字的形体与意义联系起来”，四个选项分别是“经常、有时、偶尔、从来没有”。此次的问卷更突出客观的测评。2.将城镇初中语文教师运用汉字理论分析汉字结构的能力与运用汉字理论指导教学的能力分别测查，是否具有理论素养与能否将理论运用到教学中是两个层次的问题。3.调查范围由河北省的一个县扩展到整个河北省，相对于之前的全部调查，此次是抽样调查。①

本次调查涵盖河北省的石家庄、张家口、邯郸、邢台、承德、保定、衡水、廊坊、沧州9个市，包括阜城、康保、围场、万全、鸡泽、蔚县、定州、南宫、承德县、蠡县、文安、宁晋、井陉、隆尧、平山、临城、武强、高碑店、沙河、饶阳、黄骅、灵寿、任县、兴隆、丰宁、馆陶26个县、县级市，34所县城与乡镇初中，回收问卷共计44份。问卷的调查主要依托河北师范大学文学院正在顶岗实习的2012级学生，委托他们请其所在实习学校的一两名初中语文教师填写问卷；另外还有4所随机选择的其他初中的语文教师。

此次问卷的被试教师，28名执教于县城初中，16名执教于乡镇初中。从所教年级看，七年级教师22人，八年级教师12人，九年级教师10人。教龄情况为：执教5年以下9人，5年以上36人，10年以上22人，20年以上10人，30年以上2人。

一 城镇初中汉字教学概况

研究初中汉字教学概况，必须与被测教师所教班级出现的错别字情况相结合，研究才更有针对性。问卷显示：

表1 城镇初中错别字情况表 （单位：个）

	经常写错别字班级	有时写错别字班级	偶尔写错别字班级	从来不写错别字班级
七年级	16	3	3	0
八年级	7	5	0	0
九年级	6	3	1	0
合计	29	11	4	0

① 在进行这样的问卷调查方式之前，笔者事先请秦皇岛市抚宁县南戴河中学的王媛媛老师帮忙找了两所抚宁县的初中语文教师做了15份问卷。问卷收回来发现两个主要问题并做出相应调整：1.因为问卷的主观题多一些，同一所学校的教师答案往往雷同，表明找同一所学校的多名教师进行调查除了能提高问卷的数量以外，并不利于问题的研究，于是后来放弃对同学校多名教师的调查。2.问卷当中一些问题的设置不够典型，不足以全面反映问题，又对问卷的内容进行了适当调整。

普遍来看,学生的错别字情况是比较严重的。与2011年对一个县的调查相比,目前的错别字情况更为严重。那么,教师的汉字教学是什么情况呢?问卷显示如下:

表2 城镇初中汉字教学概况表 (单位:位)

		七年级教师	八年级教师	九年级教师	合计
是否每篇课文都有汉字教学环节	都有	10	7	5	22
	有时有	12	5	5	22
	没有	0	0	0	0
是否让学生做汉字方面的练习	经常	9	6	6	21
	有时	11	3	4	18
	偶尔	2	3	0	5
	从来没有	0	0	0	0
在讲生字时您是否对写法做特别的强调	经常	11	7	8	26
	有时	5	3	2	10
	偶尔	5	0	0	5
	从来没有	1	2	0	3
是否纠正学生在作业、作文、日记中的错别字	经常	16	12	7	35
	有时	4	0	3	7
	偶尔	2	0	0	2
	从来没有	0	0	0	0
学校里是否有正确使用汉字方面的课外活动	经常	1	2	1	4
	有时	9	2	2	13
	偶尔	6	6	6	18
	从来没有	6	2	1	9

整体来看,一半以上教师对汉字教学是比较重视的,新授课大部分教师会安排汉字教学环节,会对写法专门强调,也注重汉字方面的练习,绝大部分教师会经常纠正作业、作文、日记中的错别字。但是还有相当一部分教师对汉字教学的态度不够重视,尤其七年级教师,一半以上都不能在新授课上安排汉字教学的内容。与2011年的同类数据进行比较如下:

表3 2011年与2015年城镇初中汉字教学概况比较表

		2015年教师比例	2011年教师比例
是否每篇课文都有汉字教学环节	都有	50%	63%
	有时有	50%	37%
	没有	0%	0%
是否让学生做汉字方面的练习	经常	48%	47%
	有时	41%	43%
	偶尔	11%	10%
	从来没有	0%	0%

（续表）

		2015 年教师比例	2011 年教师比例
在讲生字时您是否对写法做特别的强调	经常	59%	35%
	有时	23%	57%
	偶尔	11%	8%
	从来没有	7%	0%
是否纠正学生在作业、作文、日记中的错别字	经常	80%	90%
	有时	16%	10%
	偶尔	4%	0%
	从来没有	0%	0%
学校里是否有正确使用汉字方面的课外活动	经常	9%	10%
	有时	30%	14%
	偶尔	41%	57%
	从来没有	20%	18%

与 4 年前一个县的调查相比，很多数据吻合。变化主要有三个：1. 每篇课文都安排汉字教学的教师明显减少。2. 讲生字时对汉字写法经常强调的教师明显增多。3. 学校对汉字教学的重视有所增加。错别字情况依然严重，或者说是更严重。出现上述情况的原因可能会有地域的影响。总体来看，初中的汉字教学形势依然严峻，首先是初中语文教师的重视程度还有待加强，同样重要的是初中语文教师汉字教学的能力与教学方法的提升亦刻不容缓。

二　初中语文教师对学生错别字成因的认识

与此前的调查问卷一样，我们同样要求被调查教师分析初中生错别字的成因。

表 4　教师所认为的学生错别字成因　　（单位：位）

		七年级教师	八年级教师	九年级教师	合计
学生方面	基础差	11	6	2	19
	小学的习惯不好	2	0	0	2
	不认真	10	6	1	17
	不重视	4	1	0	5
	不理解字义	6	5	3	14
	读不准声调	1	1	0	2
教师方面	不重视	5	2	1	8
	对学生错误不及时纠正	2	0	0	2
	缺乏汉字知识	1	0	0	1
	练习少	2	1	0	3
学校方面	不重视	1	0	0	1
社会方面	网络等社会媒体的影响	1	1	0	2
汉字本身	同音字多	2	2	1	5
	形近混淆	0	3	1	4

42 名教师对学生的错别字原因进行了分析。与此前的调查相比，有同有异，相同的是：1. 教师归纳的错别字成因仍然是以学生自身的原因居多，尤其以基础差和态度不认真两个原因更多，这确实是事实。2. 学校、社会方面都被认为是影响因素之一，但不是主要因素。不同的是：1. 有更大比例的教师认为学生错别字与不理解字义有关，还有教师认为与学生读不准声调有关。2. 更多的教师意识到了教师自身的原因，或是不重视，或者教学能力和方法不到位。3. 更多教师谈到了汉字本身的因素会导致学生出现错别字。这些变化说明有些教师已经开始思考通过教学、通过汉字学知识来避免错别字的出现，这是非常可喜的现象。

三　初中语文教师汉字学知识情况

对初中语文教师汉字学知识情况的测查，实际上是比较困难的，要想全面考察并不容易做到。为了使被试教师能接受、不反感，同时又能在一定程度上反映出他们的汉字学水平，问卷中要求他们用象形、指事、会意、形声分析 10 个汉字的结构，并且给出了示例：

荷，艹是意符，何是声符。

雷，雨是意符，田是记号（既不是意符，也不是声符，即为记号）。

级，及是声符，纟是记号。

尘，小、土均是意符，小的土是尘土。

同时要求如果“查阅了资料，请您注明所查资料的名称”。

这 10 个汉字的选择，都是比较有代表性的。因为现代汉字以形声字为主体，所以 10 个字中有 8 个形声字。诚、惫，非常典型的形声字，意符与形声字的意义联系直接，声符与形声字的读音完全相同，意符、声符的形体都容易辨认。贪、神、珠、脏、颊，意符不容易辨认，或者是意符的意义古今发生变化，其作为意符的认同要依赖汉字的系统性，如贪中的贝、颊中的页；或者是意符在构字时产生变体，要分析字的结构需要将这些变体与原字认同，如礻是示的变体，王是玉的变体，月是肉的变体。暖、朗，声符不易辨认，暖的声符爰在现代汉字中不常用，朗的声符良在构字时形体有微变。贪中的今可分析为声符（声母不同，韵母相近），从严的话也可以分析为记号。私是一个记号字，在现代汉字中，禾、厶与私的读音、意义都没有联系。

被试教师中有 9 名对这 10 个字完全没有分析，这可能反映三个问题；1. 教师觉得在汉字教学中不需要这种分析，其中一位教师就明确指出：“意符和声符对于初中的学生来说陌生和深奥，所以我们基本是加强训练，并不采用这种方式”。2.教师对分析汉字结构完全不熟悉，不能做出分析。3.教师做问卷的态度不认真。

其他教师对这10个字的分析情况如下：

诫，33名教师进行分析。28名教师指出言（讠）为意符，戒为声符。2名教师只指出戒为声符，5名教师只指出言为意符。

惫，31名教师进行分析。25名教师指出心为意符，备为声符。3名教师只指出备为声符，1名教师只指出心为意符。2名教师以思为意符。

贪，27名教师进行分析。11名教师只指出贝为意符，7名教师指出贝为意符，今为记号。7名教师指出贝为意符，今为声符。2名教师指出贝、今都是意符。

神，30名教师对进行分析。15名教师指出示（礻）为意符，申为声符。2名教师指出示、申都是意符[①]。8名教师只指出申为声符。4名教师指出衣（认为衤是衣的变体）是意符，申是声符。1名教师指出衣是记号，申是声符。

珠，30名教师进行分析。2名教师指出玉是意符，朱是声符。20名教师指出王为意符，朱为声符。7名教师只指出朱为声符，1名教师指出朱是声符，王是记号。

脏，24名教师进行分析。1名教师指出肉为意符，庄为声符。19名教师指出月为意符，庄为声符，3名教师只指出庄为声符。1名教师指出骨是意符，藏是声符，注明源于《现代汉语词典》，这实际是对另外一个字的分析。

颊，26名教师进行分析。21名教师指出页为意符，夹为声符。5名教师只指出夹为声符。

暖，29名教师进行分析。15名教师指出日为意符，爰为声符。13名教师只指出日为意符。1名教师指出暖省声，日是意符，未注出处。

朗，22名教师进行分析。20名教师指出月为意符，良为声符。1名教师只指出月为意符，1名教师只指出“左半部分是声符”。

私，15名教师进行分析。12名教师指出禾为意符，厶为声符。1名教师只指出禾为意符。1名教师只指出厶是声符。1名教师指出从禾，从厶，厶亦声，注明来源于百度百科。

44名教师，对“诫”进行分析的最多，有33名；对“私”进行分析的最少，只有15名。除了分析“朗”的有22名教师、分析“脏”的有24名教师，对其他字进行分析的教

① 在词源学研究中，神由申派生，申作为神的声符，同时具有示源功能。但在现代汉字学领域，申直接看成声符更合适些。

师数集中在26—31名。

从这些分析结果看，有不少初中语文教师是不会分析汉字的：

1.不会判断什么是意符、什么是声符。例如，对于象“诚”“惫”这种十分典型的形声字，还有六七名教师分析不出意符或声符，甚至还有两名教师分析“思”是“惫”的意符，分析“今”是“贪”的意符！对于“私”这样的记号字，不少教师能分析出“禾”是意符。

2.对常见的构件变体不能识别，如“神”中“礻”，有13名教师不知道它是什么，其中5名教师认为是“衣”，4名教师还认为“衣”是“神”的意符。对于“脏”“珠”，都只有一两名教师知道意符分别是“肉”“玉”。“朗”的声符为“良”也只有一半的教师能辨认。

3.对于非常用字不熟悉，“暖”的声符为“爰”，只有三分之一左右的教师能认出。

另外，初中语文教师没有像样的汉字教学参考书，上面出现的是网络（百度百科）、《现代汉语词典》，这都不能作为分析汉字的准确依据。

四　初中语文教师利用汉字学知识纠正错别字的能力

这一部分，我们从初中生的错别字中选择了10个字，要求被试教师利用汉字学知识帮助学生避免错误。问卷中同样给出了示例：

芧　（茅），指出“矛”为声符。

这10个字中错字5个，豫（豫）、廉（廉）是声符错，前一个是将声符写成别字，后一个是将声符的形体写错；初（初）、举（举）、被（被）是意符错，还是主要考察对构件变体的识别。别字5个，“怒（努）力”是形声字的意符写成别字，“北代（伐）”是会意字的意符写成别字，“如菌（茵）的绿草”是形声字的声符写成别字，“瓜（爪）”是象形字写成别字，“腿腐（瘸）”是意符写成别字，其余部分写成形近字。

被试教师的分析情况如下：

豫（豫），形声字，将予写作矛，原因是不知道予为豫的声符。

29名教师给出教学策略。26名教师指出予为声符。1名教师只说了“形声字”三个字，没有具体分析。1名教师做出如下分析“形声字。象意部，予声部。象是瑞兽，代表了安和、祥乐，这就是豫字的本意。而声部用予，是表示了欢快、嬉戏所出的声音。”注明来源于《说文解字》。1名教师只指出“不要加一撇”。

初（初），会意字，将衤写作礻，原因在于不清楚衤是意符，为衣的变体。

19 名教师给出教学策略。8 名教师指出字为会意字，衣、刀都是意符，并对其构意进行分析，其中两位教师注明源于《说文解字》。8 名教师指出衣（衤）是意符。2 名教师只指出是会意字，没有具体分析。1 名教师只指出衤是衣字旁，没有指出其在“初”字中的作用。

拳（举），半意符半记号字，手为意符，“丰”为手的构件变体，结合小篆字形理解“丰”是不错的做法。

15 名教师给出教学策略。3 名教师指出“丰”为手的变体，手为意符。6 名教师只指出是象形字，没有具体分析。2 名教师只指出是会意字，没有具体分析。1 名教师只指出是形声字，没有具体分析。1 名教师只指出“丰”为声符。1 名教师指出“舉，舆声；人用两只手托，而不是三只手”。1 名教师只指出“下面是两横”。

被（被），形声字，避免此字的错误需指出衣（衤）是意符。

22 名教师给出教学策略。14 名教师指出衣（衤）是意符，3 名教师指出衣为意符，皮为声符。4 名教师只指出是会意字，没有具体分析。1 名教师只指出是衣字旁，没有指出衣与被的关系，1 名教师只指出是象形字，没有具体分析。

廉（廉），半声符半记号字，错字产生的原因是不知道兼为声符。

16 名教师给出教学策略。9 名教师指出兼为声符。4 名教师指出字为形声字，其中兼为声符。2 名教师只指出形声字，没有具体分析。1 名教师指出“兼，合成”。

怒（努）力，努力的努写作愤怒的怒，主要原因在于不清楚力是努的意符，心是怒的意符。

20 名教师给出教学策略。8 名教师指出力是意符，3 名教师具体解释了为什么力是意符，比如指出“要有力量才算努力”。3 名教师指出字为形声字，力为意符，奴为声符。1 名教师指出心为意符，从怒的角度切入，也可以起到作用。5 名教师指出奴为声符，从分析字的角度看没有问题，但是却不能避免将努力的努写作怒。

瓜（爪），形近而误。二者都是象形字，瓜小篆作[illegible]，中间的圆圈象瓜形，其余为瓜蔓儿。现代汉字中与爪相区别的部分正是原来瓜的象形部分。爪，实际上原来就是又（又，甲骨文作[illegible]，手的象形），“又”如果处在字的上部，字形由朝左变成朝下（如甲骨文[illegible]），后来发展成爪（小篆作[illegible]）。

15 名教师给出教学策略。1 名教师指出“瓜是象形字，中间是果实，是藤上结瓜的形象；而爪是动物的脚爪”。2 名教师指出爪是象形，形状象手。6 名教师只指出是象形字，没有指出具体哪个是象形字，也没有具体分析。1 名教师指出“‘爪’为象形，‘瓜’才有籽（点）”。4 名教师指出是“指示字”，没有任何分析。1 名教师指出“不要有一点”。

腿腐(瘸),形近而误。瘸,半意符半记号字,从疒从賀,賀在现代汉字已经不单用。腐,形声字。教学中应该指明两点,一是瘸的意符是疒不是广;二是肉上面的部分是加不是付,写成付就变成从肉府声的腐了。

18名教师给出教学策略。1名教师指出腐是从肉府声的形声字。5名教师只指出疒为意符,3名教师指出病框(病字旁)为意符,2名教师指出病是意符。1名教师只指出“瘸是一种病”。5名教师只指出是会意字,没有具体分析。1名教师只指出加是声符。

如菌(茵)的绿草。将茵写作菌,形近而误,教学中要强调不同的声符,尤其是因是茵的声符。

25名教师给出教学策略。1名教师指出“菌是形声字。从艸,囷声。茵是形声字。从艸,因声。”21名教师指出因是声符。1名教师指出“重在音上,所以是因”,1名教师指出因是意符。

北代(伐),将伐写作代,形近而误。伐,甲骨文作[illegible],从人从戈,会杀伐义。小篆作[illegible],从人从戈,会攻击义。现代汉字继承小篆的写法与理据。代,半意符半记号字。教学中应指出戈为伐的意符。

20名教师给出教学策略。6名教师只指出戈是意符,4名教师具体指出戈是武器,与战争有关。1名教师指出从人从戈。5名教师只指出是会意字,没有具体分析。1名教师指出“从人,从戈。甲骨文字形,像用戈砍人的头。形声。小篆字形,从人,弋声”。1名教师指出戈是指示,1名教师指出戈是声符。1名教师指出要“让学生区别形似字”,1名教师指出“要加一撇”。

除了“豫”“茵”,其余8个错别字,都是只有少一半的教师给出教学策略,“举、瓜、瘸、伐”只有少量教师的策略是有效的。这说明对初中语文教师来讲,运用汉字结构分析指导教学比只是分析汉字结构还要困难。通过被试教师对上述10个错别字的教学策略,可以反映出很多教师没有能力以汉字理论指导汉字教学。

1.分析汉字结构的理论不熟悉。(1)不知道什么是意符和声符,如对于“豫”的分析,有的教师指出“予”为声符(实际上他使用的名称是“声部”,不正确),又指出是表示了欢快、嬉戏所出的声音。(2)不会判断意符和声符,如“加”被当作“瘸”的声符;“戈”被当作“伐”的声符,甚至被当作是指事符号。(3)不能用象形、指事、会意、形声分析汉字结构,如对于“举”,就分析出了三种结构:象形、会意、指示(指事,“指事”的“事”没有一名教师写对);“被”,有教师认为是象形字,有教师认为是会意字。这与第三部分测试结果一致。

2. 对汉字字形演变不熟悉，不能利用必要的溯源分析帮助学生理解字形。如对于“手”的小篆字形、“瓜”的小篆字形没有教师能正确利用，实际上是对他们的古文字字形不熟悉。

3. 没有意识到要把汉字理论运用到教学中。虽然在问卷中我们要求利用汉字学知识提出避免错别字的教学策略，并且给出了示例，但还是出现了“下面是两横”、“不要有一点”、“让学生区别形似字”等，纯粹从字形角度出发的教学方法。

4. 具有一定的汉字学知识，能够分析字的结构，但是不能用到教学中。(1)能判断字的结构类型，但不能具体分析以指导教学。如对于“初”“伐”，有的教师只能指出是会意字，对“瓜”只指出是象形字，没有进一步的分析。(2)对构件变体能识别，但是却不能指出其在构字中的作用，如对于“衤”，能指出是衣，但却不能指出它在“初”“被”中是意符。(3)对字的结构能基本理解，但不能准确表述以指导教学，如将“努”写成“怒”是意符错了，有的教师却以指出“奴”为声符为教学策略；将“茵”写成“菌”是声符错了，有的教师却指出“重在音上，所以是因”，没有指出本质问题；将“伐”写成“代”，有的教师指出“从人，从戈。甲骨文字形，像用戈砍人的头。形声。小篆字形，从人，弋声”，表达意义不清楚。

5. 对汉字教学不重视，不认真。(1)44 名教师中有 16 名教师对这 10 个字均未分析，这一方面说明这项工作对初中语文教师来讲是有难度的，另外一方面也能体现这些教师的态度不认真。(2)在分析字时也反映出了教师的不认真，例如，学生将“瘸”写成“腐”，18 名教师对此分析，其中 11 名教师都只指出应该从“疒”，而未提及“加”写成“付”也是错的。(3)对于不清楚的字，不去查工具书。不仅在这一部分，包括第三部分，很少有教师去查阅工具书。这与前面的问卷显示的结果一致。

五 问题解决的初步策略

有鉴于问卷调查显示的城镇初中汉字教学现状与初中语文教师汉字教学能力的实际情况，我们觉得有必要做以下四方面的工作。

1. 多角度、多途径地提高城镇初中语文教师对汉字教学的重视程度，纠正其不认真的态度。虽然城镇初中语文教师已经逐渐认识到汉字教学的重要性，但还远远不够。态度决定一切，教师从根本上重视汉字教学，是完善汉字教学的先决条件、根本条件。

2.对城镇初中语文教师进行专业的再培训。培训的内容包括汉字学知识、利用汉字学知识进行教学的能力与方法、查阅工具书的能力。《说文解字》是问卷中教师提到的唯一有效的参考书，但实际上初中教师阅读《说文解字》是有难度的，应该在培训中渗透《说文解字》的相关知识。

3.加强高师汉字教学与中学汉字教学的衔接。被试教师中既有教龄很长的老教师，也有刚刚入职的新教师，汉字学的素养都不是很理想。已参加工作的教师只能通过再培训来弥补汉字学知识的缺欠；对于未来的初中语文教师，则应该靠高师院校的汉字教学来防患于未然。

4.编写适合初中语文教师使用的汉字分析工具书。问卷中很多教师不查阅工具书，或是查阅不合适的材料（网络、《现代汉语词典》），这跟没有专门的、质量好的供他们使用的工具书有关系。所以，编著有针对性的工具书也是必要的。

（李冬鸽：河北师范大学文学院，050024，石家庄）

[通讯]

中国文字学会第九届学术年会在贵阳举行

2017年8月19日至20日，由中国文字学会主办，贵州师范大学文学院、贵阳孔学堂文化传播中心承办的中国文字学会第九届学术年会在贵阳孔学堂举行。中国文字学会会长黄德宽、教育部语信司标准处处长王丹卉、中国文字学会副会长王铁琨、中国文字学会副会长兼秘书长张涌泉、贵州师范大学校长李建军等出席开幕式。开幕式由王铁琨副会长主持。来自中国大陆及台湾、日本等地的高校、科研、出版社等机构的150余名专家学者参加了会议，收到论文140多篇。

开幕式上，黄德宽会长总结了学会近两年的工作，提出学会今后工作的思路。他指出，在习近平总书记重要讲话精神的指引下，在国家语言文字主管部门制定的语言文字"十三五"规划全面实施的形势下，中国文字学会会员应该继续保持优良的学风、扎实的精神、宽广的学术视野，对各时段各领域中国文字的研究做出更大贡献；学会未来在提高研究质量、拓展研究领域、创办高质量的专门的文字研究期刊等方面要继续努力；要更加主动服务于国家语言文字事业的发展，加强汉字应用研究，努力为国家语言文字工作服务。王丹卉在致辞中代表教育部语信司对会议的召开表示祝贺，她介绍了国家语言文字事业发展规划，并就“甲骨文研究与应用专项”做了说明。她说：“为贯彻落实习近平总书记在哲学社会科学工作座谈会上的重要讲话精神，重视甲骨文这样一门具有重要价值和传承意义的冷门、绝学，在2019年甲骨文发现120周年即将到来之际，教育部会同文化部、科技部提出了开展甲骨学研究的规划。”并从甲骨刻辞著录、文字考释等基础性研究，甲骨文字库、全文数据库等数字化建设，甲骨文应用类书籍的编纂、甲骨文的海内外传播等推广应用研究三个方面做了详细说明，希望学会充分发挥在古文字研究方面的优势，凝心聚力，共同将甲骨文的应用与研究工作做好。随后，贵州师范大学校长李建军、贵阳孔学堂文化传播中心副主任周之江、贵州师范大学文学院院长易闻晓分别致辞。

开幕式结束后为大会主题演讲，首都师大黄天树教授主持，安徽大学黄德宽教授、黔南民族师范学院梁光华教授、台湾东华大学许学仁教授、教育部语用所王敏研究员分别做了题为《略论战国楚简〈诗经〉异文及其价值》《唐写本说文解字木部笺异注评修订本》《〈古文四声韵〉所引〈古毛诗〉古文考述》《新时期汉字规范化工作的思路》的报告。

19日下午和20日上午为分组讨论，根据所提交论文的内容相关性，分“古文字研究一组”（讨论对象主要是甲骨文、金文）、“古文字研究二组”（讨论对象主要是简帛和非金文的战国文字）、“近代汉字组”（主要讨论传世字书和出土近代文字问题）、“现代汉字与汉字理论组”、“民族文字组”、“《说文》研究组”等专题小组。论文大都具有创新性，既有宏观的理论探讨，也有微观的字词考释，既有大量的本体研究，也有现代汉字应用研究，讨论热烈，会风良好。

20日下午前半段为大会主题演讲，河北大学杨宝忠教授主持，陕西师大党怀兴教授、清华大学李守奎教授、首都师大陈英杰教授、武汉大学韩小荆教授分别做了题为《清代六书兼书研究》《汉字阐释与汉字中蕴含的“文化”》《略谈两周金文中的讹字问题》《论〈川音〉在汉字研究方面的价值》的报告。

闭幕式由张涌泉副会长主持，他就会议的整体情况做了总结，每个小组各有一位发言人对该组的讨论情况进行学术总结，李运富教授代表下届年会承办单位郑州大学汉字文明研究中心向大家发出热情邀请。

本次年会期间，学会对功能性党支部的组成和活动安排进行了通报，对学会党员提出了要求，并组织理事党员对学会的党的工作进行了讨论，过了一次有特点的组织生活。

会议期间还进行了学会理事会、常务理事会及学会领导换届选举，安徽省文史馆馆长、安徽大学资深教授黄德宽连任会长，吉林大学副校长吴振武、教育部语信司原副司长王铁琨、浙江大学资深教授张涌泉连任副会长，张涌泉教授兼任秘书长。新一届学会理事会人员名单如下（按音序排列，加＊者为常务理事）：

蔡永贵	陈　燕	陈双新＊	陈斯鹏
陈伟武＊	程　荣＊	党怀兴＊	邓福禄＊
邓章应	冯胜君＊	何华珍＊	黄德宽＊
黄天树＊	黄亚平	蒋冀骋	李国英＊
李守奎	李天虹	李运富＊	林志强＊
刘　钊＊	刘志基＊	陆锡兴	单周尧

邵文利	沈　培*	施谢捷	万业馨
王　敏*	王贵元*	王铁琨*	王蕴智
魏　励	吴振武*	徐在国*	杨　琳
杨宝忠*	杨立新	喻遂生*	张世超
张涌泉*	张玉金	赵平安*	赵小刚
郑贤章*	郑振峰*		

会议期间召开了新一届理事会全体会议，讨论了学会组织建设、学术活动、期刊建设和有关工作。理事会讨论通过了关于设立学会二级研究会的有关事宜，同意按照会议精神，启动“近代汉字研究会”的筹备工作。

（中国文字学会秘书处）

［附录］

征稿体例

1.提要与关键词

中文提要字数以100—300字为宜。关键词3—5个。

2.作者信息

用括号附在文章最后的下角。如:(姓名:工作单位,邮编,所在城市)

3.注释及参考文献

注释号以带圆圈的阿拉伯数字标于右上角(如"①"),每页单独编号,注释内容置于页脚。

参考文献置于文末,以阿拉伯数字外加方括号(如"[1]")标序。

4.引用专书或论文,请依下列格式:

(1)专书

作者:《书名》(古书的书号与篇、章、卷连用时,中间用间隔号"·"隔开),出版社及出版时间,页码。如:

裘锡圭:《文字学概要》,中华书局1988年版,第60页。

裘锡圭:《文字学概要》,中华书局1988年8月,第60页(或第60—65页)。

(2)文集论文

作者:《论文题名》,载《文集名称》,出版社及出版时间,页码。如:

李学勤:《论史墙盘及其意义》,载《新出青铜器研究》,文物出版社1990年6月,第73页。

(3)期刊论文

作者:《文章题名》,《期刊名》哪年几期,页码。如:

朱凤瀚:《〈召诰〉、〈洛诰〉、何尊与成周》,《历史研究》2006年第1期,第3页。

5.选题范围及字数

出土或传世汉字、现代汉字、中国少数民族文字的整理与研究(基础研究或应用研究)，文字规范化、标准化建设，汉字教学及与文字有关的计算机信息处理等方面的研究论文或报告。字数一般不限，以论文质量为录用标准。

6. 稿件一律使用简化字形(因字形分析或有别义需要的繁体字、异体字除外)。

7. 稿件寄发方式

请按编辑部联系地址寄送稿件纸质版和电子版(发电子邮件)。文中的古文字字形或拓片、图形，请一律使用图片方式(JPG 格式)，不使用编码方式造字。

8. 编辑部反馈信息

编辑部自收稿之日起，两个月以邮件或书面方式告知作者是否录用信息。

9. 网络版权事宜

稿件一经录用，文章的光盘版、网络版版权即属本刊所有，编辑部不再另行通知。

10. 本刊联系方式

地址：合肥市蜀山区肥西路 3 号安徽大学文学院《中国文字学报》编辑部

邮政编码：230039

电话：0551－65107802

邮箱：zhgwzxb@163.com.